HISTORY

I GRANDI MISTERI DELLA STORIA

OSCAR MONDADORI

Titolo originale dell'opera: *Los grandes misterios de la historia. Vol. II*

I edizione Oscar bestsellers gennaio 2016
Edizione su licenza

ISBN 978-88-04-65357-8

Questo volume è stato stampato
presso ELCOGRAF S.p.A.
Stabilimento - Cles (TN)
Stampato in Italia. Printed in Italy

Traduzione di Maria Assunta Cantobelli, Chiara Mancini ed Elena Traina

www.librimondadori.it

Indice

I grandi misteri della storia

Premessa

Il passato ci affascina anche perché è una fonte infinita di domande senza risposta. Sono innumerevoli i misteri irrisolti che segnano la storia dell'umanità. Questo volume, firmato da Mondadori e History (canale 407 di Sky), continua a indagare su alcuni episodi al centro di discussioni e controversie.

Il libro ricostruisce le vicende dei Vichinghi per capire se abbiano veramente scoperto l'America prima dell'arrivo di Cristoforo Colombo. Racconta la morte di Marilyn Monroe, discutendo le tesi del suicidio e dell'omicidio. Svela cosa si nasconde nella famosa Area 51. Punta i riflettori sul ruolo giocato da Rasputin nella fine della dinastia dei Romanov.

Il presente volume raccoglie venticinque avvenimenti, intorno ai quali gli studiosi di tutto il mondo si arrovellano. E lo fa ricorrendo a uno stile avvincente e rigoroso: lo stile dei documentari che History propone ogni giorno, da oltre dieci anni, ai propri spettatori.

SHERIN SALVETTI
General Manager A+E Networks Italy
(History, Crime+Investigation)

1
Le linee di Nazca: una sfida dal passato

Il deserto di Nazca è un'immensa distesa arida stretta tra l'oceano Pacifico e i contrafforti occidentali delle Ande a sud del Perù. Fino a cento anni fa nessuno pensava che potesse nascondere qualcosa di interessante. Invece, con grande sorpresa, questa piana desertica è stata lo scenario di uno dei ritrovamenti archeologici più sensazionali del XX secolo. Alla fine degli anni Venti vi furono scoperte alcune gigantesche incisioni, simili all'opera di un pittore sconosciuto che avesse utilizzato il terreno come un'immensa tela per rappresentare con precisione sorprendente forme geometriche, complessi diagrammi lineari, figure animali e umane. Tutti disegni colossali, di dimensioni sovrumane. Studiosi di ogni parte del mondo si misero subito al lavoro per esplorare la zona e tentare di svelare il misterioso significato di quei disegni, nonché l'identità degli autori, dei quali non si sapeva nulla. Ancora oggi, dopo decenni, le linee di Nazca si prestano alle più disparate interpretazioni degli esperti di ogni disciplina: archeologi, matematici, astronomi, storici e altri ancora. Questo deserto peruviano è diventato anche il laboratorio prediletto da specialisti non accademici, come parapsicologi e ufologi, che nel tempo hanno elaborato teorie di ogni tipo. Tutti hanno cercato di far luce, almeno in parte, sui misteriosi disegni, ma Nazca rappresenta tuttora uno dei più importanti interrogativi dell'archeologia del XX secolo, che continua a mettere a dura prova chi è alla ricerca di una spiegazione.

Nel sud del Perù, a meno di cinquecento chilometri da Lima, sorge la cittadina di Nazca (o Nasca, come la chiamano gli abitanti). Al giorno d'oggi questa località è una delle mete turistiche più animate del paese, in cui ogni giorno confluiscono centinaia di persone provenienti da ogni parte del mondo, per ammirare una delle espressioni artistiche più sconcertanti di tutti i tempi. Fra i viaggiatori che raggiungono questo remoto angolo del pianeta ci sono esperti in discipline che vanno dalla fisica all'archeologia, ma anche seguaci della spiritualità new age e dell'esoterismo, desiderosi di vivere un'esperienza mistica che li metta in contatto con la sapienza ancestrale di un popolo precolombiano ancora poco conosciuto. I turisti non arrivano fin qui per visitare la cittadina, bensì per ammirare le famose linee di Nazca, nell'area desertica che si estende pochi chilometri più a ovest: giganteschi diagrammi tracciati sul terreno secoli fa e rimasti a lungo nascosti allo sguardo dell'uomo comune. In un batter d'occhio questo luogo è passato dal totale oblio alla fama internazionale, grazie a una scoperta fortuita e resa possibile solo dalle tecnologie più moderne.

Il passato a vista d'uccello

Nel 1927 l'archeologo peruviano Toribio Mejía Xesspe, che lavorava con l'illustre Julio César Tello (oggi considerato il padre dell'archeologia peruviana), percorreva le valli alluvionali delle Ande nel sud del Perù in cerca di possibili siti per future missioni archeologiche. Mejía e Tello erano impegnati in una vasta campagna di scoperta di resti archeologici per ampliare le conoscenze dell'epoca sulle culture preispaniche precedenti all'impero inca, delle quali si sapeva pochissimo. Gli studiosi pensavano che fosse indispensabile saperne di più per far luce sui misteri della civiltà inca. Mejía giunse a Nazca durante una missione esplorativa sui contrafforti della grande catena montuosa e in quell'occasione notò un'anomalia che non riguardava le montagne, bensì il vasto deserto che le separava dall'oceano: da una certa altitudine si scorgevano, tracciate sulla superficie terrestre, alcune linee che occupavano ampie distese di terreno e dovevano per forza essere opera dell'uomo.

Prima dell'arrivo di Mejía, solo gli esploratori spagnoli si erano accorti di quei disegni. Il conquistatore spagnolo Pedro Cieza de León, nella sua opera *Crónica del Perú*, del 1553, parlava di segni sul terreno nella regione di Nazca, linee probabilmente tracciate dagli antichi abitanti dell'area e visibili dalle alture circostanti. Poco dopo, nel 1568, Luis de Monzón (governatore delle province di Rucanas e Soras) ipotizzò che quei solchi fossero stati utilizzati come strade. Dovettero però passare altri quattro secoli prima che fosse possibile ammirare le reali proporzioni delle incisioni nel deserto: quando

Mejía fece la stessa scoperta di Cieza de León, a quattrocento anni di distanza, poté infatti compiere esplorazioni aeree che mostrarono al mondo intero la grandezza del fenomeno. Dal cielo si poteva ammirare tutta l'area di 150 chilometri quadrati solcata dalle linee (anche se la maggior parte dei disegni si concentra in 20 chilometri quadrati). Fu però solo nel 1939, con l'arrivo del ricercatore americano Paul Kosok, dell'Università di Long Island (New York), che si cominciò a utilizzare in modo sistematico la fotografia aerea per dare un ordine all'enorme quantità di informazioni raccolte. Kosok si trovava in Perù per studiare l'idrologia e i sistemi di irrigazione dei villaggi precolombiani nell'area andina, soprattutto nelle valli di Ica, Palpa e Nazca, ma, com'era già accaduto a Mejía, ben presto la sua attenzione fu catturata dai disegni nel deserto.

Sul suolo arido c'erano migliaia di linee rette che formavano disegni intricati e diagrammi con proporzioni bizzarre, ma molto precise. Alcune figure erano colossali e la linea retta più lunga misurava 14 chilometri. C'erano poi spirali e linee a zig-zag, di complessità variabile: alcune molto semplici, altre veri e propri labirinti. Un secondo gruppo di linee era costituito da tracciati che rappresentavano figure geometriche (triangoli, rettangoli o trapezi) di un rigore matematico sorprendente, che erano state ripulite con cura dai sassi e formavano una sorta di piste dalle dimensioni impressionanti: il cosiddetto Grande Rettangolo è alto 850 metri e largo 110. Per ultime furono scoperte le rappresentazioni più enigmatiche e affascinanti, quelle figurative: immagini di animali ed esseri umani visibili nella loro interezza solo dal cielo. Davanti agli occhi increduli dei ricercatori apparvero uno dopo l'altro una scimmia, un cane, un condor, un pellicano, un airone, un colibrì, un capodoglio, una balena, un'orca, un alligatore, un ragno e anche una figura umanoide sul pendio di una collina e un disegno simile a mani protese, per un totale di quasi settanta figure. La maggior parte di queste forme era associata a una delle piste menzionate prima e anche le loro dimensioni erano sorprendenti: il Grande Colibrì misura 97 metri di lunghezza, mentre il Pellicano raggiunge addirittura i 285 metri. Questi giganteschi disegni ricevettero il nome di «geoglifi» (letteralmente, dal greco, «inciso o cesellato sulla terra») e con le successive esplorazioni aeree ne sono stati scoperti di nuovi, l'ultimo all'inizio del 2011.

Nel 1946 Kosok si unì a chi sarebbe diventata una delle figure di spicco nell'investigazione delle linee di Nazca: la matematica tedesca Maria Reiche, che dedicò cinquant'anni della propria vita allo studio e alla conservazione del sito archeologico del deserto di Nazca. Kosok e Reiche collaborarono per tre anni, al termine dei quali Kosok tornò negli Stati Uniti, mentre la ricercatrice tedesca continuò a lavorare al mistero delle linee. Uno dei primi obiettivi degli archeologi fu determinare l'età esatta dei geoglifi, un compito già di per sé arduo al quale si aggiungeva un altro quesito non meno rilevante: come avevano fatto quelle linee a sopravvivere per secoli, immuni agli effetti del clima e all'erosione?

Leggere il suolo desertico

Il segreto della persistenza dei geoglifi risiede semplicemente nella natura dell'ambiente desertico: le condizioni climatiche estreme del deserto di Nazca fanno del terreno una tela perfetta su cui l'azione dell'uomo risulta quasi perenne, se non è cancellata da un altro essere umano. Il terreno è composto da un primo strato di sabbia e ciottoli ricchi di ferro, che si ossida a contatto con l'aria assumendo un colore rossiccio. Subito sotto, a pochi centimetri dalla superficie, si trova uno strato calcareo composto quasi interamente da gesso, più resistente. I disegni sono stati creati togliendo lo strato rosso e lasciando scoperto quello bianco, che si è indurito a contatto con l'aria e ha acquisito una tonalità giallognola. La sostanziale assenza di precipitazioni e venti forti ha consentito ai disegni di rimanere inalterati nel corso dei secoli: un bel colpo di fortuna per il patrimonio archeologico mondiale.

Datare i disegni risultò più complicato: da una prospettiva aerea si poteva ammirare il maestoso spettacolo dei geoglifi, ma mettersi all'opera nel deserto era un'altra faccenda. Il duro lavoro quotidiano diede però qualche frutto ai ricercatori che sopportavano condizioni estreme. Oltre ai magnifici disegni, c'erano altre tracce della presenza dell'uomo nel deserto: furono ritrovati numerosi (e piccoli) frammenti di ceramica, nonché ciò che probabilmente era stato utilizzato per scavare i disegni nel terreno, come bastoni e collinette artificiali. Gli archeologi collegarono questi ritrovamenti a quelli fatti nelle valli vicine ai contrafforti delle Ande, dove erano state scoperte le tracce di un'antica civiltà battezzata «civiltà nazca», dato che i principali insediamenti sorgevano nell'omonima valle. Questa cultura era fiorita tra il II e il VI secolo d.C. e, insieme a quella di Moche e di Tiwanaku, aveva dato luogo a quello che gli archeologi chiamano il «periodo classico» delle civiltà andine precolombiane. Durante i lavori erano comparsi resti di ceramica simili a quelli trovati nel deserto, e nelle tombe erano stati rinvenuti tessuti riccamente decorati con motivi che spesso ricordavano i geoglifi. A poco a poco emersero le tessere del puzzle che consentirono di formulare le prime ipotesi sul significato dei disegni.

Le informazioni recuperate confermarono che le linee risalivano all'epoca di massimo splendore della civiltà nazca. La maggior parte degli archeologi sostiene che furono tracciate in un arco di tempo piuttosto lungo, e furono quindi scavate e conservate da diverse generazioni. Si spiegherebbe così il fatto che alcuni disegni (soprattutto i motivi geometrici) si sovrappongano gli uni agli altri: con il passare del tempo potevano sorgere nuove esigenze che richiedevano la realizzazione di altre figure nella stessa area. Restava da capire come avessero fatto gli antichi abitanti del luogo a tracciare quei complessi disegni. Maria Reiche studiò minuziosamente il metodo di realizzazione delle incisioni e, dal momento che non erano stati ritrovati resti di strumenti in legno o di ossa animali che indicassero l'impiego di bestiame, carri o altri macchinari, ne dedusse che tutto il lavoro di pulizia del terreno era stato fatto a mano, probabilmente da gruppi di uomini che si dedicavano a eliminare le pietre dall'area interessata. Reiche notò inoltre alcuni monticelli equidistanti fatti con le pietre rimosse, che dall'alto appaiono come punti scuri sulla superficie terrestre. Osservò poi che i bordi delle piste (che alcuni archeologi chiamano anche «piazze») erano delimitati da cumuli di sassi allineati, simili a recinzioni o muretti di pochi centimetri. Questi accumuli di materiale, così come il tracciato stesso dei bordi, conservavano la prospettiva e rivelavano una precisione geometrica impeccabile.

Reiche realizzò varie simulazioni per ricreare il lavoro degli antichi indigeni e arrivò a ipotizzare che per le piste (o piazze) più ampie fossero stati impiegati circa trecento operai, in un arco di tempo di due mesi. Ciò dava un'idea del notevole sviluppo economico della civiltà nazca, se era in grado di organizzare il lavoro di tanti uomini per un periodo di tempo così prolungato. Reiche intuì che i muretti e le linee erano stati tracciati utilizzando corde legate a paletti di legno, di cui furono ritrovati i resti, ma, nonostante tutte queste scoperte, ancora oggi per i ricercatori è una sfida riuscire a spiegare la precisione matematica e geometrica dei disegni. Si è calcolato che il margine di errore nella proiezione delle linee sia inferiore al due per mille: sono perfettamente rette. Reiche osservò che su entrambi i lati delle linee rette ce n'erano altre, più sottili e fatte di sassi, e notò anche i monticelli di pietre che si susseguivano a una certa distanza l'uno dall'altro. Ne dedusse che il materiale pietroso rimosso per incidere le linee era accumulato con precisione al loro fianco e che i monticelli servivano a evitare che la corda deviasse dal proprio percorso, a mano a mano che si allontanava dal punto di origine.

Le conclusioni della ricercatrice tedesca non furono accettate dall'intera comunità scientifica, ma la solidità del lavoro svolto sul campo depose sempre a favore delle sue teorie. C'era però un interrogativo al quale nemmeno Reiche era riuscita a dare una risposta: com'era stato possibile, in epoca precolombiana, realizzare disegni di quella grandezza con una maestria simile e senza i mezzi per verificare dall'alto l'andamento dei lavori? La complessità dei disegni e la sicurezza con cui erano stati tracciati continuavano a sconcertare gli esperti. La teoria di Reiche al riguardo si basava su un metodo che consisteva nel riprodurre in grande una figura già disegnata in scala inferiore, mediante la riduzione al quadrato. L'impiego di questa tecnica nella creazione di imponenti opere era già stato documentato, per esempio nell'Egitto faraonico. Per riprodurre poi i disegni sul suolo desertico e in scala maggiore si utilizzavano paletti e corde che, come antichi compassi, consentivano di tracciare linee rette e curve.

Qualcuno si spinse ancora più in là, sostenendo che gli antichi abitanti di Nazca fossero in grado di volare. Nel 1975 gli americani Jim Woodman e Julian Nott ipotizzarono che gli indigeni della civiltà nazca avessero le conoscenze tecniche necessarie per costruire dispositivi aerostatici con cui potevano volare e osservare dall'alto le figure nel deserto, per supervisionarne la realizzazione. Nel 1976 fabbricarono una mongolfiera, il *Condor*, con tessuti e materiali simili a quelli trovati durante gli scavi, ed effettuarono un breve volo sopra i geoglifi. Nonostante la risonanza mediatica, l'iniziativa non riscosse grande successo fra gli esperti del settore.

Rimanevano senza risposta alcune domande fondamentali. Oltre al metodo di realizzazione delle linee, era ancora ignoto il loro significato. Si sapeva quando erano state tracciate, e forse anche da chi, ma perché? A quale scopo? Quale messaggio nascondono queste meraviglie scavate nel terreno centinaia di anni fa?

Decifrare i segni di un'antica sapienza

Gli interrogativi sullo scopo e il significato delle linee di Nazca hanno spinto centinaia di specialisti di tutte le discipline a interessarsi a questa stupefacente manifestazione artistica precolombiana dell'area andina. Il loro scopritore, Mejía Xesspe, azzardò una prima interpretazione basata sulle sue impressioni e su una profonda conoscenza di queste culture. Secondo l'illustre archeologo peruviano, le linee avevano un chiaro significato religioso; Mejía riteneva che quei complessi tracciati avessero uno scopo rituale e che fossero percorsi da seguire durante le cerimonie di venerazione degli dèi. Anche se non sviluppò questa teoria, dal momento che in seguito si dedicò allo studio di civiltà andine differenti, le sue conclusioni ispirarono gli altri studiosi.

La prima interpretazione globale delle linee emerse dal lavoro congiunto di Kosok e Reiche, alla fine degli anni Quaranta. Come ricorda lo storico dell'arte Henri Stierlin, i due esperti si basarono «sull'impressione che quei segni fossero in qualche modo legati al calendario. Le figure animali distribuite sul terreno evocano l'immagine di un gigantesco zodiaco [...] le linee, i triangoli e i trapezi rappresentano strumenti per le osservazioni astronomiche». Entrambi i ricercatori studiarono la relazione tra le linee e i punti in cui sorgevano e tramontavano le stelle, i pianeti e le costellazioni più importanti, per verificare se i geoglifi fossero strumenti per le osservazioni astronomiche, e lo fecero tenendo conto non solo dell'importanza di date come solstizi ed equinozi, ma anche di alcune ricorrenze legate al calendario agricolo andino, come per esempio il 6 maggio, il giorno di inizio del raccolto. Kosok e Reiche pubblicarono le loro conclusioni anni dopo e, come ricorda Stierlin, affermarono che «le linee sono "il più grande libro di astronomia del mondo" e rappresentano "il più bel calendario dell'antichità"». Le linee di Nazca sarebbero quindi un calendario astronomico creato per prevedere con esattezza l'inizio delle stagioni e dei raccolti, e alcuni disegni sono rappresentazioni terrestri molto elaborate delle costellazioni. La scimmia sarebbe connessa all'Orsa

Maggiore e il ragno a Orione e alla stella Sirio. Secondo i due ricercatori, inoltre, le incisioni risalivano a un tempo molto remoto: tenendo conto dei cambiamenti di posizione delle principali costellazioni nel cielo notturno nel corso dei secoli (causati dal fenomeno conosciuto come «precessione degli equinozi»), perché le linee di Nazca coincidano con le stelle corrispondenti bisogna tornare indietro fino al I millennio a.C., ben prima della nascita della civiltà nazca.

Questa teoria ebbe un forte impatto sulla comunità scientifica e fu ampiamente accettata, ma vi furono anche importanti detrattori che ne attaccarono le basi. Nel 1967 la Smithsonian Institution e la National Geographic Society avviarono un ambizioso progetto per verificare la validità scientifica della teoria astronomica. Fu incaricato di dirigere le operazioni l'astronomo americano Gerald S. Hawkins, che anni prima aveva condotto importanti ricerche sulle connotazioni astronomiche del monumento megalitico più famoso del mondo, Stonehenge (Gran Bretagna). Hawkins si trasferì nel deserto peruviano insieme alla sua équipe per misurare 72 linee e 21 figure geometriche in 186 diverse direzioni. I dati furono analizzati al computer, con un software che conteneva informazioni relative a 45 corpi celesti visibili dalla latitudine di Nazca tra il V millennio a.C. e il 1900 d.C. Il risultato fu scoraggiante: l'80 per cento delle direzioni indicate dai disegni non coincideva con le costellazioni nel cielo. Hawkins ne dedusse che «non si può attribuire alle linee una funzione astronomica, ed esse non hanno alcun ruolo nella creazione di un calendario». Bisognava dunque lasciare spazio ad altre interpretazioni, anche se l'interpretazione astronomica delle linee di Nazca è ancora oggi molto popolare.

Alcuni ricercatori proposero soluzioni più fantasiose: il tedesco Georg A. von Breunig, per esempio, ipotizzò che le figure geometriche di Nazca fossero piste per la corsa dove si allenavano le persone con incarichi di rilievo nella società precolombiana; Breunig si basava sull'importanza che avevano avuto i corrieri al servizio del monarca inca, fondamentali nell'organizzazione politica dell'impero, con la sua imponente rete stradale. Le manifestazioni sportive, inoltre, avevano connotazioni significative nelle civiltà preispaniche (come il famoso gioco della palla dei maya) e questa funzione quindi non era in contrasto con il carattere sacro del deserto e delle sue linee, riconosciuto dalla maggior parte degli studiosi. Questa interpretazione non ebbe però grande seguito e quasi tutti tornarono ad abbracciare la teoria religiosa di Mejía. Secondo l'esploratore britannico Tony Morrison, le linee e le piste erano state luoghi di ritrovo dove le comunità indigene praticavano il culto degli antenati, e le figure animali rappresentavano gli stemmi di famiglia dei diversi clan che si riunivano per adorare un antenato comune. L'americano Johan Reinhard pensò invece a rituali per la fertilità. La civiltà nazca era basata sull'agricoltura e aveva messo a punto un avanzato sistema di canalizzazione, per trasportare l'acqua dalle montagne alle valli circostanti. Secondo Reinhard, i disegni non indicherebbero le stelle, bensì la cordigliera. Le piste o piazze create nel deserto erano utilizzate per il culto della fertilità e dell'acqua delle montagne orientali, mentre le linee rappresenterebbero i canali costruiti nella valle. L'antropologo Anthony Aveni fu un sostenitore di questa teoria, ma enfatizzò l'aspetto rituale delle linee e aggiunse che le figure animali avevano probabilmente un carattere totemico. Al giorno d'oggi continuano a sorgere nuove interpretazioni sul significato delle linee e, dal momento che spesso i dibattiti fra scienziati non raggiungono il grande pubblico, la gente cerca risposte altrove, incappando a volte in teorie azzardate che rispecchiano le inquietudini della loro epoca.

Significati oltre le stelle

Le linee di Nazca hanno incuriosito anche esperti in discipline molto lontane dalla scienza, soprattutto a partire dagli anni Sessanta. Con il rifiorire di correnti spiritualiste ed esoteriche in Occidente, furono molti gli autori di fama internazionale che si interessarono a uno dei misteri più sconcertanti dell'epoca. Nel 1986 uscì *Ricordi dal futuro*, uno dei libri più venduti del XX secolo, in cui lo svizzero Erich von Däniken proponeva la sua affascinante teoria: secondo Däniken l'evoluzione dell'essere umano era il frutto di una mutazione programmata da visitatori extraterrestri appartenenti a un passato remoto, che tornarono poi in diverse occasioni per verificare la riuscita dell'esperimento e lasciare traccia del loro passaggio presso le civiltà antiche. Däniken spiegò il proprio pensiero in una serie di libri con cui ottenne fama e successo. La civiltà nazca ebbe un ruolo centrale nell'argomentazione di Däniken, che parla così delle misteriose linee nel deserto: «Vicino al luogo in cui sorge attualmente la piccola città di Nazca, nella pianura desertica, un giorno atterrarono esseri alieni intelligenti che improvvisarono lì un aerodromo per i loro congegni speciali che dovevano effettuare operazioni nei pressi della Terra. Su questo terreno ideale costruirono due piste [...] I cosmonauti portarono a termine la loro missione – ancora una volta – e tornarono al loro pianeta d'origine. Le tribù preincaiche videro come lavoravano queste creature aliene di cui avevano un timore profondo, e da quel momento desiderarono solo una cosa: il ritorno di quelle divinità! Si misero quindi all'opera per tracciare altre linee sulla pianura, come avevano visto fare agli dèi. Ma gli dèi non tornarono più». Secondo Däniken, le figure geometriche nel deserto sono quindi un gigantesco aerodromo spaziale, dove atterrarono navicelle venute da un altro pianeta, mentre le linee e i disegni sono un messaggio degli indigeni ai visitatori dallo spazio, una preghiera affinché ritornino.

Questa teoria era già stata esposta nel 1960 in un altro dei libri cardine dell'esoterismo moderno, *Il mattino dei maghi*, dei francesi Louis Pauwels e Jacques Bergier, che non esitavano ad affermare che «le fotografie che abbiamo della pianura di Nazca ci fanno pensare inevitabilmente alla segnalazione di una pista di atterraggio. Figli del Sole venuti dal cielo [...] Non possiamo fare a meno di ipotizzare le visite di abitanti dello spazio, civiltà atomiche scomparse senza lasciare traccia». Appena quarant'anni dopo essere state scoperte, le linee nel deserto peruviano facevano il loro ingresso trionfale nel complesso mondo degli studi dell'occulto, per non lasciarlo mai più. L'impatto di questa teoria fu tale che la figura umanoide di trenta metri incisa sul fianco di una montagna è oggi conosciuta come l'Astronauta.

Luoghi sacri di una civiltà quasi sconosciuta, sofisticati calendari astronomici per la previsione delle stagioni e dei raccolti, piste di atletica a sfondo religioso appartenenti a un'epoca remota, santuario di culti familiari o propiziatori, giganteschi campi di atterraggio per navicelle spaziali... Nazca ancora oggi risveglia interrogativi senza risposta in chiunque si avvicini al deserto per ammirare uno dei siti archeologici più importanti del pianeta. Dopo la scoperta delle linee, poco prima del 1930, l'archeologia e la scienza hanno fornito molte informazioni sugli artefici dei disegni e perfino sul periodo in cui furono tracciati, ma la loro finalità rimane un enigma senza soluzione. Solo il tempo e i progressi della scienza un giorno forse potranno svelarci il reale significato di questo mistero inquietante dell'America preispanica.

2

Esiste uno Stonehenge in Nord America?

Il megalitismo è una delle espressioni più singolari dell'uomo preistorico. Sparse per l'Europa atlantica e nell'Africa del Nord, si possono trovare grandi strutture di pietra collocate intenzionalmente sul territorio. Menhir, dolmen e cromlech continuano a incuriosire gli scienziati di tutto il mondo e a stimolare l'immaginazione dell'opinione pubblica, che li considera una testimonianza primordiale della spiritualità dell'uomo primitivo. L'interesse suscitato da questi monumenti spinge ogni anno migliaia di persone a visitarli nei giorni più importanti del calendario astronomico, nella speranza di rivivere le esperienze dei nostri antenati, di entrare in contatto con loro.

Da qualche tempo, però, hanno iniziato a circolare voci sull'esistenza di strutture di questo tipo in altre parti del mondo e sulla possibilità che siano in qualche modo collegate le une con le altre. Qualcuno sostiene che costruzioni simili, parecchio distanti tra loro, sarebbero opera di uno stesso popolo presente in luoghi molto lontani; altri affermano che si tratta dell'espressione di preoccupazioni fondamentali tipiche dell'essere umano, ma molti si rifiutano di prendere sul serio queste nuove teorie. L'interesse suscitato da queste complesse opere d'ingegneria preistorica ha oltrepassato le frontiere e superato le differenze culturali; attualmente si ritiene che i megaliti siano presenti dal Giappone fino in America. Proprio una di queste meraviglie di pietra situata in America ha spinto alcuni scienziati a rivedere alcune questioni storiche fondamentali. Esiste davvero uno Stonehenge negli Stati Uniti? Che legame può avere con le manifestazioni megalitiche presenti in Europa? È possibile che la sua esistenza metta in dubbio le teorie consolidate sul popolamento e la preistoria in America? Certo è che cercare una risposta a queste domande significa intraprendere un viaggio affascinante nelle origini del Nuovo Mondo.

Salem è una tranquilla città della contea di Rockingham, nel New Hampshire (Stati Uniti). I suoi abitanti, meno di trentamila, si compiacciono di condurre la vita tranquilla e rispettabile di una piccola località sulla costa del nordest. La sua posizione è quasi idilliaca, tra fitte aree boscose e dolci colline che rendono il paesaggio circostante degno di essere incorniciato ed esposto in un museo. L'economia locale dipende fondamentalmente dal vicino Massachusetts, da cui arriva buona parte dei visitatori che vi si recano in cerca del riposo e della tranquillità che non trovano nella metropoli di Boston (a circa 64 chilometri di distanza). Ma una nuova attrazione ha spinto sempre più turisti verso la cittadina. In una delle proprietà del Comune si innalza quello che sembra essere un complesso megalitico, forse il più importante fuori dall'Europa, che ha fatto scorrere fiumi d'inchiostro sulla stampa e tra gli scienziati.

I proprietari, i vicini e i turisti sono entusiasti, poiché la nuova attrazione ha richiamato l'attenzione dei mezzi di comunicazione nazionali. Un tale ritrovamento archeologico però pone molti interrogativi; se ne venisse confermata l'autenticità, si tratterebbe di una delle scoperte più rilevanti degli ultimi decenni. La sua importanza gli ha meritato il titolo di «Stonehenge statunitense» (con riferimento al monumento megalitico più famoso del mondo), anche se in precedenza fu conosciuto con altri nomi. Soltanto un'adeguata valutazione delle somiglianze e delle differenze con il celebre cromlech inglese può dirci se la definizione più recente sia corretta o se si tratta solo di uno slogan ideato per attrarre le folle di turisti, avidi di mete nuove ed esotiche su cui puntare l'obiettivo delle loro insaziabili macchine digitali.

C'era una volta da un barbiere...

Nell'estate del 1955 un ingegnere elettronico di nome Bob Stone aspettava tranquillamente il suo turno per tagliarsi i capelli da un barbiere di Derry, nel New Hampshire. Per ingannare l'attesa, dava un'occhiata a un numero di agosto del 1952 della rivista «New Hampshire Profiles» e alcune fotografie richiamarono immediatamente la sua attenzione. Un articolo intitolato *Il mistero a nord di Salem* raccontava lo strano caso di alcune costruzioni litiche nel Comune vicino. In realtà, Stone ne aveva già sentito parlare alla radio, ma le fotografie lo affascinarono e lo spinsero ad andare a vedere di persona quella meraviglia. Chiese in prestito al barbiere la vecchia rivista, tornò a casa di corsa ed espose le sue riflessioni alla moglie, al fratello e alla cognata riuniti lì.

Il giorno seguente i tre si avvicinarono alla proprietà in questione con l'intenzione di contemplare le misteriose pietre, ma una vecchia recinzione indicava che si trattava di una proprietà privata e che l'accesso era vietato. Vista la riluttanza degli altri, Stone proseguì da solo e riuscì senza difficoltà a scavalcare il recinto pericolante. Prese il sentiero che portava in cima a un piccolo promontorio e contemplò per la prima volta il paesaggio che lo avrebbe segnato per la vita. Quando tornò indietro e i suoi accompagnatori gli chiesero che cosa ne pensasse, Stone affermò solennemente che non si sarebbe dato pace finché non fosse diventato proprietario di quelle terre. Non gli ci volle molto per riuscirci e, nonostante fosse determinato a salvaguardare quella che considerava una preziosa ricchezza culturale degli Stati Uniti dal deterioramento subito per decenni, nel 1958 organizzò un sistema di visite, in modo che chi avesse voluto conoscere e studiare il monumento potesse accedervi senza dover violare la proprietà altrui, come aveva fatto lui.

Il luogo era conosciuto come Mystery Hill e la prima informazione al riguardo si trova in una pubblicazione del 1907, in cui viene menzionato come le «grotte di Pattee», con riferimento a Jonathan Pattee, uno degli abitanti del posto nel secolo precedente. Negli anni Trenta fu acquistato da un professionista del ramo assicurativo di nome William Goodwin, a cui per primo venne il sospetto che le pietre potessero essere più antiche di quanto si credesse. A poco a poco la fama del luogo si accrebbe e, grazie agli sforzi di Stone, nel 1970 gli fu riconosciuta la qualifica di «luogo storico del New Hampshire». Sulla strada vicina fu allora collocato un cartello che rende bene l'idea della quantità di teorie esistenti sulla sua origine: «Mystery Hill. A sei chilometri e mezzo a est dell'autostrada III si trova uno strano complesso di strutture di pietra, proprietà di privati, che presenta somiglianze con alcune opere di pietra primitive rinvenute nell'Europa occidentale. Si può ipotizzare dunque che più di duemila anni fa in questi luoghi esistesse un'antica cultura. Talvolta definite lo "Stonehenge del Nord America", queste stanze hanno una storia affascinante e potrebbero essere i resti di una civiltà previchinga o anche fenicia».

Tradizionalmente la costruzione del complesso veniva attribuita agli indiani nordamericani e considerata precedente all'arrivo dell'uomo bianco in quelle terre, ma non era mai stato dimostrato molto di più. Nella zona c'era anche chi affermava che proprio Pattee avesse conficcato nel suolo le pietre e avesse costruito le stanze seminterrate con l'aiuto della sua famiglia, ma l'abbondanza di legno, grazie alla presenza dei boschi nella zona, rende questa ipotesi poco verosimile. All'inizio degli anni Settanta, come indicato sul nuovo cartello, alla lista dei possibili autori delle costruzioni erano già andati ad aggiungersi alcuni non meglio precisati predecessori dei vichinghi che visitarono Terranova nel X e nell'XI secolo, e anche i fenici. Una tale varietà di teorie aveva origine da una base materiale tanto interessante quanto controversa.

Il monumento che ha originato tante polemiche consiste in una serie di pietre isolate sistemate verticalmente, che descrivono un grande cerchio intorno a un leggero rilievo del terreno, e in un piccolo complesso di stanze seminterrate costruite in prossimità del centro. Le pietre verticali hanno forme diverse; le più imponenti sono quelle rettangolari (anche se il lato superiore di solito è tagliato a tracciare una diagonale discendente) e quelle triangolari, e sono state associate ad alcuni allineamenti astronomici di una certa complessità. È stato così provato che in determinati giorni il sole e alcune stelle principali si posizionano sopra le pietre a formare allineamenti trasversali (ovvero, all'interno del cerchio, il punto in cui in uno stesso giorno il sole sorge e tramonta è segnato da due pietre distinte in posizioni diverse), nei solstizi d'estate e d'inverno, negli equinozi (che coincidono in un'unica linea) e nei cosiddetti «quarti incrociati», i giorni in cui la traiettoria del sole si trova proprio fra i solstizi e un equinozio. L'insieme delle pietre traccia almeno dodici raggi dall'ipotetico centro del complesso. Il movimento dell'asse della terra ha fatto sì che il punto in cui sorge il sole si sia spostato dalla sua posizione originaria. Per esempio, è stato calcolato che intorno al 1800 a.C., sulle pietre rettangolari con il bordo diagonale discendente, il sole sorgeva proprio all'altezza dell'estremità appuntita della pietra, nel suo punto più alto. Attualmente il sole sorge al centro del lato superiore della roccia. Non c'è tuttavia dubbio che le pietre furono collocate come segnali da costruttori che avevano una profonda conoscenza del cielo diurno e notturno, del movimento del sole, delle stelle e dei pianeti.

L'insieme delle stanze, chiamate tradizionalmente «grotte», consiste in strutture costruite utilizzando grandi lastre di pietra che delimitano uno spazio interno sotterraneo e si alzano di poco sulla superficie del terreno. Vi è anche una demarcazione dello spazio tra le stanze (una specie di muretti o recinzioni, sempre di pietra). In questo complesso, sulla superficie, si erge uno degli elementi più notevoli di tutto il sito archeologico. Si tratta di una grande pietra di 2,70 metri per 1,80, sostenuta orizzontalmente da altre quattro rocce, un insieme dal peso di quattro tonnellate e mezzo che forma una specie di tavolo. La superficie, di forma rettangolare, è leggermente inclinata ed è attraversata da un solco vicino ai lati e da un altro al centro di uno dei lati minori, che formano una sorta di becco. È stata avanzata l'ipotesi che questi solchi servissero a raccogliere i liquidi versati sulla superficie e a depositarli in un recipiente collocato a terra, ai piedi del tavolo. Tutto ciò ha portato alla teoria secondo cui il tavolo sarebbe il punto focale di un luogo di culto religioso, dove sarebbero stati sacrificati animali e persino esseri umani durante la celebrazione di riti pagani. Sotto questo insieme, visto come un «altare sacrificale», si trova una delle stanze seminterrate, da cui parte un condotto rivestito di pietra lungo 1,8 metri che sbocca proprio sotto il tavolo. Si suppone che durante le cerimonie religiose qualche sacerdote o sciamano si nascondesse nella sala e facesse riecheggiare attraverso il tubo la propria voce, che sarebbe arrivata all'esterno, nel recinto rituale dove si celebrava il sacrificio, amplificata e distorta. Sentire riecheggiare la voce, cavernosa e ultraterrena, avrebbe senza dubbio seminato il panico tra i presenti.

In definitiva, quando osserva la presenza solenne di queste rocce nell'impressionante cornice dei boschi, il visitatore non può fare a meno di chiedersi chi possa aver eretto quello stupefacente insieme di segni, quale mente esperta e addentro ai misteri della natura possa aver partorito un così perfetto meccanismo di misurazione solare senza altri mezzi se non quelli offerti dalla natura. È una domanda che risuona da decenni nelle menti di coloro che si avvicinano a questo angolo della costa orientale degli Stati Uniti, ma a cui non è ancora stata data una risposta definitiva. Forse oggi siamo un po' più vicini a ottenerla...

Linee nel cielo... e sulla terra

Una delle scoperte più sorprendenti legate allo Stonehenge statunitense fu resa possibile dal progresso tecnologico del XXI secolo. Durante uno studio patrocinato dai proprietari del sito archeologico, vennero utilizzati i moderni sistemi di rilevamento satellitare per trovare collegamenti tra il monumento megalitico del New Hampshire e quelli presenti in altre parti della terra, e i risultati ottenuti lasciarono a bocca aperta il mondo intero. Il primo fu il prolungamento sulla superficie del globo terrestre delle linee che nel cerchio di pietra indicavano gli allineamenti solari. In questa fase i risultati furono scoraggianti, finché non si iniziò a lavorare sull'allineamento del solstizio d'estate. Seguendo il tracciato del prolungamento in direzione nordest, la traiettoria attraversava Terranova e l'Atlantico del Nord per arrivare alla costa sud dell'Irlanda, lasciarsela dietro ed entrare in Gran Bretagna fino a... Wiltshire (Inghilterra), per l'esattezza in un punto della campagna che risultava familiare anche visto dal satellite: Stonehenge. I ricercatori non potevano crederci e ripeterono in diverse occasioni l'operazione alla ricerca di qualche errore di calcolo. Il risultato fu sempre lo stesso. Non contenti, seguirono la traiettoria attraverso il continente europeo: prima si lasciava dietro il canale della Manica, poi l'Europa settentrionale e centrale, i Balcani, l'Anatolia e il Mediterraneo orientale fino ad arrivare in... Libano.

Per quanto si potesse continuare a prolungare la traiettoria, una parte dei ricercatori si rese subito conto che quel risultato poteva essere collegato a una delle teorie che periodicamente riempie le pagine dei giornali e che negli ultimi decenni ha suscitato grandi dibattiti sulle riviste scientifiche: la possibilità che l'America sia stata scoperta prima di Cristoforo Colombo, quella che gli esperti chiamano la «prescoperta dell'America». Si tratta di un'idea screditata dalla comunità scientifica sin dall'inizio del XX secolo, ma gli scavi archeologici portati a termine sulla costa occidentale del Canada, che dimostrarono la presenza di vichinghi in America prima del 1492, hanno riportato in auge questa teoria semidimenticata. Non appena i conquistatori capirono che il Nuovo Mondo scoperto da Colombo non era l'Asia orientale e che era popolato da esseri umani si posero una domanda: da dove erano giunti quegli uomini e quelle donne? Come erano arrivati fino in America, da quando Dio aveva creato l'uomo nel giardino dell'Eden, se nessuno aveva messo piede su quella terra prima di Colombo? Si giunse subito alla conclusione che provenissero dal Vecchio Mondo e che in un'epoca remota fossero arrivati nel continente americano, dove si erano evoluti in modo indipendente dalle loro origini, la cui memoria si sarebbe persa nella notte dei tempi. Furono quindi avanzate varie ipotesi sulla loro provenienza, ma i teorici di questo popolamento remoto dell'America avevano una predilezione per le antiche civiltà: i primi abitanti potevano essere stati una delle tribù d'Israele dell'Antico Testamento, o rappresentanti della civiltà egizia che avrebbero realizzato singolari ricostruzioni delle piramidi in quel nuovo contesto, o grandi popoli marinari come i fenici.

Un'inquietante scoperta fatta nel 1964 proprio nello Stonehenge nordamericano avrebbe dimostrato un collegamento con questa teoria. Durante un'operazione di riconoscimento di frammenti pietrosi staccatisi dalle grotte, fu rinvenuta una pietra su cui erano state incise alcune linee che sembravano un'iscrizione, in un alfabeto non identificabile a priori. I proprietari del sito commissionarono diversi studi dell'iscrizione appena scoperta; questi conclusero che si trattava di un'iscrizione fenicia in cui si poteva leggere: «Dedicato a Baal, in rappresentanza dei Cananei». «Cananei» era uno dei nomi che gli stessi fenici usavano per indicare il loro popolo, mentre Baal fu una delle principali divinità, venerata soprattutto nella città di Sidone insieme alla sua sposa, la dea Astarte. La scoperta era sensazionale, poiché collocava il complesso megalitico di Salem al centro di una delle teorie sulla prescoperta più in auge nell'ultima metà del secolo: la prescoperta dell'America da parte dei fenici.

I fenici furono senza dubbio uno dei grandi popoli navigatori del Mediterraneo nell'antichità. Nati come un insieme di città-Stato nella striscia siriano-palestinese a cominciare dall'anno 1200 a.C., raggiunsero un alto livello di sviluppo tecnico nella navigazione che permise loro di diventare i principali commercianti marittimi. A partire dai grandi centri urbani di Biblos, Sidone e Tiro, fondarono un impero commerciale che estese il suo territorio a Cipro, alla costa nord del Maghreb orientale, alla Sicilia, alla Sardegna, alle isole Baleari e al sud della penisola iberica. Tutto ciò grazie a un miglioramento sostanziale delle loro navi, a cui applicarono innovazioni tecniche rivoluzionarie come il calafataggio e alcune novità nei timoni, nei remi, nelle vele, così come nell'uso di lastre metalliche e del rostro. La conoscenza dei sistemi d'orientamento astronomici e, soprattutto, l'individuazione della stella polare, permise loro di lanciarsi nell'avventura della navigazione notturna, mentre la profonda conoscenza delle correnti marine rese possibile abbandonare il cabotaggio e intraprendere per la prima volta la navigazione d'altura. La maggior parte degli scienziati riconosce che le navi fenicie oltrepassarono il Mediterraneo e dimostrarono la propria capacità di navigare sull'Atlantico. È noto che riuscirono a esplorare buona parte della costa africana e che il commercio fenicio si estese al lato atlantico dell'Europa, fino alle isole britanniche, allora conosciute come Cassiteridi. Si pensa che forse approdarono nelle Canarie e anche nelle Azzorre. Se così fosse, è possibile che abbiano scoperto i venti alisei, grazie ai quali è facile arrivare sulle coste americane.

Sebbene questa parte dell'argomentazione sia generalmente rifiutata, alcuni archeologi e storici hanno ampliato gli orizzonti e hanno creduto di riconoscere i segni di una possibile colonizzazione fenicia dell'America in reperti d'indiscutibile autenticità. Il professor Mark McMenamin, del Mount Holyoke College, studiò le monete dei fenici e dei loro successori nell'egemonia marittima sul Mediterraneo, i cartaginesi (Cartagine nacque come colonia fenicia), e identificò in alcune coniazioni cartaginesi un possibile indizio che i fenici fossero a conoscenza dell'esistenza del continente americano e avessero cercato di tracciare sommariamente la mappa della costa atlantica. Alcune monete cartaginesi mostrano sul rovescio la figura di un cavallo sotto il quale furono incise diverse tacche di difficile interpretazione. Tradizionalmente si affermava che poteva trattarsi di semplici graffi o del marchio della zecca in cui erano state coniate. McMenamin invece sostenne, in varie pubblicazioni scientifiche, che quei segni erano la rappresentazione schematica di un mappamondo dei territori conosciuti dai fenici; si tratterebbe, da est a ovest, dell'Asia, dell'Italia, della Sicilia, della Sardegna, dell'Africa del Nord, della penisola iberica e, al di là di uno spazio bianco che rappresenterebbe l'oceano Atlantico, dell'America; vi sarebbe anche raffigurata con una certa precisione la costa del golfo del Messico. Lo stesso autore affermò nei suoi studi che la tecnologia a disposizione dei fenici permetteva a quel popolo di arrivare fino al Nuovo Mondo.

Un altro elemento che mette in relazione i fenici col sito archeologico di Mystery Hill è che questo popolo praticava sacrifici umani in recinti all'aperto, in zone delimitate e isolate da muri, in genere fuori dalle città, solitamente chiamati *tofet*. Particolarmente lugubre era il sacrificio di bambini in tenera età, che alla fine venivano cremati e sotterrati. Riti il cui significato ultimo continua a dividere gli specialisti. È possibile che il tavolo sacrificale di Salem sia imparentato con la religione fenicia? Si tratta di un grande mistero che non è ancora stato svelato, per cui continua a essere necessario andare in cerca di nuovi elementi che permettano di risolvere questo rompicapo quanto basta per avere una visione d'insieme. Forse uno sguardo al monumento megalitico per antonomasia potrebbe fornirci qualche informazione in più, che faccia luce su un terreno nel quale si continua ad avanzare a tentoni.

Quando le pietre danzano col sole

Stonehenge è senza dubbio il monumento megalitico più famoso del mondo e probabilmente la prima immagine che viene in mente a molti quando pensano alla preistoria. Questo cromlech gigantesco si erge nella campagna inglese, nella contea di Wiltshire, a circa tredici chilometri da Salisbury. Sebbene ciò che si può contemplare oggi sia il risultato di varie fasi di costruzione e di restauri successivi alla sua scoperta, un inquietante alone di mistero continua a circondare le grandi pietre. Il complesso, formato da 150 pietre di dimensioni differenti (la più grande misura 6,7 metri d'altezza), suscita in chi lo visita oggi la stessa impressione che suscitava negli uomini preistorici che lo crearono. Di fatto, continuiamo a ignorare come fu possibile costruirlo. Le pietre, che pesano tonnellate, furono portate da decine, persino da centinaia di chilometri di distanza, con mezzi di trasporto più che precari. Alcuni archeologi sono arrivati ad affermare che per la sua costruzione ci vollero più di trenta milioni di ore di lavoro, in un arco temporale che si situa approssimativamente fra il 3100 a.C. e il 1900 a.C.

Come la maggior parte dei monumenti megalitici, il complesso fu eretto rispettando un progetto iniziale basato sull'astronomia, che fu progressivamente arricchito dalle costruzioni successive. Quella che al principio era solo una fossa circolare scavata nel terreno, orientata verso il punto in cui sorge il sole nel solstizio d'estate e quello in cui tramonta nel solstizio d'inverno, fu completata nel tempo con vari cerchi formati da pietre conficcate nel suolo, alcuni dei quali ad arco piatto: furono sollevate pietre che pesavano tonnellate per adagiarle orizzontalmente sopra quelle che erano state innalzate in precedenza. In tutto il luogo c'è qualcosa che sfugge all'intelletto, alla comprensione non solo del come fu eretto, ma anche del suo significato originale. Sin dall'antichità fu messo in relazione con la religione e la magia, abitualmente se ne attribuiva la costruzione al mago Merlino o ai druidi delle tribù celtiche che abitavano la Gran Bretagna in epoca preromana. Sebbene oggi si sappia con certezza che è molto anteriore, si continua ad attribuirgli una funzione e un significato religioso. L'idea più diffusa è che sia stato utilizzato come luogo di culto nelle date più significative del calendario astronomico, dove, dopo aver osservato l'alba indicata dalle pietre diritte, avrebbero avuto luogo processioni rituali intorno ai gruppi di pietre circolari, imitando il movimento nel cielo del re degli astri, per concludere nella struttura megalitica centrale con un qualche rito. Il solstizio d'estate sembra essere stato un momento particolarmente importante, poiché nel complesso megalitico c'è una pietra specifica (conosciuta come Heel Stone) che indica l'alba in quella data e nelle vicinanze sono state rinvenute due fosse allineate con questa roccia, all'alba e all'imbrunire di quel giorno.

Ma esiste realmente un collegamento tra Mystery Hill e lo Stonehenge originale? È evidente che entrambi i complessi megalitici rappresentano un dettagliato calendario astronomico, eretto con scopi religiosi strettamente legati al cambio delle stagioni, che era di vitale importanza nel ciclo agricolo che scandiva la vita delle società neolitiche. La data proposta tenendo conto del movimento della terra per datare il complesso di Salem (approssimativamente il 1800 a.C.) lo colloca in un'epoca leggermente posteriore al completamento del monumento inglese, quindi sarebbero stati eretti a pochi decenni di distanza. Pare che in entrambi i casi al centro ci fosse un insieme di costruzioni (caverne, nel Nord America; pietre verticali, in Inghilterra) forse utilizzato per celebrare riti di carattere religioso collegati al calendario astronomico. Le analogie sono senza ombra di dubbio affascinanti.

La pista fenicia, per quanto rientri nei ritrovamenti d'iscrizioni che dal Paraná (Brasile) al Maine (Stati Uniti) sono servite a rilanciare il dibattito circa una possibile prescoperta dell'America da parte dei fenici, non risulta decisiva per stabilire una relazione tra i due monumenti megalitici. La cultura fenicia sorse a partire dal 1200 a.C., parecchio tempo dopo la costruzione dei due monumenti: la presenza del popolo fenicio quindi sarebbe stata molto posteriore. Sappiamo della perizia dei fenici nella navigazione e della loro conoscenza dell'area atlantica, comprese le isole britanniche, ma per affermare con certezza che questi abili marinai arrivarono fino in America servono prove scientifiche sufficientemente solide. È evidente che entrambi i complessi, nonostante presentino differenze formali, suscitino la stessa sensazione nel visitatore. Essi continuano a essere la testimonianza del fatto che in un passato remoto ci sono stati popoli che, pur trovandosi a un livello molto elementare di sviluppo, possedevano una sofisticata conoscenza dell'ambiente che li circondava ed erano capaci di plasmarlo in opere che destano ancora oggi una profonda impressione. Era il loro modo per trasmettere la propria esperienza del mondo e della natura, e la ricerca delle loro tracce può sempre portare a scoperte che ci obblighino a rivedere quello che sappiamo del nostro passato.

3
Akhenaton, il faraone eretico

Pochi personaggi dell'antichità hanno suscitato l'interesse degli storici come il faraone egizio Akhenaton. Dopo più di tremila anni le raffigurazioni dai tratti deformati del faraone e della sua famiglia continuano a sfidare le capacità degli esperti. Akhenaton, il faraone eretico, l'uomo che infranse la millenaria tradizione religiosa che accompagnò la civiltà più longeva di tutti i tempi, continua oggi a essere un enigma per gli studiosi che si interessano di lui. La sua straordinaria rivoluzione religiosa, che lo avrebbe portato a fondare il primo credo monoteista della storia, risulta tanto sorprendente quanto difficile da interpretare. Insieme alla sua sposa, la bella e misteriosa Nefertiti, Akhenaton diede inizio a un periodo nuovo e unico nella storia d'Egitto. Un periodo che, però, si sarebbe concluso con la sua morte: chi gli successe cercò in tutti i modi di cancellarne le tracce, come per nascondere un crimine. Ciò nonostante, Akhenaton continua ad affascinare perché ogni domanda che sorge intorno al suo regno suggerisce troppe risposte inquietanti. Questo faraone fu un profeta? Come si spiegano le deformità con cui lo si rappresenta? E i suoi tratti asessuati? Che cosa lo indusse a rovesciare i fondamenti del mondo che conosceva? Quale verità si nasconde dietro i cambiamenti radicali che vennero introdotti durante il suo regno? Teorie di ogni tipo cercano di dare risposte a questi e ad altri quesiti che, nonostante tutto, sembrano essere condannati a rimanere irrisolti.

Il sorgere del sole: Akhenaton, il profeta

Nell'anno 1353 a.C. il giovane Amenofi piangeva la morte di suo padre, il grande faraone Amenofi III, membro della XVIII dinastia egizia. L'erede aveva ancora negli occhi le immagini del defunto re insieme alla sua sposa, Tiye, nella fastosa cerimonia commemorativa dell'Heb-Sed, l'ultima delle tre che il defunto monarca era riuscito a celebrare. Coperti d'oro dalla testa ai piedi, entrambi avevano compiuto i rituali che celebravano il loro potere e la loro regalità. Avevano anche riportato in auge cerimonie dimenticate da generazioni, nelle quali il faraone veniva equiparato al sole per il suo potere onnipresente e misericordioso. Niente di strano, d'altra parte, se si pensa allo splendore del suo regno. Ma l'onnipotente faraone, che non aveva nemmeno cinquant'anni, giaceva esanime sotto gli occhi del figlio, il suo successore.

Il trono d'Egitto attendeva con impazienza l'ascesa di Amenofi IV. Tutto sembrava favorire l'inizio repentino del suo regno: prima la prematura morte del fratello maggiore e vero erede al trono, il principe Thutmose, poi l'inattesa morte del padre. Lui, che non era stato chiamato a regnare, lo avrebbe fatto. Amenofi III gli aveva mostrato la strada, per questo le immagini della cerimonia dell'Heb-Sed dovevano ben essere vivide nella sua testa. Senza dubbio, la crescente popolarità del culto solare auspicato dal padre giocava a favore della sua monarchia. Il simbolo del sole, il disco solare o Aton, veniva rappresentato in ogni angolo del vasto regno, fino ai territori più remoti. Pochi simboli potevano rappresentare con la stessa precisione la brama di potere del faraone. La luminosità, la traiettoria e il potere del sole venivano emulati nella cerimonia dell'Heb-Sed. Durante la liturgia, anche il messaggio strettamente religioso doveva aver impressionato il giovane principe Amenofi. Aton il benefattore, Aton il potente, Aton la fonte della vita... Così evidente, così quotidiano, così necessario e visibile... Eppure, niente faceva presagire il cambiamento radicale che sarebbe avvenuto di lì a un anno, poiché, come ricorda l'egittologo Toby Wilkinson, «non esistono prove che dimostrino che, già all'inizio del suo regno, la mente di Amenofi aveva iniziato a concepire nuove e radicali idee teologiche».

La civiltà egizia si reggeva su un complesso sistema religioso presidiato dalla fede nella vita dopo la morte e governato da un affollato pantheon di divinità. Tra queste, Amon-Ra occupava il posto più alto, ragion per cui i sacerdoti di Amon assunsero con il tempo un ruolo chiave nella gerarchia della società egizia. Solo il faraone e i sacerdoti delegati dal faraone potevano fare da mediatori tra gli dèi e gli uomini, mentre il faraone garantiva con la sua sola presenza il mantenimento dell'ordine nel mondo conosciuto. Quando Amenofi IV ascese al trono, si comportò di conseguenza, o almeno fu così nei primi mesi del regno: ultimò la costruzione del complesso templare di Karnak iniziato dal padre e consacrò un tempio ad Amon-Ra nella città che fondò in Nubia. Ma proprio quando tutto sembrava normale, come ci si aspettava, come doveva essere, Amenofi IV voltò le spalle alle tradizioni millenarie del suo paese.

Ispirato dalla rivelazione che Aton, il disco solare, fosse l'unico dio, Amenofi iniziò una vera e propria rivoluzione teologica. In opposizione al tradizionale culto di Amon, il faraone spodestò apertamente la divinità più importante del pantheon egizio a favore di Aton. Se suo padre, come faraone, si era identificato con il sole, Amenofi IV fece dello stesso astro un vero e proprio faraone. La coreggenza Amenofi-Aton fu presto proclamata con la costruzione di un nuovo e grandioso tempio, il Gen-pa-Aton (che significa «il disco solare è stato trovato»), eretto nel complesso di Karnak per celebrare il primo giubileo del monarca: la sua prima cerimonia dell'Heb-Sed. Tuttavia, come confermano le iscrizioni sul tempio, la cerimonia venne dedicata non tanto al faraone, quanto ad Aton. Secondo il professor Wilkinson, «la cerimonia dell'Heb-Sed segnò l'inizio di una novità assoluta: il dio del sole e il re avrebbero regnato insieme, ricostruendo da zero il mondo di tutti i giorni». Il culto degli dèi tradizionali era ancora ammesso, però Aton assumeva un nuovo ruolo egemonico. Solo un anno più tardi, Amenofi prese un'altra decisione inaspettata ed eloquente: cambiò nome in Akhenaton (che significa «colui che è utile ad Aton»).

I messaggi di Akhenaton, tuttavia, non avevano la stessa risonanza anche a Tebe, residenza tradizionale dei faraoni d'Egitto e capitale religiosa dell'impero. I potenti sacerdoti di Amon continuavano a celebrare con orgoglio il culto di altre divinità (in particolare di Amon), che a Tebe avevano ancora un certo peso e una certa influenza. Fu allora, nel quarto anno del suo regno, che Akhenaton decise di lasciarsi alle spalle qualsiasi legame con il passato e di fondare una nuova capitale reale. Fu scelta una zona sulla riva occidentale del Nilo, a circa quattrocento chilometri a nord di Tebe e trecentoventi a sud di Menfi, il centro amministrativo. L'attuale Tell el-Amarna si trova ai piedi di alcuni dirupi, dietro i quali ogni mattina sorge il sole e la cui forma ricorda il geroglifico *akhet* («orizzonte»). La città fu battezzata Akhetaton («orizzonte di Aton»).

La capitale consacrata ad Aton doveva essere degna della divinità che l'aveva ispirata, così Akhetaton occupò un'area di più di duecento chilometri quadrati. Il faraone supervisionò attentamente i lavori e, nel prodigioso lasso di tempo di tre anni, la città fu pronta per accogliere Akhenaton e la sua corte al completo. Fu inaugurata sei anni dopo, una delle città più ricche mai costruite. Il «cammino reale», parallelo al Nilo, era l'asse cerimoniale, mentre due impressionanti complessi residenziali svolgevano la funzione di residenza e di scenario delle cerimonie reali. Tra tutti i templi spiccava la Casa di Aton, il grande tempio dedicato al dio del sole, lungo più di un chilometro e la cui facciata superava i duecento metri. La tomba destinata al faraone, situata tra i dirupi, era il centro dove convergevano le linee del tracciato di Akhetaton. Nicholas Reeves ricorda la meraviglia degli archeologi che studiarono il complesso quando si resero conto che «le proporzioni del Grande Tempio di Aton, quando fu progettato, erano una replica di quelle dei confini della città, rivelando l'intento nascosto di fondare un'intera città concepita come un enorme tempio».

Tutto era un omaggio ad Aton e la nuova fede trovò espressione nei rilievi dei templi e delle tombe. Il *Grande inno ad Aton*, opera del faraone, diventò il suo credo ufficiale. Questo canto, una delle creazioni poetiche più riuscite dell'antichità, arrivò a esercitare una grande influenza sugli autori religiosi futuri, soprattutto sui salmisti ebrei. L'esistenza di un unico vero dio era proclamata con grande entusiasmo e Akhenaton ne era così convinto che cominciò a prendere provvedimenti di conseguenza: mise al bando il culto degli altri dèi, di cui furono furiosamente cancellati i nomi e le immagini da monumenti, templi, case e da ogni spazio pubblico o privato. Aton era passato da dio supremo a unico dio. In questa rivoluzione, però, il faraone non era solo. A giocare un ruolo fondamentale nell'intero processo fu una donna, il cui volto è stato tramandato da una delle più belle sculture della storia: si tratta di Nefertiti, la regina dal nome che significa «la bella è arrivata».

La Signora delle due terre

Come fa notare Toby Wilkinson, «gli ultimi versi del *Grande inno ad Aton* illustrano uno degli elementi più significativi della rivoluzione di Akhenaton: l'inaudito potere che concesse a sua moglie». Nefertiti, le cui origini continuano a essere un mistero, condivise con Akhenaton la difesa della nuova fede fin dal principio. Rispetto al ruolo tradizionale attribuito alle mogli dei faraoni e, nonostante una donna forte al fianco dei re egizi non fosse una novità assoluta, Nefertiti interpretò un ruolo nuovo e irripetibile nel regime creato da Akhenaton. Nei rilievi che adornavano i monumenti della capitale reale, la regina non solo era rappresentata come sposa del faraone, bensì come sua pari. Le immagini di Nefertiti che interroga o infligge castighi ai prigionieri, atteggiamenti questi riservati al faraone, davano il benvenuto a chi entrava in città dall'alto delle steli poste ai suoi confini. Anche i testi lasciavano poco spazio al dubbio: «Grande nel palazzo, bella in viso, adornata con la piuma doppia, signora dell'allegria che riceve elogi; al sentire la sua voce ci si rallegra; la grande sposa del re da lui amata, la Signora delle due terre».

Uno degli esempi più lampanti dello sconcertante ruolo di Nefertiti è la serie di statue colossali che l'archeologo Henri Chevrier dissotterrò a Karnak negli anni Venti del secolo scorso. Le sculture, che recavano gli attributi propri del faraone, furono in principio identificate con lo stesso Akhenaton. Qualcosa, però, richiamò l'attenzione degli specialisti: le statue erano praticamente asessuate, per niente mascoline. L'interpretazione della peculiare iconografia di queste sculture senza genitali diede luogo a ogni sorta di teoria, da quelle che affermavano che Akhenaton fosse un eunuco, a quelle che le consideravano una dimostrazione dell'omosessualità del faraone. Quest'ultima interpretazione diventò particolarmente popolare quando fu ritrovata una piccola stele (oggi conservata nel Museo di Berlino) nella quale due re (riconoscibili dalle corone) erano ritratti seduti vicini e uno dei due si voltava verso l'altro e gli sosteneva affettuosamente il mento. Il mistero dell'omosessualità di Akhenaton cominciò a risolversi negli anni Settanta, quando lo studio dettagliato dei cartigli della stele (gli spazi riservati ai nomi nell'arte egizia) dimostrò che ad accompagnare Akhenaton non era altri che la regina Nefertiti, rappresentata come un re. Nefertiti era coreggente di Akhenaton e faraone tanto quanto lui. Le statue colossali ritrovate da Chevrier non erano poco mascoline, semplicemente raffiguravano una donna faraone.

Le espressioni artistiche del regno di Akhenaton sono senza dubbio uno dei maggiori misteri dell'epoca. L'arte egizia puntava a esprimere il concetto di eternità e seguiva quindi alcuni canoni iconografici rigidi e costanti. I rilievi e le sculture ritrovati a Tell el-Amarna, però, non hanno nulla a che vedere con l'iconografia tradizionale dell'arte egizia. In confronto alle figure ieratiche dei faraoni come mediatori degli dèi o come potenti guerrieri, le numerose rappresentazioni di Akhenaton e della sua famiglia sono di un'intimità senza precedenti. Il re e la sua sposa appaiono mano nella mano, mentre si offrono fiori, o seduti a giocare con le figlie in braccio, baciandole... E tutto ciò sotto i raggi benefici delle mani di Aton. Ma quello che risulta ancora più sorprendente è che tali scene mostrano esseri dai tratti deformati, dai fianchi larghi, il ventre flaccido, il petto prominente, il collo arcuato, la mandibola inferiore molto pronunciata e il cranio allungato. Era quella l'immagine della maestà e della regalità? La domanda è ancora più sconcertante se si considera che le deformazioni interessano solo le figure del faraone e dei suoi familiari, e non le rappresentazioni del popolo.

La ragione delle deformazioni delle opere artistiche di Tell el-Amarna è ancora un mistero. Per quanto obbedissero alla volontà di Akhenaton, tali caratteristiche sono state spiegate nei modi più disparati. Alcuni vi attribuiscono un criterio puramente estetico, altri le interpretano come espressione delle idee religiose di un'unione del maschile e del femminile, e non manca chi segnala i crani affusolati e li collega all'iconografia tradizionale degli extraterrestri... Una delle correnti interpretative più curiose è quella che da qualche decennio cerca una spiegazione patologica dietro tali deformazioni. Per parecchio tempo sembrò avere successo la teoria proposta dall'antropologo e specialista in anatomia comparata Grafton Elliot Smith, secondo il quale Akhenaton era affetto dalla sindrome di Froehlich. Questo disturbo endocrino produce manifestazioni fisiche compatibili con le forme con le quali era rappresentato il faraone, ragion per cui la comunità scientifica pensò di aver trovato una spiegazione credibile. Ciò nonostante, qualche anno dopo fu dimostrato che tale sindrome si associa di norma all'impotenza e al ritardo mentale, entrambi difficilmente attribuibili al caso di Akhenaton. Da allora le teorie di carattere medico sono state prese in considerazione con molta cautela, benché negli ultimi anni sembri guadagnare terreno la tesi del professore canadese Alwyn L. Burridge circa la possibilità che Akhenaton soffrisse di una strana patologia genetica conosciuta come «sindrome di Marfan». La malattia non solo spiegherebbe le deformazioni, ma anche il fatto che Akhenaton venga spesso rappresentato appoggiato a un bastone e, fattore ancora più determinante, potrebbe spiegare l'ossessione del faraone per la luce solare come conseguenza di una cecità parziale. Le recenti analisi del DNA di quella che si crede sia la mummia di Akhenaton, però, sembrano confutare anche questa teoria.

I tratti insolitamente sproporzionati di Akhenaton e della sua famiglia continuano a sfidare la capacità interpretativa di egittologi, antropologi e medici, senza che si riesca a trovare una spiegazione univoca e soddisfacente. Tutto ciò che riguarda il faraone di Tell el-Amarna sembra costellato di incognite, di domande senza risposta. In alcuni casi le domande giungono perfino da luoghi ben lontani dall'Egitto, come Qumran, sulle sponde del Mar Morto...

Il tesoro dimenticato del faraone

Agli inizi degli anni Cinquanta del XX secolo un gruppo di valorosi archeologi lavorava agli scavi nelle grotte dell'insediamento esseno di Qumran, in Cisgiordania. Solo qualche anno prima, nel 1947, nell'insediamento era avvenuto uno dei ritrovamenti archeologici più importanti di tutti i tempi: i cosiddetti «manoscritti del Mar Morto», un gruppo di rotoli risalente a più di duemila anni fa che racchiudevano interi libri dell'Antico Testamento e che erano destinati a rivoluzionare gli studi biblici. Si trattava degli scritti biblici più antichi conosciuti, una serie di copie manoscritte in ebraico e aramaico di testi della Bibbia, realizzate dalla comunità essena di Qumran tra il III secolo a.C. e il 70 d.C. Gli esseni erano una setta ascetica ebraica che praticava il celibato, la vita in comunità e l'osservanza stretta dei principi della Torah (i primi cinque libri della Bibbia). Il ritrovamento dei manoscritti suscitò enorme fermento, oltre a grandi aspettative circa altre sorprese che poteva riservare Qumran. Con questo spirito, la squadra di archeologi diretti da Henri de Conteson cominciò gli scavi della grotta numero 3 dell'insediamento, ma nel marzo del 1952 le loro speranze sembravano essere giunte a un punto morto.

La squadra era sul punto di abbandonare il lungo lavoro nella grotta, quando cominciò a ripulire una piccola zona situata all'ingresso. Fu allora che Henri contemplò attonito due grandi oggetti verdi rinvenuti nel terreno. Non aveva mai visto niente di simile. Come i colleghi nel 1947, anche lui aveva trovato due rotoli manoscritti, ma il materiale del quale erano fatti non era né carta né pergamena, bensì rame. Il Manoscritto di Rame (il nome che fu dato ai rotoli ritrovati) fu rapidamente trasferito per essere studiato all'Università inglese di Manchester. Il principale problema al quale bisognava far fronte era come aprire i testi senza rovinarli. Per questo motivo gli studiosi decisero di tagliare i rotoli in vari segmenti, come tessere di un puzzle. Le ventitré parti risultanti permisero alla fine di svelare il contenuto del manoscritto: il testo inciso in ebraico in dodici colonne descriveva l'esistenza di sessantaquattro luoghi in cui era nascosto un favoloso tesoro di venticinque tonnellate d'oro e sessantacinque d'argento.

Lo sbalordimento degli studiosi fu incredibile, benché le indicazioni del Manoscritto fossero prive di contesto. Includevano una lunga lista di luoghi (il tempio, il pozzo di argilla, la tomba del grande sacerdote...) con una dettagliata descrizione del luogo in cui le ricchezze erano state nascoste (a quaranta cubiti sotto gli scalini rivolti a est, nella terza fila di pietre del monumento funebre...), ma non si riusciva a capire l'ubicazione geografica. Ovviamente, tutti gli sguardi furono puntati su Qumran e presto iniziarono i lavori di ricerca del tesoro. Una dopo l'altra, le spedizioni fallirono e tuttora non è stato trovato niente in nessuno dei siti perlustrati in Terra Santa.

Qualche anno fa, però, l'esperto in metallurgia e studioso britannico Robert Feather propose una nuova teoria sul Manoscritto di Rame, che ha sollevato tanto interesse quanto disappunto fra gli appassionati. Secondo Feather, la ricerca del tesoro del Manoscritto è risultata infruttuosa perché fin dall'inizio si è cercato nel luogo sbagliato: il tesoro non si troverebbe a Qumran, né in qualunque altro luogo della Terra Santa, bensì in Egitto. Per l'esattezza nell'Egitto di Akhenaton, ovvero a Tell el-Amarna.

Il passaggio da Qumran all'antica Akhetaton (Tell el-Amarna) non è un'idea campata per aria. La prima ragione che portò Feather a pensare che le indicazioni del Manoscritto di Rame avrebbero avuto senso in Egitto fu un dettaglio a cui fino a quel momento non era stata data importanza. Nelle annotazioni delle quantità che figurano nei testi appare frequentemente, insieme alla numerazione ebraica, il simbolo egizio che indica le decine (una specie di U capovolta). La presenza di un sistema di numerazione egizio portò Feather a pensare che non solo il Manoscritto potesse essere un manufatto egizio, ma che forse le quantità d'oro e d'argento andavano ricalcolate secondo un altro sistema di unità di misura. Secondo l'interpretazione dei primi studiosi, il tesoro consisteva di venticinque tonnellate d'oro e sessantacinque di argento, cifre da capogiro difficilmente attribuibili alla comunità ascetica essena. Convertendo le cifre nelle unità di misura egizie, Feather calcolò quantità comunque notevoli, ma sicuramente più verosimili nel contesto e per l'epoca: 7,5 chilogrammi d'oro e 19,2 d'argento.

Il luogo del nascondiglio quindi poteva trovarsi in Egitto e non a Qumran, ma perché proprio l'Egitto di Akhenaton? Lo studio approfondito del testo del Manoscritto permise agli specialisti di scoprire un altro dettaglio difficile da spiegare. Tra le colonne scritte in ebraico si trovavano disseminati quattordici caratteri dell'alfabeto greco, la cui presenza non trova spiegazione. Il significato di quei caratteri greci però ricondusse Feather a Akhenaton, perché secondo la sua interpretazione, in quei caratteri si poteva leggere qualcosa di simile a «Keijaton». La presenza del suffisso riferito al dio solare (Aton) ci indirizza al faraone eretico. Non tutti gli studiosi del Manoscritto si trovano d'accordo con questa teoria, anzi molti insistono sul fatto che la trascrizione di Feather si avvicinerebbe alla pronuncia inglese del nome del faraone, non a quella egizia.

Nonostante le critiche, lo studioso britannico ha sostenuto la sua idea facendo leva su altre questioni più difficili da contestare, che se riuscissero a dimostrare la veridicità della sua teoria, le conferirebbero una dimensione straordinaria. Feather sottolinea l'innegabile somiglianza tra il *Grande inno ad Aton* e il salmo 104 della Bibbia: un accostamento universalmente riconosciuto nel mondo accademico. Se i versi religiosi di Akhenaton giunsero fino all'antico Israele, si può supporre che lo abbiano fatto attraverso gli israeliti sfuggiti all'oppressione egizia, secondo quanto raccontato nell'Esodo. E se vi giunsero quei versi, poteva arrivarci anche il segreto dei luoghi nei quali, dopo la distruzione di Tell el-Amarna alla morte del faraone, furono nascoste molte delle ricchezze accumulate in onore di Aton. E se insieme ai versi e ai segreti fosse arrivato anche il concetto stesso di monoteismo? Il monoteismo di Akhenaton potrebbe avere qualcosa a che fare con il monoteismo della tradizione giudaico-cristiana? L'esodo israelita, secondo l'opinione di alcuni specialisti in cronologia biblica, risale ad appena cento anni dopo la morte di Akhenaton...

Per Robert Feather, la risposta a tutte queste domande è affermativa, ma finché il Consiglio supremo delle antichità d'Egitto continuerà a negargli il permesso di scavare nell'area di Tell el-Amarna, dove lo studioso è convinsto che si trovi il tesoro del Manoscritto di Rame, questi interrogativi saranno destinati a rimanere irrisolti, come tutti gli altri quesiti che circondano la figura di Akhenaton.

Il tramonto del sole: Akhenaton, l'eretico

Dopo la vendemmia del suo diciassettesimo anno di governo, nell'autunno del 1336 a.C., l'ancora giovane faraone Akhenaton morì per cause sconosciute. La situazione a Tell el-Amarna non doveva essere delle più rosee, perché, come spiega Toby Wilkinson, «le politiche radicali di Akhenaton avevano probabilmente suscitato grande scalpore in certi settori della popolazione e il timore di un'insurrezione perseguitava il regime». Gli adepti del sistema atonista, che erano cresciuti in maniera considerevole, dovevano sentirsi insicuri di fronte alla possibilità di una reazione dei settori più conservatori, appoggiati dai sacerdoti di Amon, desiderosi di riprendersi l'antico potere. Akhenaton aveva avviato una trasformazione senza precedenti in Egitto, un cambiamento del quale lo stesso faraone era ispirazione, motore e centro. La sua morte non poteva che provocare lo sgretolamento del nuovo regime.

Ancora prima della sua morte, la disgrazia sembrava essersi abbattuta sul faraone e la sua famiglia, come testimonia l'ultimo rilievo in cui Nefertiti è identificata con il suo nome. Le lacrime della bellissima regina per la morte della figlia Maketaton, di soli sette anni, commuovono oggi come allora. Non dovevano essere da meno quelle di Akhenaton dopo la morte della madre Tiye, avvenuta poco dopo. Sembra che gli ultimi anni del regno del faraone siano stati segnati da grandi difficoltà per la famiglia reale, tuttavia è ancora poco quello che si sa con certezza al riguardo. Il nome di Nefertiti scomparve dai rilievi e fu sostituito da quello di Neferneferuaton, ovvero «la personificazione di Nefertiti come coreggente di Akhenaton». Non sorprende, quindi, che alla morte del faraone sia succeduta Neferneferuaton.

Akhenaton fu sepolto nella tomba che aveva fatto costruire a Tell el-Amarna. Il suo corpo fu depositato in un sarcofago di pietra; ai quattro angoli c'erano rappresentazioni di Nefertiti. L'uomo che aveva sconvolto il mondo confidava nella sua amata per la prosecuzione dell'opera. Non sembra però che Nefertiti sia riuscita a mantenere vivo il lascito dello sposo. Il suo appellativo di Neferneferuaton scompare dai rilievi e dai monumenti dopo un periodo di tempo molto breve e diversi studiosi credono che sia stata assassinata. Lo spazio di manovra di Nefertiti alla morte di Akhenaton non doveva essere ampio, soprattutto quando i settori contrari al regime trovarono un nuovo candidato al trono più adeguato ai loro scopi. Si trattava di Tutankhaton («l'immagine vivente di Aton»), il figlio di nove anni avuto da Akhenaton con una sposa secondaria. Il piccolo era lo strumento perfetto per riprendersi il potere, perché il sangue reale garantiva la legittimità necessaria e la giovane età lo rendeva facile da manipolare. A coloro che videro scomparire per mano di Akhenaton l'ordine delle cose che li favoriva bastarono pochi mesi per mettere sul trono il piccolo Tutankhaton.

Sotto l'influenza dei vecchi uomini di corte e sacerdoti di Amon, il giovane faraone promulgò un decreto di restaurazione perché fossero ripristinati gli antichi templi e le antiche tradizioni. I numerosi dèi del pantheon ripresero il loro posto e, com'era sempre stato, Amon tornò a essere il più importante. Furono cancellati tutti i rimandi al regno di Akhenaton per non lasciare spazio al dubbio: la fiammante città fondata dal faraone-sole fu abbandonata. Come Amon e come le altre divinità, Tebe recuperò il suo ruolo di un tempo, mentre la polvere del deserto si accumulava su Tell el-Amarna. Quando nessuno se lo aspettava, però, nell'anno 1322 a.C., il figlio di Akhenaton morì improvvisamente. La XVIII dinastia dei faraoni d'Egitto agonizzava e presto sarebbe stata sostituita da una nuova. Ma l'audacia di Akhenaton continuò a essere considerata imperdonabile e i nuovi re d'Egitto fecero tutto il possibile per cancellare il ricordo della sua figura. Il nome di Akhenaton fu rimosso da tutti i rilievi e monumenti, e qualsiasi riferimento a lui o alla sua rivoluzione fu oggetto di un'epurazione sistematica. Nicholas Reeves parla di «una crudeltà mai vista in Egitto né prima né dopo; Tell el-Amarna, come città e come concetto, fu rasa al suolo e ogni traccia dell'esistenza del faraone fu sistematicamente eliminata».

Le ombre e il silenzio coprirono Akhenaton e lasciarono ai posteri una serie di domande alle quali risulta molto difficile rispondere. Chi fu in realtà il misterioso faraone eretico? Quanta verità religiosa era racchiusa nella sua impressionante rivoluzione politica? Se suo figlio non fosse morto così presto, forse l'oscuramento del periodo di Tell el-Amarna non sarebbe stato così radicale. Ma il successore di Akhenaton morì prima dei vent'anni. La presenza di immagini di Aton nel suo corredo funebre fanno pensare che, se fosse sopravvissuto, la rivoluzione religiosa del padre avrebbe potuto incorrere in una sorte meno infelice. Ma quell'anno, in quel 1322 a.C., il giovane faraone fu sepolto. Da molto tempo aveva cambiato il nome Tutankhaton in un altro più adatto al nuovo momento storico: Tutankhamon. Sul suo viso fu posta una maschera d'oro impressionante che nessun occhio umano avrebbe più visto se, tremila anni dopo, non fosse stata scoperta da un emozionato Howard Carter. Ma questa è tutta un'altra storia...

4
Sulle tracce di Achille

Per secoli i racconti sulla leggendaria guerra di Troia hanno appassionato intere generazioni. L'Iliade *e* l'Odissea *sono molto più che il capolavoro del primo autore conosciuto della letteratura occidentale. Sono gli antenati di tutta una serie di narrazioni che, tra mito e letteratura, tra religione e storia, ci presentano una delle più grandi epopee mai narrate. L'affascinante mescolanza di elementi soprannaturali e dettagli prosaici cattura l'immaginazione di chiunque si avvicini a questa saga letteraria, che fa subito sorgere alcuni interrogativi: che ci sia un fondo di realtà alla base del mito? Troia potrebbe essere realmente esistita? E se così fosse, sono esistiti anche gli eroi protagonisti dell'epica battaglia ai piedi delle sue mura? Da decenni l'archeologia moderna cerca di analizzare ogni indizio per capire che cosa vi sia dietro il mondo descritto da Omero nei suoi poemi. Questa ricerca, che inizialmente si concentrò in Grecia e sulle coste della Turchia, in seguito portò gli archeologi a scavare in località inaspettate come l'Egitto o la Siria. Il viaggio sulle tracce dei greci che attraversarono l'Egeo con le loro navi per assediare Troia è tanto appassionante quanto pieno di sorprese.*

Il racconto omerico

Il re di Sparta, Menelao, era uno degli uomini più fortunati del suo tempo, poiché aveva ottenuto in sposa la donna più bella dell'antichità, Elena. La bella Elena era figlia del dio Zeus e di Leda, e aveva Tindaro come padre mortale. Un giorno Menelao accolse a palazzo un principe viaggiatore, Paride, figlio di Priamo, re di Troia. Così facendo, non solo offriva riparo nella propria dimora al figlio di un suo pari, ma rispettava anche una delle più antiche leggi stabilite dagli dèi, quella dell'ospitalità, il cui garante era proprio Zeus. Infrangendo gravemente questa legge, però, Paride approfittò del soggiorno alla corte di Sparta per portare Elena con sé fino a Troia. Non è chiaro se la donna sia stata rapita o se fosse consenziente, perché gli autori antichi sono in disaccordo su questo punto. Secondo alcuni, Menelao non era nemmeno a Sparta all'arrivo di Paride e fu Elena stessa ad accogliere lo sconosciuto a nome del marito, finendo poi per fuggire con lui. In ogni caso Menelao, gabbato e offeso, invocò la solidarietà dei signori dei regni vicini e formò una lega per attraversare il mare fino al regno di Priamo e reclamare la propria sposa. A capo della lega fu messo il più potente di tutti i signori, Agamennone, re di Micene e fratello di Menelao.

Fu così che, per liberare una donna, ebbe inizio una campagna militare che avrebbe coinvolto i greci (o achei, come li chiama Omero) in una battaglia contro la città nemica che sarebbe durata dieci anni. A questi si sommano gli anni in cui i sopravvissuti viaggiarono nel tentativo di tornare a casa. Gli scrittori dell'antica Grecia si occuparono anche dei viaggi di ritorno e ne raccontarono le peripezie. Queste narrazioni ricevettero il nome generico di *nostoi*, ritorni, e il più famoso è quello di Ulisse, cantato da Omero nell'*Odissea*. Prima di tornare a Itaca, la sua terra natia, Ulisse (in greco, Odisseo) dovette sopportare altri dieci anni di patimenti. E i due grandi poemi omerici non sono gli unici a raccogliere queste storie.

L'*Iliade* non racconta lo sviluppo della guerra, ma solo alcuni episodi avvenuti durante il decimo e ultimo anno: lo scontro fra Agamennone e Achille (il più grande guerriero acheo), per il possesso di una schiava di guerra, ebbe una lunga serie di risvolti militari. Divorato dal rancore, Achille si rifiutò di scendere in battaglia con i propri uomini e i troiani ne approfittarono per attaccare gli achei. La situazione era disperata e Achille non sembrava disposto a cedere; allora Patroclo, compagno d'armi del famoso guerriero, gli chiese di poter indossare la sua armatura e guidare il popolo in battaglia al suo posto. Achille assecondò la richiesta di Patroclo, ma il giovane cadde in battaglia, vittima della spada di Ettore, primogenito ed erede del re troiano Priamo. Quando Achille lo venne a sapere, in preda all'ira, chiese nuove armi alla madre, la dea Teti, e marciò verso il campo di battaglia deciso a vendicare l'amico. Achille uccise Ettore a singolar tenzone e, bramoso di vendetta, sottopose il cadavere a terribili vessazioni. Dopo aver celebrato i funerali di Patroclo, continuando a massacrare il cadavere dell'eroe troiano, Achille ricevette nella sua tenda la visita inaspettata di Priamo, che lo convinse a restituirgli il corpo del figlio. L'*Iliade* si conclude con i funerali di Ettore a Troia.

Nell'*Iliade* quindi non compaiono né l'inizio né la fine della guerra di Troia, ma troviamo ulteriori informazioni in opere letterarie successive, a cominciare dall'*Odissea*. Nei secoli seguenti i grandi autori della letteratura greca e latina affrontarono più volte il tema di questa guerra e delle sue conseguenze. Drammaturghi, poeti e storici... tutti diedero spazio nelle loro pagine all'analisi e alla valorizzazione di un conflitto nel quale, secondo Omero, si scontrarono sullo stesso campo di battaglia uomini e dèi, anch'essi divisi in due fazioni opposte. Oggi può sembrare strano aver dedicato tanti sforzi a far luce su qualcosa di irreale come dei racconti di mitologia, ma per gli antichi greci queste storie erano molto più che semplici leggende.

Una città avvolta dalla nebbia del mito

Nel XXI secolo le storie di dèi, eroi e guerrieri in lotta per la riconquista di una moglie rapita (o fuggita) possono sembrare fantasie inverosimili o al massimo leggende. Questa percezione però cambia radicalmente tornando indietro nel tempo. Secondo Carlos García Gual, docente di Filologia classica presso l'Università Complutense di Madrid, nella Grecia classica il contenuto dei poemi omerici era considerato reale, il resoconto di avvenimenti di un passato remoto e migliore: «Gli antichi greci trattavano questi racconti come storici, cronache di fatti appartenenti a un passato relativamente lontano e più nobile del loro presente [...] La guerra di Troia, così come la guerra di Tebe e la spedizione degli Argonauti, aveva avuto luogo, stando a quanto credevano i greci, solo tre o quattro secoli prima di Omero. Anche gli storici classici non avevano dubbi riguardo alla veridicità dei racconti omerici. Erodoto colloca la guerra di Troia alcune generazioni prima del suo tempo, e lo scettico Tucidide mette in discussione soltanto le proporzioni del conflitto».

E questo nonostante la figura di Omero fosse oggetto di controversie già nell'antichità. Esistevano varie biografie del poeta, ma poco concrete e in disaccordo su questioni importanti: per esempio erano sette le città greche che si contendevano i natali del poeta e già nel IV secolo a.C. diversi autori suggerirono che l'*Odissea* e l'*Iliade* non fossero il frutto del lavoro di una stessa mano. Nel XVIII secolo, con la nascita della cosiddetta «questione omerica», tornò a infiammarsi la polemica: la presenza di alcune incoerenze in entrambi i poemi indusse a pensare non solo che queste storie fossero pura fantasia, ma addirittura che il grande poeta non fosse mai esistito. Le opere attribuite a Omero apparterrebbero in realtà a un altro autore o a più autori, dato che si potevano distinguere mani diverse nella redazione dei poemi. Soprattutto durante il XIX e il XX secolo i filologi si divisero tra «analitici» e «unitari», scontrandosi in merito all'esistenza dell'autore e all'unità dei due poemi. Nonostante le polemiche, oggi c'è un certo consenso nel far risalire la redazione dei poemi alla seconda metà dell'VIII secolo a.C., mentre i fatti narrati, se fossero reali, si sarebbero verificati molto prima. I calcoli di alcuni autori antichi, come Eratostene, fanno risalire il conflitto alla fine del XIII secolo a.C. L'esistenza di Omero, invece, continua a essere oggetto di speculazione e l'unica cosa certa sembra essere che i greci gli attribuivano la paternità delle due grandi epopee dell'antichità ellenica.

In ogni caso, l'interesse suscitato dai racconti sulla guerra di Troia non è scemato con il passare dei secoli. I numerosi dettagli concreti su una Grecia classica ben diversa da quella che si conosceva portarono a chiedersi quanto ci fosse di vero nei poemi omerici. Per dirla con le parole di Robin Osborne, docente di Storia antica presso l'università di Oxford, «c'è sempre stato qualcuno che ha ceduto alla tentazione di credere che gli oggetti, le città, le regioni o alcune proprietà descritti così vividamente fossero realmente esistiti in un certo periodo storico. E fu proprio a partire da questa convinzione che Heinrich Schliemann intraprese i suoi scavi».

Schliemann, nato nel 1822 nel granducato tedesco di Meclemburgo, era figlio di un pastore protestante e aveva fatto fortuna molto giovane grazie al commercio. Aveva un talento innato per le lingue e una passione sfrenata per il mondo classico, soprattutto per Omero e le sue opere. Spinto da questa passione, abbandonò gli affari e si trasferì nel Mediterraneo orientale, dove, poemi omerici alla mano, si mise alla ricerca del sito su cui era sorta la città di Troia. Percorse la costa dell'Asia Minore in cerca di un luogo compatibile con i paesaggi descritti da Omero e, dopo aver scartato vari candidati, optò per la collina di Hissarlik, sulla costa nordorientale dell'Anatolia. Lì erano stati ritrovati resti di antichi insediamenti ed era stata ubicata la città romana di Ilium Novum, toponimo che faceva riferimento a Ilion, uno dei nomi di Troia in greco antico. Con il permesso delle autorità ottomane, Schliemann iniziò gli scavi nel 1871. Mise per iscritto in una lettera il suo obiettivo: «Spero che questo lavoro di pala e piccone possa dimostrare che i fatti narrati dalla divina poesia omerica non sono miti, ma si basano su avvenimenti reali, e che questa dimostrazione possa aumentare e rafforzare l'amore di tutti per il nobile studio dei magnifici classici greci e in particolare di Omero, sole splendente della letteratura!».

Con metodi che al giorno d'oggi sarebbero considerati più da saccheggiatori che da archeologi, Schliemann cominciò i lavori e si trovò ben presto smarrito in un labirinto di resti di difficile comprensione. Alla fine, nel 1873, fece una scoperta che considerò definitiva. Dopo essersi imbattuto in vari strati archeologici di interesse minore, Schliemann rinvenne i resti di imponenti costruzioni e, con grande soddisfazione, anche un immenso tesoro di oggetti e gioielli d'oro. Senza informare le autorità, portò i pezzi ad Atene, dove rese nota la notizia pubblicando alcune fotografie della moglie (la greca Sophia Engastromenos) agghindata con i gioielli ritrovati. Mentre in Grecia la notizia era accolta con gioia e Schliemann otteneva il sostegno delle autorità per proseguire i lavori, a Costantinopoli caddero alcune teste e il tedesco fu denunciato per furto. Gli oggetti rinvenuti furono battezzati «tesoro di Priamo» e, se la loro scoperta fu molto discussa, le peripezie successive si rivelarono ancora più rocambolesche. Alla morte di Schliemann, il tesoro passò a un museo di Berlino, che fu saccheggiato dalle truppe sovietiche dopo la caduta del Terzo Reich, nel 1945. Per decenni fu considerato perduto, ma ricomparve nel 1993 al Museo Puškin di Mosca, dove era stato portato come bottino di guerra. Oggi è esposto in questo museo e all'Ermitage.

La fortuna era dalla parte di Schliemann: gli archeologi che proseguirono gli scavi a Hissarlik confermarono che la città che un tempo vi sorgeva era quella che nell'antichità era conosciuta come Troia. L'archeologo tedesco però era giunto a conclusioni un po' affrettate. Il sito archeologico risultò essere un autentico *tell*, parola di origine araba che designa le colline artificiali sorte per la sovrapposizione di insediamenti umani. Quel luogo era stato abitato fin dagli inizi del III millennio a.C. per la sua posizione strategica a cavallo tra Europa e Asia: si trovava infatti a poca distanza dalla costa dell'Egeo, vicino allo stretto dei Dardanelli, che collega il Mar di Marmara e il Mar Nero. Per la stessa ragione, Hissarlik nell'antichità era un crocevia del commercio marittimo e terrestre tra le potenze del Vicino Oriente e i territori europei. Gli scavi posteriori hanno portato alla luce quaranta strati archeologici appartenuti a nove livelli di occupazione. Ciò significa che a Hissarlik era sorta sì Troia, ma non solo una, bensì nove diverse città di Troia, costruite l'una sopra l'altra. Il livello più antico (Troia I) risale agli inizi dell'Età del bronzo, intorno al 2700 a.C., mentre l'ultimo (Troia IX) è la città romana, abitata dal I secolo a.C. fino al VI d.C. Oggi sappiamo che i resti che Schliemann identificò con la città di Priamo sono in realtà molto più antichi dell'epoca in cui i greci collocavano la mitica guerra. Il tesoro appartiene a Troia II e si può datare intorno alla seconda metà del III millennio a.C. In seguito, altri archeologi dimostrarono fino a che punto Schliemann avesse sbagliato il tiro. Negli anni Trenta l'americano Carl Blegen riprese i lavori nel sito archeologico e ricollocò il periodo omerico durante Troia VII. Dalla fine degli anni Ottanta, sotto l'impulso del tedesco Manfred Korfmann, ricominciarono le campagne di scavo, insieme al dibattito per stabilire se fosse Troia VII o Troia VI quella che con maggiore probabilità esisteva al tempo degli eroi. Nonostante tutto, Schliemann continuò a seguire le tracce dei guerrieri achei e le sue avventure dimostrano che la fortuna non smise di sorridergli, al contrario.

Faccia a faccia con il passato

Dopo i ritrovamenti di Hissarlik, l'interesse del tedesco si spostò sulla patria di Agamennone, re dei re degli achei. Il sito archeologico di Micene, nel nord del Peloponneso, era stato scoperto decenni prima, con la sua imponente cinta muraria che si apriva sull'esterno attraverso la monumentale Porta dei Leoni, coronata da un enigmatico rilievo triangolare che raffigurava due leoni, l'uno di fronte all'altro. Schliemann ottenne dalle autorità greche il permesso di scavare all'interno della cittadella e si mise all'opera nell'estate del 1876. Si concentrò in particolare sulla zona vicino alla porta e trovò un gruppo di tombe, conosciuto come «Circolo A». Con grande sorpresa del mondo intero, dentro cinque tombe erano stati sepolti personaggi illustri della città, dotati di un corredo funerario che comprendeva pezzi spettacolari: daghe di bronzo con delicate decorazioni in oro e argento, coppe d'oro e d'argento lavorate e sontuosi gioielli. Ma la scoperta più sorprendente arrivò alla fine. Come ricorda Manuel Bendala, docente di Archeologia presso l'Università autonoma di Madrid, «nella quinta tomba in cui scavò, sempre aiutato dalla moglie Sophia, Schliemann trovò tre corpi maschili, circondati dai ricchi gioielli del corredo e con il viso coperto da maschere d'oro. I resti organici si disfacevano non appena si rimuoveva la maschera, ma sollevando la terza Schliemann racconta di aver scorto i tratti eccezionalmente conservati di un uomo che, stando alle successive analisi della dentatura, era morto intorno ai trentacinque anni. Emozionato, l'archeologo inviò un telegramma al re della Grecia: "Ho guardato in faccia Agamennone"». Quel breve messaggio era il compimento delle aspirazioni di una vita. La maschera fu battezzata «maschera di Agamennone» e oggi la si può ammirare al Museo archeologico nazionale di Atene.

Questa volta Schliemann era andato più vicino al bersaglio. Lo scavo fu un successo, anche se da studi successivi emerse che le maschere e le tombe risalivano al XVI secolo a.C., ed erano quindi precedenti alla presunta data della spedizione achea a Troia. Queste datazioni però furono eseguite diversi anni dopo la morte dell'archeologo tedesco, avvenuta a Napoli nel 1890, ed egli era già passato alla storia come un rivoluzionario dell'archeologia che aveva riportato alla luce un mondo sconosciuto (un mondo che secondo lui era quello di Achille ed Ettore). La sua convinzione si basava, oltre che su un irriducibile entusiasmo, sul fatto che i resti ritrovati erano simili a quelli descritti nei poemi. Per esempio, gli oggetti e le armi (a parte quelli realizzati con materiali preziosi) erano in bronzo, proprio come quelli rappresentati nell'*Iliade*, ambientata in un mondo in cui il ferro non aveva ancora fatto la sua comparsa. I materiali scoperti sollevarono un'accesa polemica, che i ritrovamenti successivi si occuparono di sedare. Gli scavi realizzati in territorio greco, come quelli di Tirinto (dove lavorò Schliemann), Pilo, Orcomeno o anche Atene hanno dissotterrato una civiltà allora sconosciuta, quella micenea, che a poco a poco ha rivelato legami con il mondo omerico.

All'inizio degli anni Sessanta una missione congiunta di archeologi svedesi e greci si occupava degli scavi a Dendra, in Grecia. Avevano già trovato alcune tombe contenenti reperti importanti, quando fecero la scoperta più incredibile: la cosiddetta «tomba a camera 12». La struttura non era in buone condizioni, il tetto era crollato e la tomba era stata saccheggiata, ma gli archeologi trovarono resti ossei di un solo guerriero che era stato sepolto con un grande corredo e la sua intera panoplia. Si trattava senza dubbio di un personaggio di spicco della società micenea, ma ciò che richiamò immediatamente l'attenzione fu l'abbigliamento del defunto. Il cranio era ricoperto da zanne di cinghiale, un tempo tenute insieme da un'impalcatura di pelle. Questo copricapo richiamò subito alla mente dei presenti un celebre passaggio del X canto dell'*Iliade*, considerato fino a quel momento un'eccentricità del poeta: «Merïone a gara d'una spada, d'un arco e d'un turcasso ad Ulisse fe' dono, e su la testa un morïon gli pose aspro di pelle, da molte lasse nell'interno tutto saldamente frenato, e nel di fuore di bianchissimi denti rivestito di zannuto cinghial, tutti in ghirlanda con vago lavorìo disposti e folti. Grosso feltro il cucuzzolo guarnìa» (*Iliade*, X, 261-265). Ebbene sì, il casco di zanne di cinghiale era davanti ai loro occhi ed era realmente esistito in epoca micenea.

L'armatura del guerriero di Dendra era ancora più spettacolare: era realizzata con grandi lamine di bronzo disposte in orizzontale intorno al tronco, assemblate e perfettamente articolate, con protezioni speciali dello stesso metallo per le spalle e il collo. Ancora una volta i versi epici risuonarono nella memoria degli scienziati. Una delle formule poetiche ripetute da Omero nell'*Iliade* è: «Achei dalle tuniche di bronzo». Neanche questa era una metafora. Le armature di bronzo dell'epoca micenea sembravano davvero vesti di metallo che ricoprivano il corpo intero. A Dendra, gli archeologi si ritrovarono faccia a faccia con un passato che fino a quel momento si credeva leggendario. Attraverso minuziose analisi di laboratorio, il corredo funerario fu datato fra il XV e il XIV secolo a.C.

Altri elementi del mondo omerico sono comparsi davanti agli archeologi in rappresentazioni artistiche del periodo miceneo. Nei palazzi di Pilo e Tirinto sono stati ritrovati imponenti affreschi che decoravano le sale principali e che ritraggono guerrieri su carri a due ruote trainati da cavalli. Queste immagini hanno subito attirato l'attenzione degli scienziati. Come ricorda il professor García Gual, Omero «descrive i suoi grandi eroi che arrivano in battaglia a bordo di carri da guerra guidati da un auriga che li accompagna. Non conosce però la tattica della lotta con i carri e racconta che gli eroi combattevano a piedi dopo essere scesi dai loro mezzi». In effetti, all'epoca della composizione dei poemi, la tattica militare terrestre si limitava alla fanteria, quindi Omero ignorava come si combattesse con i carri, ma li menziona nei suoi versi in memoria di un mondo antico e prestigioso. Scopriamo quindi un'altra reminescenza micenea sopravvissuta nella poesia eroica. Simile è la storia dello scudo grande «come una torre» che nell'*Iliade* è il simbolo dell'eroe acheo Aiace. Su una bella daga di bronzo damaschinata scoperta a Micene e rappresentante una caccia al leone, è riprodotto uno scudo rettangolare alto come il guerriero che è stato identificato con quest'arma di difesa. L'archeologia, però, avrebbe riservato ancora sorprese che andavano ben oltre gli oggetti materiali e avrebbe svelato segreti che obbligavano a rimettere in discussione la civiltà micenea e la sua relazione con la guerra di Troia.

Fine di una civiltà e inizio di una leggenda

Per comprendere l'identità culturale dei micenei e la natura dei loro rapporti con la Grecia era fondamentale lo studio della scrittura. Tra i resti materiali del mondo miceneo riportati alla luce dagli archeologi vi erano spesso tavolette d'argilla con un sistema di scrittura denominato «lineare B». Gli studiosi avevano cercato di capire di che lingua si trattasse per poter decifrare i testi, ma i loro sforzi si erano rivelati vani. Ma ancora una volta un giovane appassionato del mondo classico sarebbe arrivato a sorprendere tutti. Michael Ventris era un architetto inglese con un insolito talento per le lingue. Da bambino aveva imparato il latino e il greco, ed era un grande conoscitore della letteratura e della cultura dell'antica Grecia. Dal momento in cui, negli anni Trenta, partecipò a una conferenza sulla lineare B, decifrarla divenne la sua ossessione. Per anni si dedicò allo studio delle tavolette, fino a quando, il 1° luglio 1952, fu invitato a un programma radiofonico della BBC durante il quale rese pubblica una scoperta sensazionale: la lineare B era una scrittura sillabica e la lingua che conteneva non era altro che una forma primitiva del greco. L'ipotesi di Ventris era azzardata e molti scienziati non gli diedero credito. Ci fu però un giovane professore di Filologia dell'Università di Cambridge, John Chadwick, che scrisse a Ventris congratulandosi con lui e offrendogli il proprio aiuto «se un semplice filologo può essere di qualche utilità». Ventris gli rispose felice: «Ho sentito spesso la necessità di un semplice filologo che mi mantenesse sulla retta via». I due iniziarono così una collaborazione che in quattro anni portò all'uscita di un libro che dimostrava una volta per tutte la validità della scoperta. Ventris poco dopo morì in un incidente stradale.

La rivelazione che i micenei non erano altro che greci fu sconvolgente. L'idea che questa antica civiltà, la cui cronologia combaciava con quella della guerra di Troia, fosse greca, apriva un nuovo universo di ipotesi: possibile che ci fosse una relazione tra i micenei e gli achei di Omero? Poteva essere stato un gruppo di micenei a raggiungere Hissarlik per assediare Troia? Archeologi e storici si misero immediatamente al lavoro per rispondere a queste domande e ben presto iniziarono a intravedere dati fondamentali nelle fasi finali del mondo miceneo (i violenti secoli dodicesimo e tredicesimo a.C.).

Come ricorda il professor Bendala, la fine del mondo miceneo fu improvvisa e inaspettata: «La civiltà micenea crollò come un castello di carte non appena il popolo si asciugò dalla fronte il sudore versato per costruire le sue mura sovrumane. Un grave evento, o una catena di eventi, distrusse i regni micenei, e dallo splendore dei tempi di gloria si passò a un periodo oscuro, segnato da una profonda depressione». In questi secoli sono documentati incendi e distruzioni nelle principali città micenee, abbandonate dagli abitanti e sprofondate nella rovina e nell'oblio. Ma i regni della Grecia non furono gli unici ad attraversare una crisi profonda.

Nello stesso periodo anche il Vicino Oriente viveva una fase convulsa che avrebbe cambiato la storia. Di solito si attribuisce questa terribile situazione a grandi migrazioni attraverso l'Egeo, l'Anatolia, l'Oriente mediterraneo e l'Egitto, che avrebbero scatenato un'ondata di instabilità. Queste popolazioni sono chiamate genericamente «popoli del mare», come nelle antiche inscrizioni geroglifiche egizie. Gli archeologi impegnati nel Vicino Oriente hanno dimostrato che i regni di queste zone vissero una situazione simile a quella delle città micenee. Questi «barbari» spuntati dal nulla arrivarono a minacciare le grandi potenze dell'epoca: posero fine al potente impero ittita (sorto sul territorio delle attuali Turchia e Siria) e misero in scacco più di una volta il suo principale avversario, quello faraonico, che tuttavia riuscì a resistere all'assalto. Anche il regno di Ugarit, uno Stato marinaro che sorgeva sul territorio degli attuali Siria e Libano, fu distrutto dai popoli del mare. Tra le informazioni che queste terre orientali misero per iscritto sugli invasori, ce ne sono alcune che gli scienziati hanno collegato alla guerra di Troia. Fu questa la fine del mondo miceneo?

Nei testi ittiti è menzionato uno dei popoli che seminò il caos nella parte occidentale dell'impero, gli ahhiyawa, che furono identificati con gli achei (*achaiwoi*, in greco arcaico), ed è citata una città vicina all'Egeo che subì i suoi attacchi, Wilusha, nella quale si è voluta vedere Ilion (*Wilion*, in greco arcaico). Queste interpretazioni tuttavia sono tutt'altro che definitive. Uno dei problemi fondamentali è che per spiegare il collasso del mondo miceneo sono stati ipotizzati anche attacchi di popolazioni straniere, che avrebbero potuto essere gli stessi popoli del mare.

Purtroppo gli scavi archeologici di Hissarlik non fanno luce su questo punto. Sono stati riscontrati segni di distruzioni e incendi nei livelli Troia VI e Troia VII, ma sono sempre stati attribuiti a catastrofi naturali, forse terremoti, dato che negli stessi livelli non ci sono prove di episodi di violenza (come per esempio accumuli di armi e provviste per far fronte a una guerra, resti umani in aree urbane o sepolture collettive seguite ad atti violenti). Queste nuove scoperte hanno comunque reso ottimisti alcuni storici. Secondo García Gual, nonostante gli inconvenienti, «è chiaro che una città di Troia, molto meno splendida di quella descritta da Omero, fu distrutta alla fine del XIII secolo da un attacco degli achei, durante quella che probabilmente fu una delle ultime spedizioni dei guerrieri micenei verso la costa asiatica». Jaime Alvar, docente di Storia antica presso l'Università Complutense di Madrid, si spinge oltre: «Sono convinto che non sia un caso che i greci abbiano conservato nel proprio patrimonio culturale il ricordo della distruzione della città di Troia ad opera dei loro antenati achei. Così come credo poco alla coincidenza per cui un "genio" avrebbe "inventato" senza alcuna base storica la distruzione di questa città per mano degli achei e che sempre per caso questa circostanza accidentale combaci con l'enigma della distruzione di Troia». La verità per ora resta avvolta dal mistero. Chissà se in qualche angolo dell'Egeo è ancora sepolta la tessera perduta del puzzle, in attesa di uno Schliemann che, spinto dall'entusiasmo e da una fede cieca in Omero, la riporti alla luce mostrandoci un mondo a oggi sconosciuto.

5

Tartesso: un regno tra storia e mito

La penisola iberica prima dell'arrivo dei romani è uno dei temi che suscita maggior curiosità e interesse nel pubblico in generale e tra gli studiosi. Gli autori antichi greci e romani nei loro testi difesero appassionatamente le qualità della più occidentale delle penisole del Mediterraneo. A loro dire, si trattava di un luogo idilliaco, teatro delle avventure degli eroi e degli dèi principali della loro mitologia, un mondo circondato da un'aura di paradiso lontano e sconosciuto. Che sia frutto dell'immaginazione o della conoscenza, certo è che, per alcune delle grandi potenze del mondo antico, la penisola iberica divenne presto oggetto di attenzione e desiderio. I fenici, i greci e successivamente i cartaginesi si sarebbero avventurati fino all'estremo Occidente, là dove si incontrano Mediterraneo e Atlantico, per avere accesso alle sue favolose ricchezze.

Gli stessi autori raccontano come i viaggiatori arrivati da Oriente abbiano raggiunto le sue coste e incontrato un popolo civilizzato, governato da re paragonabili ai sovrani dei loro paesi d'origine. In quella terra lontana e felice sorgeva un regno altrettanto idilliaco, cui fu dato il nome di Tartesso. Da decenni, archeologi e storici si affannano a esplorare il sud della penisola, da Almeria fino al Portogallo, alla ricerca di quel regno leggendario. Alcune delle loro scoperte sono state stupefacenti, ma molti non le hanno ritenute all'altezza di ciò che è riportato nelle fonti antiche e hanno abbandonato la speranza di trovarlo. Altri continuano a lavorare per cercare di capire e interpretare i ritrovamenti, paragonarli con le informazioni fornite dai testi e capire quale realtà storica si celasse dietro la leggenda. Accanto a gioielli forgiati con metalli preziosi, oggetti di lusso e corredi funerari degni di veri e propri principi, vi è il fatto che non sono stati ritrovati grandi centri urbani degni di un importante regno dell'antichità. Tartesso è realmente esistito? Esistettero i suoi re, degni interlocutori di fenici e greci? Come ha potuto sparire una civiltà simile e perché non sono stati individuati grandi siti archeologici? Gli enigmi che circondano Tartesso oggi, come un secolo fa, restano insondabili, nonostante i passi avanti fatti nella conoscenza di quel regno... In molti continuano a credere che, sotterrata da qualche parte in Andalusia o nell'Algarve, ci sia la risposta a uno dei principali interrogativi del nostro passato.

Lo stretto di Gibilterra è dei più importanti luoghi storici del mondo. Si tratta di uno dei crocevia chiave tra continenti e civiltà. Punto di convergenza tra Africa ed Europa, Mediterraneo e Atlantico, da millenni è una delle zone più di passaggio del pianeta. Nelle sue acque e sulle sue coste una moltitudine di popoli, culture e religioni ha lasciato la propria eredità di conoscenze ed esperienze, che non ha fatto che arricchirsi con il passare del tempo. Forse per questo gli studi storici e la ricerca archeologica hanno messo in evidenza che il suo valore strategico non è affatto una novità. Questo punto nevralgico dell'umanità aveva un'importanza cruciale da millenni e lo si intuiva persino in regioni molto distanti.

Vicino alle Colonne d'Ercole

Sin dalla preistoria si sono succeduti i contatti umani in questo braccio di mare lungo appena 14,4 chilometri, che più che separare, unisce l'Africa e l'Europa. Nell'antichità lo stretto di Gibilterra era circondato da un alone di magia. Le civiltà evolute del Vicino Oriente e della Grecia avevano un'idea esotica e misteriosa di questo luogo, che esercitava grande fascino sul loro immaginario collettivo. Era il punto in cui il Mediterraneo, il mare solcato da secoli dai guerrieri e dai commercianti di quelle terre orientali, si apriva sull'oceano immenso e sconosciuto. Si trattava di un mondo inesplorato, pieno di pericoli e misteri, ma anche di opportunità e ricompense per chi fosse stato abbastanza audace da avventurarsi nelle sue acque. Non sorprende quindi che lo stretto fosse circondato da miti e leggende, di cui la più famosa è quella delle colonne d'Ercole.

Secondo l'antica mitologia greca, Ercole (l'Eracle dei greci), dopo aver assassinato i figli, dovette scontare il crimine affrontando dodici fatiche di straordinaria difficoltà. Secondo quanto scrivono diversi autori, la decima fatica consisteva nel catturare vivi e trasportare fino in Grecia i buoi del mostruoso Gerione. Apollodoro d'Atene, storico e scrittore del II secolo a. C., la racconta così: «Come decima fatica gli venne dato l'incarico di portare a Eritia i buoi di Gerione. Eritia [...] era un'isola situata vicino all'oceano; vi abitava Gerione [...] aveva il corpo di tre uomini, col ventre in comune, e si scindeva in tre a partire dai fianchi e le cosce. Possedeva alcuni buoi rossi, il cui mandriano era Eurizione e il guardiano Ortro, il cane a due teste [...] Attraversando dunque l'Europa in cerca dei buoi di Gerione, dopo avere ucciso molti animali selvaggi, entrò in Libia (Africa) e, giunto a Tartesso, eresse come testimonianza del suo viaggio due colonne contrapposte ai confini di Europa e Libia». Ercole arrivò pertanto nella penisola dopo uno straordinario periplo attraverso l'Europa e l'Africa, fino a raggiungere lo stretto dove elevò le leggendarie colonne. I geografi dell'antichità le identificavano con i monti Calpe e Abilix (chiamato anche Abila). Gli storici moderni segnalano che potrebbe trattarsi della rupe di Gibilterra e del Jebel Musa (in Marocco), ma non c'è ancora una concordanza di opinioni al riguardo.

Secondo le stesse fonti, Ercole portò a termine con successo la sua missione (uccise Gerione) e s'incamminò sulla via del ritorno conducendo i buoi. Il nome di Tartesso quindi sembrava già collegato alle storie mitiche e religiose dell'antichità. Questo nome, però, che originariamente indicava un luogo, passò a denominare anche un regno e le genti che vi abitavano. Giustino, storico romano del II secolo d. C., si fece portavoce di un'antica descrizione degli abitanti di quel paese occidentale: «I Cureti abitarono le gole dei Tartessi [...] il loro vecchissimo re, Gárgoris, fu il primo a sperimentare la pratica della raccolta del miele. Dopo aver violentato sua figlia, nacque un nipote e per il disonore volle che il piccolo venisse eliminato in vari modi; salvato però dal destino in ogni prova, si meritò infine la compassione per i molti pericoli corsi [...] Ammirato da allora a causa di così tante disgrazie e avversità, fu designato dal re quale suo successore. Gli fu imposto il nome di Habis e, quando salì al trono, diede dimostrazione di una tale grandezza che non a caso sembrava lo avesse salvato da tanti pericoli la maestà degli dèi, poiché unì quel popolo barbaro con le leggi e fu il primo a insegnare ad aggiogare i buoi con l'aratro e a coltivare il grano nel solco, obbligò gli uomini a nutrirsi con alimenti più delicati invece di quelli selvatici, per l'avversione verso ciò che lui stesso aveva patito. Le sue disgrazie potrebbero sembrare invenzioni, se non si raccontasse che i fondatori di Roma furono allattati da una lupa e che Ciro, re dei Persiani, lo fu da una cagna. Proibì ai cittadini i lavori servili e divise la plebe in sette classi. Alla morte di Habis, il regno rimase per molti secoli nelle mani dei suoi successori».

È evidente che per l'antichità greco-romana Tartesso fu un luogo all'estremo sud della penisola iberica, bagnato dall'oceano Atlantico, che si potrebbe situare nelle attuali province di Cadice e Huelva, così come nell'Algarve portoghese. Si tratterebbe però anche di un regno leggendario, governato da una grande dinastia di monarchi civilizzatori di quella parte del mondo. L'idea di questa specie di «El Dorado» dell'antichità non appartiene esclusivamente all'ambito greco-romano. Già da molto tempo alcuni storici hanno voluto vedere nella biblica terra di Tarsis lo stesso luogo che i greci chiamarono Tartesso. È tuttavia una questione controversa, poiché il nome Tarsis è ripetuto spesso in vari libri dell'Antico Testamento e non sempre ha lo stesso significato.

Uno di questi significati ha richiamato l'attenzione degli esperti. Secondo il Primo libro dei Re, nel quale si narra del regno di Salomone e della favolosa costruzione del Tempio di Gerusalemme, questo re avrebbe stretto un'alleanza con Chiram, sovrano di Tiro, una delle principali città fenicie. Chiram fornì a Salomone il materiale necessario per erigere il Tempio, oltre a ogni tipo di mercanzia esotica e preziosa che la sua potente flotta trasportava fino al porto. Insieme alla navi di Chiram, Salomone ebbe al suo servizio le «navi di Tarsis», che attraversavano a loro volta terre lontane per portargli oggetti e merci preziose. Nel libro si legge che «Salomone costruì anche una flotta in Ezion-Gheber, cioè in Elat, sulla riva del Mar Rosso nella regione di Edom. Chiram inviò sulle navi i suoi servi, marinai che conoscevano il mare, insieme con i servi di Salomone. Andarono in Ofir, ove presero oro – quattrocentoventi talenti – e lo portarono al re Salomone [...] Tutti i vasi per le bevande del re Salomone erano d'oro; tutti gli arredi del palazzo della Foresta del Libano erano d'oro fino; al tempo di Salomone l'argento non si stimava nulla. Difatti il re aveva in mare la flotta di Tarsis, oltre la flotta di Chiram; ogni tre anni la flotta di Tarsis portava carichi d'oro e d'argento, d'avorio, di scimmie e di babbuini. Il re Salomone superò, dunque, per ricchezza e saggezza, tutti i re della terra. In ogni parte della terra si desiderava di avvicinare Salomone per ascoltare la saggezza che Dio aveva messo nel suo cuore» (Primo libro dei Re 9, 26-28 e 10, 21-24).

Stando a quel che si dice di Tarsis, il nome potrebbe indicare al tempo stesso un tipo di nave o flotta e un luogo geografico. In effetti, in altri passaggi dell'Antico Testamento questo nome si ripresenta per indicare una nazione lontana e potente; il Salmo 72 recita: «A lui si piegheranno gli abitanti del deserto, lambiranno la polvere i suoi nemici. Il re di Tarsis e delle isole porteranno offerte, i re degli Arabi e di Saba offriranno tributi. A lui tutti i re si prostreranno, lo serviranno tutte le nazioni» (Salmo 72, 9-11); in Isaia si legge: «Io verrò a radunare tutti i popoli e tutte le lingue; essi verranno e vedranno la mia gloria. Io porrò in essi un segno e manderò i loro superstiti alle genti di Tarsis, Put, Lud, Mesech, Ros, Tubal e di Grecia, ai lidi lontani che non hanno udito parlare di me e non hanno visto la mia gloria; essi annunzieranno la mia gloria alle nazioni» (Isaia 66, 18-19).

È possibile che il nome ebreo Tarsis fosse collegato con quello greco Tartesso? Non è facile stabilire una relazione filologica tra i due nomi, sebbene alcuni storici non abbiano dubbi sul fatto che possa trattarsi di un riferimento a quel favoloso regno d'Occidente la cui eco arrivava fino alla riva opposta del Mediterraneo. Carlos G. Wagner, professore di Storia antica presso l'Università Complutense di Madrid, a tale proposito afferma: «Sembra che Tarsis potesse trovarsi in qualche posto lontano del Mediterraneo, sebbene qualcuno lo collochi a Oriente (nel Mar Rosso, o persino in India) o che il termine fosse utilizzato per indicare genericamente, a causa delle limitate conoscenze geografiche degli ebrei, una realtà geografica ambigua». Anche nell'Antico Testamento sono stati documentati altri significati della parola (talvolta riferita a una persona o una pietra preziosa sulle navi per Salomone). Questa polisemia è uno dei motivi per cui la controversia fra gli studiosi è ancora in corso. È però indubbio che la penisola iberica fosse un luogo lontano e affascinante per le culture evolute del Mediterraneo orientale. Se i resoconti parlavano ripetutamente della sua grande ricchezza di risorse e materie preziose, era solo questione di tempo prima che qualcuno si decidesse ad avventurarsi sulle sue coste.

Esiste un regno sottoterra?

Nel 1921, in Germania, vide la luce il primo libro moderno che affrontava in modo accademico la questione dell'antico regno di Tartesso. L'autore era un filologo e storico tedesco, Adolf Schulten che, dopo aver ricevuto una solida formazione in Scienze antiche, nel 1899 approdò in Spagna. All'inizio Schulten non aveva un interesse scientifico per l'antichità spagnola (era piuttosto un viaggiatore romantico in cerca di ambienti e paesaggi esotici), ma quel viaggio cambiò per sempre il corso del suo lavoro e della sua vita. La Spagna divenne una scoperta intorno alla quale, da quel momento, avrebbe centrato la sua attività. Vi fece ritorno nel 1902 e iniziò i suoi studi sulla storia antica della penisola iberica. Tra il 1905 e il 1914 eseguì alcuni scavi nella mitica città di Numanzia (con metodi archeologici non proprio sofisticati, dato che non aveva una formazione in questa disciplina) e dopo la Prima guerra mondiale si applicò allo studio delle fonti antiche sull'Iberia preromana. Fu così che si avvicinò al tema di Tartesso, che divenne la sua ossessione. Come se si fosse trattato di una nuova Atlantide, il ricercatore tedesco si ripropose di trovare quello che secondo lui era un regno perduto e la sua potente capitale. La traduzione in spagnolo della sua monografia ebbe un forte impatto fra gli esperti, anche se all'epoca il dibattito si basò sui testi antichi e non si tenne conto dell'archeologia.

Dallo studio di diversi autori dell'antichità, Schulten dedusse che la città di Tartesso dovesse trovarsi nella riserva naturale di Doñana o nelle immediate vicinanze. Giunse a questa conclusione dopo aver identificato il grande fiume di quel regno con il Guadalquivir, per cui pensava che la città potesse trovarsi vicino alla sua foce. A seguito di lunghe indagini e l'individuazione di una possibile ubicazione, tutto ciò che trovò furono i miseri resti di un insediamento di pescatori d'epoca tardo romana. Deluso dal fallimento, a partire da quel momento s'immerse ancora di più nella decifrazione delle fonti per cercare di ricavarne il segreto che lo ossessionava. A poco a poco contagiò i colleghi con il suo desiderio e si diffuse l'ansia di trovare un grande centro urbano che fosse all'altezza delle meraviglie del mitico regno descritte dagli autori dell'antichità. Ma occorreva aspettare ancora molti anni per sapere che cosa fosse davvero la cultura tartessica.

Alcuni decenni dopo, un ritrovamento fortuito avrebbe fatto cambiare completamente prospettiva agli studiosi. Nel 1958 erano in corso i lavori di ampliamento degli impianti della Reale società di tiro a volo di Siviglia, sulla collinetta di El Carambolo, nella località sivigliana di Camas. Alla fine di settembre, a lavori praticamente terminati, l'architetto decise che era necessario abbassare di circa venti centimetri il livello di una terrazza, per permettere alla luce di arrivare in un seminterrato. Gli operai si misero al lavoro e, l'ultimo giorno di settembre, mentre smuovevano la terra, trovarono un oggetto che brillava. Si trattava di un tubo dorato, con una strana decorazione a file che non assomigliava a nulla che avessero mai visto. Inizialmente pensarono che il materiale fosse rame o una lega che non furono in grado di identificare. Continuarono a scavare per vedere se ci fosse altro e, a pochi passi dal primo ritrovamento, comparve un rozzo vasetto di ceramica che conteneva altri venti oggetti simili. Gli operai informarono i responsabili dei lavori, che a loro volta avvisarono il Servizio archeologico nazionale. Furono ritrovati complessivamente due braccialetti, una collana con ciondoli, sedici placche rettangolari e altre due più grandi dai lati concavi (che secondo alcuni archeologi sono pettorali), tutti d'oro puro e finemente decorati. Era tornato a rivedere la luce quello che da allora è conosciuto come il «tesoro di El Carambolo».

La scoperta fu accolta dalla comunità scientifica con grande interesse. Poco dopo iniziarono gli scavi nel sito e, anche se non vi furono scoperte così spettacolari, aiutarono a definire archeologicamente ciò che poteva essere la città di Tartesso di cui parlavano le fonti antiche. Nel sud della penisola, negli anni Sessanta, le campagne di scavi coincisero con una vera e propria febbre archeologica. A El Carambolo e in altri siti furono documentati i resti di una cultura che era stata condizionata, in alcune delle sue espressioni, dalle civiltà dell'antico Oriente. E, con meraviglia di molti, l'influenza era soprattutto fenicia. Schulten aveva maneggiato testi greco-latini, perciò aveva pensato che gli antichi Tartessi fossero entrati in contatto con coloni greci e che il regno di Tartesso ne avesse subito l'influenza. L'archeologia invece dimostrava che la presenza fenicia era anteriore. Come afferma il professor Wagner,«dal fiorente regno filoellenico immaginato da Schulten e da alcuni ricercatori successivi, si passò a pensare a Tartesso come al risultato di una forte influenza culturale di origine fenicia sulle popolazioni del sud della penisola».

I fenici furono un grande popolo di commercianti dell'antichità, stabilitosi nella striscia costiera siriano-palestinese, e i cui centri principali furono le città di Tiro, Sidone e Biblo (nell'attuale Libano). Anche le fonti greco-latine fornivano molte informazioni circa la presenza di questo popolo sulle coste iberiche, ma il dibattito sulla data del loro arrivo si è chiuso in tempi recenti. Attualmente gli archeologi e gli storici sembrano concordare sul fatto che i fenici arrivarono nella zona dello stretto di Gibilterra intorno all'800 a.C. Fu allora che fondarono un grande insediamento in Occidente, cui diedero il nome di Gadir, l'attuale Cadice (che pertanto è la città più antica della Spagna). Da quel momento iniziarono a estendere la loro attività commerciale nell'Andalusia occidentale e nel sud del Portogallo. Che cosa cercavano? La maggior parte degli esperti è concorde nel segnalare che erano particolarmente interessati ai metalli: oro, argento e soprattutto stagno. La ricerca di questo metallo poco diffuso fece inoltre di Gadir il punto di partenza delle spedizioni verso il lato atlantico dell'Europa, dove abbondava.

Per gli abitanti delle terre tartessiche, l'arrivo dei fenici sembra essere stato di grande stimolo. Gli archeologi hanno recuperato resti di materiale di origine orientale (importato o lavorato da artigiani fenici presenti nella penisola), la maggior parte di raffinata fattura. Gli esperti credono che questi ricchi manufatti siano la dimostrazione del commercio dei fenici con le élite indigene, di cui avevano bisogno per ottenere il metallo. Gli archeologi hanno localizzato giacimenti in due importanti zone minerarie di Huelva, Riotinto e Aznalcóllar. I capi dell'antica società tartessica si sarebbero fatti carico di sfruttare queste miniere e indirizzare il trasporto e il commercio verso Gadir. Il contatto con i fenici divenne così stretto che nel sito del Castillo de Doña Blanca (Cadice) sembrano esserci testimonianze della convivenza con questo popolo di navigatori.

Nel sud della penisola, sotto l'influenza fenicia, avrebbe avuto luogo un grande sviluppo economico e culturale. La vicinanza con i commercianti del Mediterraneo orientale avrebbe costituito la base del regno di Tartesso descritto nelle fonti antiche. Questa fase si situerebbe tra l'VIII e il VI secolo a.C., il periodo che gli archeologi definiscono «orientalizzante». Nonostante il grande sviluppo sociale, non sono però stati rinvenuti i resti di una vera e propria città tartessica. Secondo Jaime Alvar, docente di Storia antica presso l'Università Carlo III, «non conosciamo l'esatta ubicazione della presunta capitale del regno, né sappiamo se sia esistita una realtà degna di questo nome. Per il momento prevale l'identificazione di Tartesso con il sito orientalizzante di Huelva, nonostante le fonti indichino che sia poco probabile». Gioca a favore di Huelva il fatto che nei dintorni sia stata trovata una delle necropoli tartessiche più ricche e importanti, quella del colle di La Joya. I magnifici corredi funerari parlano di un'epoca prospera per gli abitanti di queste terre, ma non potevano certo sospettare che i bei tempi sarebbero bruscamente finiti.

Dissolto nella nebbia

La civiltà tartessica nel suo momento di maggior sviluppo, il periodo orientalizzante, avrebbe occupato un nucleo centrale intorno alla foce del Guadalquivir (l'area del commercio con i fenici) e le zone minerarie di Huelva. Ma la sua influenza arrivò senza dubbio in aree abbastanza lontane da questo centro originario. La necessità di continuare a offrire metalli ai fenici in linea col livello di sviluppo tecnologico dell'epoca obbligò a entrare in contatto con regioni minerarie più distanti. Sono stati così ritrovati resti della cultura tartessica in zone della Sierra Morena e, seguendo la via dell'argento, fino alla valle del Duero, nella meseta settentrionale. Anche la valle del Guadalquivir dovette essere una zona importante, almeno fino al sito di Cástulo (a Linares, Jaén). Allo stesso modo, la metà sud del Portogallo ha offerto testimonianze dell'influenza tartessica. Si trattava senza dubbio della crescente diffusione di una società in evoluzione...

Nel VI secolo a.C. le scoperte archeologiche hanno messo in luce una repentina scomparsa delle caratteristiche di questa cultura. In questo livello di scavi non si registrano più ritrovamenti di gioielli, ceramica, accessori o pettini di delicata fattura orientale. Di fatto, in quel periodo scompaiono perfino alcuni giacimenti. Che cosa accadde? Schulten, nella sua idealizzata ricostruzione del regno di Tartesso, ne attribuì la fine a una drammatica invasione da parte di Cartagine, l'altra grande colonia fenicia del Mediterraneo occidentale. Oggi questa teoria viene respinta, poiché si hanno le prove di una presenza stabile dei cartaginesi nel sud della penisola solo molto più tardi. Gli studiosi si sono visti costretti a ricercare una spiegazione altrove. Alcuni hanno rievocato quello che poté essere un fatto cruciale: nel 573 a.C. il re di Babilonia Nabucodonosor II prese la città di Tiro, da cui provenivano i coloni fenici che abitavano la penisola. Molto probabilmente ciò comportò l'interruzione dei collegamenti commerciali che avevano come punto di partenza e di arrivo la città appena conquistata. Per di più, in quell'epoca, nel Mediterraneo occidentale si affacciarono sulla scena nuovi attori che potevano rappresentare un fattore di destabilizzazione.

Gli storici sono soliti datare la fondazione della colonia greca di Massalia, l'odierna Marsiglia (Francia), intorno all'anno 600 a.C. Poco dopo i commercianti di Massalia fondarono due colonie nel nord della penisola: Rhodas ed Emporion (le odierne Rosas e Ampurias, sulla costa di Girona). La presenza di commercianti greci nel sud della penisola era perfino anteriore, come testimoniano i materiali di chiara origine greca (soprattutto ceramica) ritrovati in molti siti tartessici. È probabile che questa prima penetrazione greca si sia avvalsa delle infrastrutture fenicie per portare avanti il commercio e fosse alimentata dalle notizie sul ricco territorio occidentale arrivate fino in Grecia. Erodoto, il grande storico greco del V secolo a.C., lasciò una testimonianza di queste prime incursioni: «Gli abitanti di Focea, furono sicuramente i primi greci che intrapresero lunghi viaggi in mare e che scoprirono l'Adriatico, la Tirrenia, l'Iberia e Tartesso. Non navigavano su navi mercantili, ma su navi da guerra con cinquanta remi [pentecontere]. Giunti a Tartesso, divennero molto amici di Argantonio, sovrano di quel regno, che governò Tartesso per ottant'anni e visse fino a centoventi». Gli archeologi non hanno trovato prove dell'esistenza del re Argantonio (neanche dei mitici Gárgoris e Habis) né della possibile organizzazione della società tartessica in una monarchia centralizzata.

Tuttavia la creazione della colonia greca sull'attuale litorale francese dovette significare la comparsa di nuove vie di rifornimento dei metalli dall'interno del continente europeo. Se si aggiunge che gli studiosi considerano che con la tecnologia dell'epoca era molto difficile andare oltre le vene più superficiali dei giacimenti minerari, diventa evidente che nei primi decenni del VI secolo a.C. cominciarono a manifestarsi tutti gli elementi di una grave crisi. Alcuni esperti hanno fatto congetture sulla possibilità di conflitti interni o con i popoli vicini, per spiegare questa fine improvvisa, ma per il momento si tratta solo di ipotesi. Un'invasione dall'esterno? Una crisi commerciale? Conflitti interni? Così come la nascita e lo sviluppo di Tartesso continuano in un certo senso a essere avvolti dal mistero, sulla sua fine molte sono le domande ancora senza risposta. Si sono fatti grandi progressi nella conoscenza della prima cultura evoluta della penisola iberica, ma gli interrogativi fondamentali restano oscuri. Chissà che nei prossimi decenni non si apra uno spiraglio di ottimismo e che l'archeologia continui di buon passo a fornire soluzioni. Fino a quel momento, il regno di Tartesso rimarrà circondato dall'alone primordiale di magia e mistero che caratterizza la storia della penisola iberica prima dell'arrivo dei romani.

6
Il Tempio di Salomone

Per la tradizione ebraica, cristiana e musulmana, parlare del Tempio di Salomone significa evocare uno dei simboli più potenti della fede religiosa e dell'ispirazione mistica. Costruito dal più saggio dei re di Israele seguendo il tracciato dettato da Dio, il Tempio diventò presto un modello di perfezione architettonica e spirituale. Le sue dimensioni, la sua struttura e le sue funzioni sono state imitate nei secoli e tuttora il Tempio ispira un'infinità di edifici sia religiosi che laici. Oggetto di visioni, profezie apocalittiche e perfino ascensioni mistiche, il Tempio di Salomone è stato una fonte inesauribile per la speculazione esoterica. Il fascino e il mistero non derivano soltanto dal tempio in sé, bensì dalla sua speciale ubicazione. Per più di metà dell'umanità, il sito in cui fu eretto il Tempio di Salomone è uno dei luoghi più sacri della Terra, tanto che si continua a uccidere e morire per rivendicarne il controllo. Inoltre, il cuore del Tempio ospitò alcune delle più celebri reliquie bibliche, tra le quali la più importante di tutte: l'Arca dell'Alleanza. La possibilità che l'Arca contenente le Tavole dei Comandamenti consegnate da Dio a Mosè si trovi nascosta in qualche luogo remoto ha ispirato centinaia di studi, scavi archeologici, romanzi e, naturalmente, film. Ma perché il Tempio e le sue reliquie continuano a far scorrere fiumi di inchiostro dopo più di duemila anni? Abbiamo qualche certezza sulla sua storia? E sul suo presente? Avvicinarsi ai segreti che da secoli circondano di mistero il Tempio di Salomone è un'avventura che difficilmente lascerà indifferente chi decida di intraprenderla.

Quando Dio parlò al suo popolo

Cristiani, musulmani ed ebrei condividono una tradizione religiosa che compare in diversi testi sacri. Questi, benché offrano versioni e interpretazioni diverse degli stessi fatti, riflettono radici comuni che si assomigliano sempre di più a mano a mano che si va indietro nel tempo. Sia i musulmani sia gli ebrei considerano Gesù Cristo uno dei più importanti profeti dell'antichità e in tutte e tre le religioni monoteiste i grandi patriarchi di Israele sono considerati santi. La storia di Abramo e della sua discendenza è conosciuta dai fedeli delle tre religioni e buona parte dei fatti che vengono narrati nell'Antico Testamento appartengono anche alla tradizione musulmana ed ebraica. È il caso del Tempio di Salomone, il cui significato e la cui esistenza sono vincolati alle grandi religioni dell'Occidente e del Vicino Oriente, e la cui origine, secondo i testi sacri, risale a molto tempo prima della sua costruzione.

Finché il Tempio di Salomone non venne eretto, gli antichi israeliti non disponevano di un luogo stabile per il culto religioso. I primi santuari di cui si parla nella Bibbia non erano templi nel senso attuale del termine. Si trattava di luoghi nei quali, in seguito a un'apparizione divina, si costruivano altari per il culto e per il sacrificio. Il posto in cui sarebbe stato costruito il Tempio di Salomone affondava le sue radici, in quanto spazio sacro, in quell'epoca in cui non esistevano templi veri e propri. Secondo la Genesi, Dio volle mettere alla prova la fede del primo patriarca di Israele, Abramo, ordinandogli di sacrificare il suo unico figlio, Isacco. Abramo, obbediente, condusse Isacco al luogo segnalato, il monte Moriah, dove poi sarebbe stato fermato dalla stessa mano di Dio nel momento in cui stava per avvenire il sacrificio. Al posto di Isacco, Dio offrì un agnello ad Abramo perché fosse sacrificato nello stesso luogo. Secondo la tradizione biblica successiva (Secondo libro delle Cronache), il Tempio di Salomone sarebbe stato eretto proprio sul monte Moriah, nello stesso punto segnalato da Dio ad Abramo perché gli rendesse onore.

Oltre alla tradizione sacra attribuita allo spazio occupato dal Tempio di Salomone, la stessa idea dell'esistenza di un tempio risulta anteriore alla sua costruzione. Secondo i professori William Hamblin e David Seely, autori dello studio *Il Tempio di Salomone. Mito e storia*, «dopo secoli di schiavitù in Egitto, il culto degli israeliti passò dai santuari provvisori dei vari clan a un sistema più formale, grazie alle rivelazioni fatte a Mosè». E infatti la creazione del Tempio di Salomone affonda le sue radici nell'alleanza tra Dio e Israele avvenuta attraverso Mosè. Come narrato nel libro dell'Esodo, Mosè liberò gli israeliti dalla schiavitù alla quale erano sottomessi in Egitto per condurli alla Terra Promessa, la Terra di Canaan. Dall'esodo dall'Egitto fino all'arrivo alla tanto agognata terra promessa, passarono circa quarant'anni di pellegrinaggio nel deserto, durante il quale si verificò uno degli eventi più importanti dell'Antico Testamento. Chiamato da Dio, Mosè si ritirò a pregare sul monte Sinai, dove ricevette per mano del Signore due tavole di pietra sulle quali erano stati incisi i Dieci Comandamenti, che avrebbero costituito la legge degli israeliti. Scendendo dal monte sul quale era rimasto per quaranta giorni e quaranta notti, Mosè scoprì che il suo popolo, lasciatosi tentare dall'idolatria, aveva forgiato un vitello d'oro per venerarlo. Indignato, ruppe le Tavole della Legge, ma poi pregò Dio di perdonare i peccati degli israeliti. Dio ascoltò le sue preghiere e chiese a Mosè che scolpisse nuove tavole di pietra, sulle quali avrebbe inciso di nuovo i comandamenti. Mosè si recò dunque sul monte Sinai, dove non solo ricevette le nuove Tavole della Legge, ma dove vennero stabiliti i termini dell'alleanza tra Dio e Israele.

Israele era il popolo eletto da Dio, al quale Dio aveva rivelato la sua Legge (i Comandamenti) e sarebbe stato protetto finché li avesse rispettati. Le Tavole erano quindi il simbolo dell'alleanza e per questo furono depositate in un'arca, secondo le precise istruzioni divine. La cosiddetta Arca dell'Alleanza doveva rimanere in un santuario, detto Tabernacolo, che avrebbe permesso a Dio di abitare insieme al suo popolo. Nasceva così per gli israeliti il concetto di tempio come luogo dove incontrare Dio, e sia l'Arca dell'Alleanza sia il Tabernacolo sarebbero stati costruiti seguendo le indicazioni del Signore.

I testi biblici sono molto dettagliati su entrambe le costruzioni. Il Tabernacolo, antecessore del Tempio di Salomone, era una specie di santuario mobile, dato il carattere nomade del popolo israelita di allora. Si trattava di una tenda separata dal resto dell'accampamento da teli di lino bianco. L'area che circondava il Tabernacolo si divideva in due zone sacre. Così, da est a ovest, si trovava un primo atrio, o zona scoperta, l'unica area aperta a tutti i fedeli. Poi c'era la tenda o il Tabernacolo propriamente detto, realizzato con tavole di legno di acacia ricoperte d'oro. Questo spazio recintato a sua volta era diviso in due: il Luogo Santo, dove i sacerdoti potevano eseguire i sacrifici, e il Sancta Sanctorum. Nel primo, un candelabro d'oro con sette bracci simbolizzava l'albero della vita, mentre un tavolo con dodici pani (i Pani della Presenza) rappresentava le dodici tribù di Israele.

Nel Sancta Sanctorum si trovava l'Arca dell'Alleanza e solo il sommo sacerdote vi poteva accedere.

L'Arca era la più sacra delle reliquie di Israele. Consisteva in uno scrigno di legno di 112 per 69 centimetri, laccato in oro sia all'interno sia all'esterno. Sugli angoli, quattro anelli d'oro permettevano di infilare quattro pali di acacia, sempre laccati d'oro, che servivano a trasportarlo. Il coperchio dorato dell'Arca, detto «propiziatorio», rappresentava il trono di Dio. Sui lati più corti si trovavano due cherubini seduti l'uno di fronte all'altro, le cui ali distese si toccavano al centro del coperchio. L'Arca rappresentava così la presenza divina, ragion per cui si custodiva nel Sancta Sanctorum del Tabernacolo. Al suo interno vi erano le varie reliquie dell'esodo: le Tavole della Legge, la manna (l'alimento che Dio fece cadere dal cielo per sfamare gli israeliti) e il bastone di Aronne. Inoltre, secondo la Bibbia, l'Arca possedeva straordinari poteri e, come ricorda Juan Arias, lo scrittore esperto in temi biblici, «l'Arca accompagnò gli israeliti in tutti i loro spostamenti, in tutte le battaglie. Era come il grande talismano del popolo di Israele attraverso i secoli. Una specie di icona dai poteri magici». Un talismano e un potente strumento divino senza il quale il Tempio di Salomone non avrebbe avuto ragione di esistere.

Il Tempio di Salomone

Quando all'epoca di re Davide, tra il 1010 e il 970 a.C., Israele diventò un regno con capitale a Gerusalemme, si decise di trasformare il Tabernacolo in un luogo fisso. Davide cominciò a mettere insieme i materiali necessari per la sua realizzazione e scelse l'area in cui l'avrebbe fatto sorgere: lo stesso punto del monte Moriah dove, secondo la tradizione, Abramo aveva offerto in sacrificio Isacco e dove Dio era apparso agli occhi dello stesso Davide. Tuttavia, fu suo figlio Salomone a terminare l'opera. Secondo i testi sacri e la tradizione, Salomone fu uno dei personaggi più singolari dell'Antico Testamento. Come re, non solo riuscì ad accumulare favolose ricchezze, ma possedeva poteri magici e una saggezza leggendaria. La storia della costruzione del Tempio è costellata di fenomeni straordinari, come la leggenda che racconta che il re israelita avesse alle sue dipendenze dei demoni che aveva assoggettato grazie a un anello consegnatogli dall'arcangelo Michele. Il simbolo dell'anello o sigillo di re Salomone, che raffigurava la stella di David, sarebbe stato utilizzato per secoli dai maghi cristiani e musulmani nei loro rapporti con il sovrannaturale.

Che fosse stato costruito con l'aiuto della magia o meno, il Tempio era una riproduzione in pietra e su scala ingrandita del Tabernacolo, e quindi una riproduzione del santuario disegnato da Dio. La costruzione ebbe inizio intorno al 968 a.C. e Salomone affidò l'incarico all'architetto fenicio Hiram. Il Tempio, come il Tabernacolo, si orientava da est a ovest ed era anch'esso diviso in tre ambienti: un portico con due grandi colonne, il Luogo Santo e il Sancta Sanctorum. Le sue dimensioni erano di 32 metri di lunghezza per 9,1 di ampiezza e 13,7 di altezza. Disponeva di patii e depositi ausiliari. Tutto l'edificio fu costruito in pietra; gli interni furono ricoperti di pannelli e travi di cedro, foderati da placche dorate. Nel Sancta Sanctorum Salomone depositò l'Arca dell'Alleanza, sormontata da due enormi cherubini d'oro di 4,6 metri di altezza, le cui ali si aprivano fino a toccare le pareti. Il Tempio, chiamato *bet Yahweh* («casa del Signore»), diventò il simbolo della presenza di Dio, il luogo scelto e progettato da Lui per abitare tra gli uomini. Divenne così il centro della religione di Israele.

Nei dieci secoli che seguirono, con gli sconvolgimenti politici di ciascuna epoca, il Tempio fu distrutto e ricostruito tre volte. Per quattrocento anni restò incolume, orgoglioso simbolo dell'alleanza di Dio con Israele. Nei regni successivi a quello di Salomone, però, i profeti iniziarono ad avvertire che la presenza divina (sostanziata all'interno del Tempio) si sarebbe allontanata a causa dei peccati commessi dagli israeliti. Nell'anno 586 a.C., come si narra nel Libro dei Re, Israele fu attaccata dai babilonesi, guidati dal re Nabucodonosor, che incendiò e saccheggiò il Tempio. I professori Hamblin e Seely scrissero al riguardo: «La distruzione del Tempio di Salomone fu un evento traumatico, considerato che il Tempio era stato, per secoli, il simbolo della nazione, dell'Alleanza, della monarchia e, soprattutto, della presenza di Dio nel cuore di Israele».

La conquista di Babilonia da parte dei persiani nel 539 a.C. diede agli ebrei l'opportunità di ricostruire il Tempio l'anno seguente. Il restauro fu iniziato da un membro della casa di Davide, Zorobabele, che diede il nome al santuario, conosciuto allora come Tempio di Zorobabele o Secondo Tempio. La trasformazione successiva ebbe luogo qualche tempo dopo, quando Israele si trovava sotto il dominio dell'Impero romano. Nel 19 a.C. Erode il Grande (tristemente noto per la strage degli innocenti) iniziò il restauro del Tempio, che si sarebbe compiuto nel 63 d.C. Erode smantellò il Tempio di Zorobabele e lo trasformò completamente, mantenendo solo il progetto e le dimensioni. Questo nuovo santuario, come i precedenti, continuò a essere al centro della vita religiosa degli ebrei e mantenne intatto il suo potere e il significato. Per questo, nel 70 d.C., quando l'imperatore romano Tito assediò Gerusalemme per reprimere una rivolta ebraica, non solo distrusse la città, ma schiavizzò migliaia di ebrei e incendiò il Tempio fino alle fondamenta. Il Tempio non fu più ricostruito.

Come ricordano Hamblin e Seely, «paradossalmente, la catastrofica distruzione del tempio terreno lo fece diventare, da semplice edificio, un luogo mitico di complessità cosmica, un Tempio dell'immaginazione». In effetti, il Tempio (quello di Salomone e le successive versioni) diventò un caposaldo della tradizione religiosa ebraica, e di quella cristiana e musulmana. Così, il monte Moriah o del Tempio è considerato ancora oggi un luogo sacro per tutte e tre le religioni. Mentre aspettano l'arrivo di un messia e la restaurazione del Tempio, gli ebrei si riuniscono a pregare ai piedi del Muro del Pianto, che secondo loro è una delle pareti di pietra che delimitavano la spianata dove sorgeva il santuario (ovvero il muro di recinzione sudoccidentale del Secondo Tempio). Da parte loro, moltitudini di musulmani si recano in pellegrinaggio alla Cupola della Roccia, l'edificio che si erge sul luogo dove si trovava il Tempio e nel quale, secondo la tradizione islamica, si trova la roccia da cui Maometto ascese al cielo. Per i cristiani, il Tempio è il luogo in cui pregò e predicò Gesù Cristo. Non a caso, la chiesa del Santo Sepolcro, ovvero la basilica che fu costruita sulla tomba vuota di Cristo, fu progettata e costruita seguendo la traccia architettonica del Tempio di Salomone.

La complessa situazione politica e religiosa della valle del Tempio ha ostacolato il lavoro degli archeologi, tanto che i resti del primo santuario non sono ancora stati ritrovati. Ciò nonostante, gli studiosi concordano nell'affermare che possiamo farci un'idea approssimativa del suo aspetto sia dalle descrizioni bibliche sia dalle decorazioni esterne di altri templi cananei. Al di là dell'edificio, il vero valore del Tempio di Salomone era costituito dalla presenza di Dio, una presenza simboleggiata dall'Arca dell'Alleanza custodita nel Sancta Sanctorum. Il Tempio di Salomone sopravvisse come concetto e simbolo durante i secoli, ma che cosa ne è stato delle reliquie dopo la sua distruzione?

L'Arca dell'Alleanza

Il Libro dei Re nella Bibbia descrive la distruzione e il saccheggio del Tempio da parte dei babilonesi nell'anno 586 a.C., ma non fa alcun riferimento a ciò che successe all'Arca dell'Alleanza e alle preziose reliquie custodite al suo interno. Neanche il Libro di Esdra, che racconta della ricostruzione del Tempio da parte di Zorobabele quarantotto anni dopo, spiega qualcosa al riguardo, benché si dica chiaramente che sia l'Arca sia i cherubini che la custodivano erano spariti. Secondo studiosi come Juan Arias, «l'improvvisa scomparsa della famosa Arca dell'Alleanza senza lasciar traccia rimarrà per sempre un mistero. Forse fu distrutta con il Tempio, anche se è strano che nessuno si fosse preoccupato di metterla in salvo e che, in un modo o nell'altro, non se ne sia conservata neanche una parte».

La scomparsa del contenuto del Sancta Sanctorum del Tempio, ovvero, della sua ragione di esistere, riscosse un grande interesse, che si è mantenuto vivo fino ai nostri giorni; un interesse suscitato non solo dall'innegabile valore religioso dell'Arca, ma anche dai poteri sovrannaturali che le si attribuiscono. La Bibbia descrive nel dettaglio le caratteristiche di questo scrigno. La più importante era che fosse il luogo in cui Dio si faceva presente fra gli uomini, attraverso manifestazioni divine come fiamme e scintille sul coperchio dell'Arca. Queste potevano causare la morte di chi osava avvicinarsi o toccare l'oggetto sacro, come successe ai figli di Aronne, che furono divorati dalle fiamme quando offrirono a Yahweh dell'incenso che non era stato richiesto, o a Uzzà, che morì toccando l'Arca. A volte queste scintille si manifestavano spontaneamente, causando la morte di qualcuno dei portatori, altre volte sembrava che l'Arca potesse vincere la forza di gravità, sollevandosi insieme a chi la trasportava.

Il potere dell'Arca dell'Alleanza fu anche il motivo per cui gli israeliti la impiegarono come arma di guerra durante i quarant'anni di pellegrinaggio nel deserto. La presenza dello scrigno sacro garantiva la protezione di Dio e quindi la vittoria militare, come sarebbe successo nell'invasione di Gerico, le cui mura caddero grazie al suono delle trombe degli israeliti e dei poteri dell'Arca. Anche prima che l'esodo dall'Egitto si concludesse a Gerico, l'Arca aveva aiutato gli israeliti a sconfiggere i filistei. Secondo la narrazione biblica, inizialmente i filistei sconfissero gli israeliti e riuscirono a sottrarre loro l'Arca, che però poi finì per essere restituita in seguito alla morte di tanti filistei vittime dei tumori provocati dallo scrigno divino.

Una tale lista di manifestazioni straordinarie portò gli scienziati a cercare una spiegazione non religiosa alle capacità dell'Arca descritte nei testi biblici. La ricerca produsse le teorie più disparate, dalla sconcertante ipotesi degli ingegneri inglesi George Sassoon e Rodney Dale, alla teoria più verosimile dello studioso argentino José Álvarez López. Negli anni Settanta del secolo scorso i primi due formularono l'ipotesi – nel libro *The Manna Machine* – che l'Arca fosse un congegno nucleare capace di produrre una specie di alga, che altro non era che la manna ricevuta dagli israeliti per sfamarsi. La loro ipotesi parte dall'interpretazione delle Sacre Scritture mediante la cabala ed è quindi difficile da dimostrare. Più recentemente José Álvarez López, considerando le misure esatte dell'Arca e dei materiali impiegati per costruirla, formulò l'ipotesi che lo scrigno fosse un condensatore elettrico ad alto voltaggio. In questo modo, si spiegherebbero le scintille descritte nella Bibbia e la morte immediata per folgorazione di chi la toccava.

La relazione dell'Arca con una qualche forma di produzione energetica è finora la corrente predominante nelle teorie scientifiche che cercano di spiegare i fatti descritti nei testi biblici. Per alcuni studiosi però la risposta si trova nei materiali e nelle caratteristiche fisiche dell'Arca, mentre per altri la questione fondamentale risiede nel contenuto. Secondo i primi, la particolare sovrapposizione di materiali (conduttori e non conduttori) in un determinato numero di strati l'avrebbe trasformata in un accumulatore di energia, ma la natura di tale energia risulta incerta: da una strana energia vitale, detta *orgone*, teorizzata soltanto dal medico austriaco Wilhelm Reich e mai dimostrata, fino a una semplice energia magnetica. Per chi si interessa invece del contenuto, le capacità dell'Arca troverebbero una spiegazione se avesse custodito una sorta di materiale radioattivo (probabilmente qualche frammento di meteorite), che spiegherebbe la formazione di tumori.

Se i poteri sovrannaturali dell'Arca dell'Alleanza hanno mantenuto vivo l'interesse durante i secoli, la sua sorte dopo la distruzione del Tempio di Salomone ha dato origine fin dall'antichità a un gran numero di ricerche infruttuose. Come fa notare Juan Arias, «è curioso che, nonostante nel mondo esistano reliquie di qualsiasi cosa, perfino del latte della Vergine Maria e della paglia del giaciglio di Gesù Bambino, o di pezzi della croce e dei chiodi che trapassarono le mani e i piedi di Cristo, non ci sia traccia, vera o falsa, di questa reliquia. Non ci è pervenuto niente neanche del suo contenuto, le tavole della legge». In effetti, la scomparsa dell'Arca è tuttora un episodio inspiegabile e sul quale la Bibbia non fornisce indizi. Questo alimentò, già dal Medioevo e nell'era moderna, le congetture sul possibile trasferimento dell'Arca fuori da Israele. Acquistarono dunque rilevanza le teorie sul possibile recupero della reliquia sacra da parte dell'ordine dei Templari. Secondo questa spiegazione, i Templari avrebbero scoperto l'Arca sotto le rovine del Tempio (quando era già stata costruita la Cupola della Roccia) e l'avrebbero portata in Linguadoca (Francia), o in Inghilterra, o nella cappella di Rosslyn in Scozia.

Non meno interessante è la tradizione di origine medievale che situa l'Arca nella città etiope di Axum. Secondo le leggende raccolte nel *Kebra Nagast* («La Gloria dei re»), Makeda, la regina di Etiopia (anticamente conosciuta come Saba), viaggiò fino a Gerusalemme per conoscere il saggio Salomone. Convertita alla fede israelita, diede un figlio a Salomone, chiamato Menelik, il quale, dopo essere cresciuto in Etiopia, tornò a Gerusalemme perché suo padre lo proclamasse re. Durante la sua permanenza, il sommo sacerdote Azario ebbe una visione: l'Arca doveva essere portata da Menelik in Etiopia, il che avrebbe fatto di lui il vero successore di Salomone riconosciuto da Dio. I cristiani etiopi ritengono che la storia del trasferimento dell'Arca sia vera; come loro, anche alcuni archeologi e specialisti credono che lo scrigno sacro si trovi in Etiopia. Non è un caso che alcune chiese etiopi riproducano la divisione tripartita del Tempio di Salomone e che al santuario interiore (l'equivalente del Sancta Sanctorum) possano accedere solo i sacerdoti che celebrano il servizio eucaristico. In questo spazio è custodito un *tabot* (arca), che viene esposto nei giorni di processione. Secondo la tradizione, l'Arca dell'Alleanza è ancora conservata nella chiesa di Santa Maria di Sion, ad Axum, e non viene mai rimossa dall'area protetta. L'impossibilità di accedere al santuario interno lascia senza risposta i ricercatori che hanno cercato di confermare la teoria.

Nonostante le enormi difficoltà che impediscono di fare chiarezza sulla storia dell'Arca, sono molti gli archeologi che negli ultimi decenni hanno cercato di localizzarla in Terra Santa. Alcuni credono di averla individuata nelle stanze sotterranee e nelle cisterne che si trovano sotto la Cupola della Roccia, mentre altri sono convinti che sia nascosta in qualche grotta in Giordania, sotto il monte Nebo o il Calvario. La situazione politica conflittuale della zona, unita all'impossibilità di effettuare gli scavi dove c'è un tale accumulo di reperti archeologici, ha impedito di verificare queste ipotesi. Dopo tremila anni dalla creazione dell'Arca, questa reliquia sacra continua a destare interesse come all'epoca dell'Antico Testamento. Forse fu un'arma potente e forse questo potere rimarrà sotterrato o nascosto in qualche luogo per sempre. Tutto sembra indicare che, per adesso, l'Arca e il Tempio di Salomone siano condannati a rimanere nell'immaginazione di chi sogna di trovare la prova inconfutabile che un giorno, sul monte Sinai, Dio parlò a Mosè.

7

I misteri del Gòlgota: la tomba di Cristo

Ogni anno migliaia di persone giungono a Gerusalemme da varie parti del mondo, alcune per un interesse storico, culturale o turistico, altre mosse dalla fede. Per i cristiani di tutte le confessioni, Gerusalemme è la città dove ebbero luogo la passione, il processo, la tortura, la crocifissione, la morte e la resurrezione di Gesù Cristo, e per questo è il luogo più sacro della cristianità e, già in tempi antichi, meta di pellegrinaggio. Neanche la travagliata storia politica della regione ha scoraggiato i pellegrini. Dall'epoca della dominazione romana, persiana, araba, bizantina e turca fino all'attuale controllo da parte dello Stato di Israele, Gerusalemme è sempre stata nell'occhio del ciclone, ma nonostante questo, i pellegrini hanno continuato ad accorrere per venerarne i luoghi santi. Tra questi il più importante è senza dubbio la chiesa del Santo Sepolcro, sotto la quale, secondo la tradizione cristiana, si trovano la roccia del monte Calvario dove Cristo fu crocefisso e il sepolcro dal quale resuscitò dopo tre giorni. Rappresentanti di diverse confessioni cristiane (ortodossa, armena, siriaca e cattolica) si spartiscono accuratamente l'utilizzo liturgico di questo spazio sacro, in cui ogni giorno centinaia di persone pregano con devozione. Per tutte è un'esperienza spirituale unica, un modo straordinario per rafforzare la propria fede. Ma se stessero pregando nel posto sbagliato? Se i luoghi indicati dalla tradizione non fossero quelli dove Cristo è morto e risorto?

La chiesa del Santo Sepolcro

> Allora [Pilato] lo consegnò loro perché fosse crocifisso. Essi allora presero Gesù ed egli, portando la croce, si avviò verso il luogo del Cranio, detto in ebraico Gòlgota, dove lo crocifissero e con lui altri due, uno da una parte e uno dall'altra, e Gesù nel mezzo.
>
> GIOVANNI 19,16-18

Secondo il racconto biblico, Gesù fu processato e condannato a morire sulla croce. I quattro Vangeli di Matteo, Marco, Luca e Giovanni descrivono nei dettagli il luogo dove avvenne la crocifissione: il monte Calvario («luogo del cranio») o Gòlgota, appena fuori Gerusalemme. Dopo la morte, il corpo di Gesù fu deposto in un sepolcro vuoto situato in un orto nelle vicinanze, che non era mai stato utilizzato e apparteneva a Giuseppe di Arimatea. Tre giorni dopo, Maria, in compagnia di altre donne (la cui identità varia a seconda del Vangelo), si recò al sepolcro e scoprì che la pietra all'entrata era stata spostata e non c'era nessun corpo. Gesù era resuscitato.

La resurrezione di Cristo è il pilastro portante della fede cristiana, quindi i luoghi dove morì e resuscitò acquisirono subito un'enorme importanza simbolica e religiosa. Il destino del Calvario e del Santo Sepolcro però era legato alla storia di Gerusalemme. Nei decenni che seguirono la morte di Cristo, scoppiarono numerose rivolte dei giudei contro il potere di Roma, che terminarono nell'anno 70 d.C. con la distruzione della città per mano delle truppe dell'imperatore Tito. In seguito l'imperatore Adriano, dopo aver soffocato una nuova rivolta nel 135, decise di radere al suolo la città e di costruirne una nuova per cancellare ogni traccia dei giudei, la cui presenza fu bandita. La città di Adriano fu battezzata Aelia Capitolina e l'area verde del Gòlgota, che tradizionalmente era dedicata ai sepolcri, ne divenne il centro. Il Gòlgota era già entrato a far parte di Gerusalemme tra il 40 e il 42, quando Erode Agrippa aveva ampliato la cinta muraria, ma nella nuova Aelia Capitolina il luogo dove Gesù era morto e risorto si trovava nel centro urbano e Adriano, desideroso di nobilitare la propria città e di cancellare il ricordo dei giudei, diede ordine di ricoprirlo con tonnellate di terra e di costruirci sopra un tempio dedicato a Venere.

Costantino fu il primo imperatore cristiano, e nel 324 e nel 325 ordinò al vescovo di Gerusalemme, Macario, di dare inizio alla distruzione del tempio pagano per recuperare i luoghi sacri e venerarli in modo adeguato. I lavori di demolizione e di scavo iniziarono immediatamente e, con grande sorpresa di quanti temevano che i resti fossero andati distrutti, furono ritrovati sia il sepolcro sia la sommità rocciosa del Gòlgota. Costantino progettò la costruzione di un complesso architettonico dotato di un'ampia basilica per il culto dei luoghi che videro la morte e la resurrezione di Gesù Cristo. Per portare a termine il progetto fu necessario modificare la struttura geologica del terreno; la roccia naturale fu tagliata e rimasero solo due blocchi cubici in corrispondenza del punto in cui era stata innalzata la croce e della tomba. Intorno a questi cubi fu costruito il magnifico complesso progettato dagli architetti dell'imperatore. Quella che può essere considerata come la prima chiesa del Santo Sepolcro fu inaugurata il 13 settembre del 335.

Secondo alcune fonti cristiane, Elena, madre dell'imperatore, avrebbe avuto un ruolo cruciale, perché la decisione di Costantino sarebbe scaturita dal suo pellegrinaggio a Gerusalemme. Si dice che Elena non solo promosse la costruzione del recinto sacro, ma che fu lei stessa a trovare il sepolcro, il luogo della crocifissione nel Gòlgota e anche la vera croce su cui Cristo fu crocifisso. Secondo questa corrente, Elena avrebbe trovato in un'antica cisterna tre croci e tre chiodi (oggi conservati a Monza, Milano e Roma) e, grazie a un miracolo, avrebbe riconosciuto la vera croce di Cristo, ragion per cui oggi nella chiesa del Santo Sepolcro c'è una cappella dedicata a sant'Elena, da cui si accede alla cappella dell'Inventio Crucis («ritrovamento della Croce»), dove si dice che Elena abbia trovato le reliquie.

La basilica di Costantino divenne la meta di pellegrinaggio più importante della cristianità, ma questo non la rese immune all'instabilità politica della regione. Nonostante tutto, il complesso rimase in piedi per quasi sette secoli, resistendo all'invasione persiana del 614 e alla conquista araba del 638. Tuttavia, nel 1009, il califfo fatimide al-Hākim bi-Amr Allāh diede ordine di distruggere tutte le chiese cristiane in Palestina, Egitto e Siria, e in particolare la chiesa del Santo Sepolcro, che fu saccheggiata e distrutta fino alle fondamenta. Per undici anni, ai cristiani fu proibito entrare e pregare in quella zona. La situazione cambiò grazie al trattato di pace tra Bisanzio e il successore di al-Hākim, che acconsentì alla ricostruzione del santuario. La difficoltà a mantenere il controllo e la libertà di accesso ai luoghi santi della cristianità portò gli imperatori bizantini a chiedere l'aiuto dei regni medievali d'Occidente, aprendo la strada alle Crociate. Il 15 luglio 1009 i crociati conquistarono Gerusalemme e la città rimase in loro potere per circa un secolo. Fu allora che ebbero inizio i lavori per restituire l'antico splendore alla chiesa del Santo Sepolcro, che avrebbe riassunto nella pianta e nelle decorazioni le differenze di stile del romanico europeo. Nel 1187 Saladino riconquistò

Gerusalemme e la chiesa del Santo Sepolcro fu chiusa, ma nei secoli successivi furono permessi, non senza difficoltà, la presenza di comunità cristiane all'interno del recinto e l'ingresso dei pellegrini. Cristiani nestoriani, monofisiti, ortodossi, cattolici e armeni si contendevano il controllo e l'utilizzo dei luoghi sacri. La situazione non migliorò con la dominazione dei turchi ottomani, che iniziò nel XVI secolo e finì nei primi anni del XX secolo. I conflitti erano tali che nel 1767 il sultano emise un firmano (decreto sovrano) con cui stabiliva nel dettaglio l'utilizzo che ogni comunità cristiana poteva fare della chiesa del Santo Sepolcro; lo status quo fu confermato nel 1852 tramite un altro firmano ed è rimasto quasi invariato fino ai giorni nostri. L'aspetto della chiesa invece cambiò, perché un incendio divampato nel 1808 rese necessaria la ricostruzione, che portò all'aspetto attuale. Nonostante la suddivisione di proprietà e usufrutto dello spazio sacro fosse chiara, restava esclusa un'importante confessione cristiana, quella protestante, e ciò, unito ai dubbi sorti nei secoli sulla veridicità dell'ubicazione ufficiale della tomba di Cristo, fu all'origine di un'appassionante ricerca.

La tomba fuori dalle mura

> Essi presero allora il corpo di Gesù, e lo avvolsero in bende insieme con oli aromatici, com'è usanza seppellire per i giudei. Ora, nel luogo dove era stato crocifisso, vi era un giardino e nel giardino un sepolcro nuovo, nel quale nessuno era stato ancora deposto. Là dunque deposero Gesù, a motivo della Preparazione dei giudei, poiché quel sepolcro era vicino.
>
> GIOVANNI 19,40-42

Secondo i Vangeli, il corpo di Gesù fu deposto in un sepolcro come prevedeva la tradizione giudaica: gli uomini umili dovevano essere sepolti, mentre le persone di rilievo potevano disporre di sepolcri scavati nella roccia, come quello che, secondo la Bibbia, Giuseppe di Arimatea mise a disposizione. La tradizione giudaica imponeva anche di costruire i cimiteri fuori dalla città, quindi il Gòlgota, ai tempi di Cristo, doveva trovarsi all'esterno delle mura di Gerusalemme. Nonostante le profonde trasformazioni subite dalla città nel corso del tempo, alla fine del XIX secolo, come oggi, la chiesa del Santo Sepolcro si trovava nel cuore di Gerusalemme. Stando così le cose, la possibilità che il sepolcro di Cristo non si trovasse nel luogo indicato dalla tradizione non risultava poi tanto inverosimile. Fu questo il pensiero, nel 1883, del famoso generale britannico Charles G. Gordon.

Membro del Corpo reale degli ingegneri, Gordon era protestante e nutriva un forte interesse per le questioni religiose. Convinto che la chiesa del Santo Sepolcro potesse sorgere nel punto sbagliato, si persuase che in realtà la tomba sacra si trovasse da qualche parte sulla collina rocciosa a nord della città, nota come «collina del Cranio», una formazione rocciosa che ricordava un cranio umano. Dopo aver appreso il significato del nome Calvario («cranio»), agli occhi di Gordon divenne più che probabile che il sepolcro di Gesù si trovasse proprio lì. L'idea non era nuova, dato che ci aveva già pensato il teologo tedesco Otto Thenius nel 1842. Gordon la recuperò e grazie alle sue ricerche giunse alla conclusione che la sua ipotesi fosse corretta. Nel 1883 il generale pubblicò le proprie riflessioni e scrisse perfino alla regina Vittoria per comunicarle di aver trovato il Gòlgota. Grazie alla fama di cui godeva Gordon nella società britannica dell'epoca, le sue idee circolarono in un lampo.

Alcuni sostenitori delle teorie di Gordon cominciarono a cercare nella suddetta collina i resti di una tomba simile a quella descritta nel Nuovo Testamento e ben presto trovarono un'antica tomba, scoperta nel 1867, che sembrava avere tutti i requisiti. Si trattava di un sepolcro scavato nella roccia (non di una grotta naturale) adatto ad accogliere un uomo abbiente come Giuseppe di Arimatea, con due fosse per deporre i corpi e una pietra che ruotava come chiusura. La notizia si diffuse in fretta e centinaia di sostenitori in Gran Bretagna contribuirono con donazioni al recupero e alla conservazione del luogo. Nel 1894 alcuni di loro, guidati dall'arcivescovo di Canterbury, acquistarono la zona compresa fra la tomba e la collina del Cranio, e l'affidarono alle cure dell'Associazione della Tomba del Giardino. Non tutti gli esperti però erano convinti di questa identificazione e non tardarono a pubblicare le proprie confutazioni.

Le successive campagne di scavo finirono per dimostrare che la cosiddetta Tomba del Giardino non poteva essere il sepolcro di Cristo. Le caratteristiche formali e le tecniche di datazione archeologica indicavano che si trattava di un sepolcro risalente all'epoca del primo Tempio della storia ebraica (vale a dire l'epoca di Salomone, tra l'VIII e il VI secolo a.C.), mentre Gesù visse ai tempi del secondo Tempio (il Tempio di Zorobabele ed Erode il Grande, che sostituì quello di Salomone). La Tomba del Giardino era troppo antica, quindi era impossibile che non fosse mai stata utilizzata, com'era il caso del sepolcro di Cristo. Nonostante ancora oggi riceva centinaia di visite, l'associazione che se ne occupa non afferma che si tratti della tomba di Gesù.

I dibattiti sulla legittimità della chiesa del Santo Sepolcro proseguono e la difficoltà a ottenere permessi di scavo nella chiesa stessa impedisce di far luce sulla questione. Gli archeologi cercarono dunque altri modi per confermare le loro teorie. Secondo le fonti, la prima chiesa del Santo Sepolcro, fatta erigere da Costantino, sorgeva nell'area delimitata dalla terza muraglia di Gerusalemme, quella costruita da Erode Agrippa nell'anno 41. Ai tempi di Gesù, invece, la città era circondata dalla muraglia precedente, la seconda, quindi la chiesa del Santo Sepolcro all'epoca poteva trovarsi fuori dalla cinta muraria, come si addiceva ai cimiteri. Il problema era che per confermarlo sarebbe stato necessario conoscere il perimetro della seconda muraglia, e l'unico indizio era una breve menzione nell'opera dello storico ebreo Flavio Giuseppe.

Gli scavi del XIX secolo nel lato est della chiesa del Santo Sepolcro avevano portato allo scoperto una specie di burrone roccioso, in fondo al quale c'erano alcune pietre allineate che sembravano provenire da un muro. Gli esperti ventilavano la possibilità che si trattasse dei resti della seconda muraglia: in questo caso ai tempi di Cristo la chiesa sarebbe stata fuori da Gerusalemme. L'ipotesi tuttavia non poteva essere dimostrata. Si sarebbe dovuta attendere la metà del XX secolo perché il mistero fosse risolto.

Nel 1961 l'archeologa britannica Kathleen Kenyon stava scavando in un quartiere cristiano di Gerusalemme, quando si imbatté nei resti di quella che ai tempi di Gesù era stata una cava. Le cave, allora come adesso, si trovavano sempre fuori dai centri abitati e, data la vicinanza del suo ritrovamento alla chiesa del Santo Sepolcro, Kenyon dedusse che all'epoca anche la chiesa si trovasse al di fuori della cinta muraria. La sua supposizione sarebbe stata confermata tre anni più tardi dall'archeologo francescano Virgilio Corbo, grazie allo studio delle fondamenta della chiesa. Corbo scavò in diversi punti e approfittò della situazione per cercare di far luce sulla questione di cui tutti parlavano da tempo.

Riuscì a dimostrare che la zona sotto la chiesa aveva fatto parte di un'enorme cava risalente all'epoca di Cristo, la stessa scoperta da Kathleen Kenyon. Sul soffitto della cappella sotterranea dell'Inventio Crucis si distinguono i segni dell'estrazione di blocchi di pietra. Se la chiesa del Santo Sepolcro si innalzava sopra un'antica cava, allora senza dubbio al tempo in cui visse Gesù si trovava fuori dalla cinta muraria della città. La legittimità della chiesa del Santo Sepolcro non era stata provata, ma c'era la possibilità che sorgesse nel posto giusto. Servivano ulteriori scavi per avere una conferma definitiva.

Ritrovamenti sotto la chiesa

Una volta dimostrato che ai tempi di Gesù la chiesa del Santo Sepolcro sorgeva fuori da Gerusalemme, rimanevano da trovare le prove archeologiche per confermare che il posto era l'antico Gòlgota. I ricercatori stabilirono che la cava era stata sfruttata tra l'VIII e il I secolo a.C. Quando Gesù era in vita, le estrazioni erano terminate ed era quindi possibile che si scavassero tombe nella roccia e si coltivassero piccoli orti e giardini, come prevedevano le usanze funerarie giudaiche.

Secondo i testi biblici, il Gòlgota presentava proprio queste caratteristiche, infatti la tomba ceduta da Giuseppe di Arimatea a Gesù Cristo si trovava in un piccolo orto. Il risultato delle ricerche del francescano Virgilio Corbo spinse anche altre confessioni a intraprendere le proprie campagne di scavo in cerca di prove inconfutabili. E così, negli anni Settanta del secolo scorso, un'équipe di archeologi armeni iniziò i lavori nella cappella di San Vartan e dei Martiri armeni, sul cui soffitto comparvero i segni delle estrazioni di blocchi di pietra, dimostrando che anche questa cappella aveva fatto parte dell'antica cava. Andando più a fondo, si imbatterono in una grande quantità di resti che consentivano di ricostruire la storia di quell'area; particolarmente importanti furono quelli del foro di Adriano e delle fondamenta della basilica di Costantino.

Ma la sorpresa più grande si trovava nella camera principale della cappella: qui fu ritrovato il disegno di una barca realizzato sulla superficie liscia di una pietra. Sotto il disegno figurava l'inscrizione in latino DOMINE IVIMUS («Signore, andammo») e alcuni esperti la datarono intorno agli inizi del IV secolo. L'inscrizione sembra una risposta al Salmo 122, versetto 1, dell'Antico Testamento: «Quale gioia, quando mi dissero: "Andremo alla casa del Signore". E ora i nostri piedi si fermano alle tue porte, Gerusalemme!». L'espressione «Signore, andammo» sarebbe un'affermazione dei pellegrini e quindi una prova che il luogo era meta di pellegrinaggi già prima della costruzione della basilica di Costantino. Altri esperti invece ritengono che sia il disegno sia l'inscrizione siano graffiti pagani del II secolo, dell'epoca di Aelia Capitolina, e che quindi non si possano considerare testimonianze definitive della sacralità del posto.

Non meno sorprendenti e discussi furono i risultati degli scavi condotti negli anni Ottanta dagli archeologi greci nella cappella del Calvario. Stando alla tradizione, e anche al suo nome, questa cappella si troverebbe nel luogo in cui avvenne la crocifissione di Gesù. Di fatto, sotto l'altare, protetto da una struttura di vetro, si può vedere un piccolo promontorio roccioso sul quale un cerchio d'argento indica il punto esatto in cui fu innalzata la croce su cui morì Cristo. Nel 1988 gli archeologi sollevarono il pavimento della cappella intorno alla roccia del Calvario per studiare l'intero promontorio. Il risultato non poteva lasciare indifferenti: il punto indicato come quello su cui fu eretta la croce era infatti una roccia a forma di dito, e su una struttura rocciosa così alta e stretta difficilmente si sarebbero potute piantare tre croci (quella di Gesù e quelle dei ladroni crocifissi insieme a lui).

Alcuni esperti affermano che, date le caratteristiche della formazione rocciosa, era impossibile che quello fosse il luogo in cui era avvenuta la crocifissione. Ciò nonostante, credono che l'antica cava sulla quale fu costruita la chiesa del Santo Sepolcro, e della quale faceva parte il dito roccioso, dovesse trovarsi sul Gòlgota. Stando a questa interpretazione, il nome Gòlgota non indicherebbe una collina precisa, ma più in generale tutta la zona rocciosa dell'antica cava. Sarebbe quindi possibile che il punto esatto della crocifissione sia nelle vicinanze, secondo alcuni archeologi al di sotto della vicina via di Davide, dove però non sono stati fatti scavi per confermare quest'ipotesi. D'altro canto molti esperti ritengono che le dimensioni della roccia del Calvario siano una prova insufficiente per negare che vi fosse avvenuta la crocifissione, visto che a partire dall'epoca di Costantino il luogo aveva subito così tante trasformazioni, che quando Gesù era in vita poteva trattarsi di una sporgenza grande il doppio o il triplo.

Un altro punto della chiesa del Santo Sepolcro il cui studio è stato fondamentale per determinare la legittimità dei luoghi santi è il piccolo abitacolo noto come «tomba di Giuseppe di Arimatea e Nicodemo». Questa camera si trova in una cappella appartenente alla confessione siriaca e ha il vantaggio di non aver subito restauri che ne abbiano alterato l'aspetto o la struttura. Lo spazio funerario presenta le caratteristiche tipiche delle caverne utilizzate come sepolcri all'epoca della seconda muraglia. L'importanza del ritrovamento è enorme, poiché ha consentito di dimostrare che nel I secolo d.C., cioè ai tempi della morte di Gesù Cristo, il complesso roccioso su cui sorge la chiesa del Santo Sepolcro era una zona utilizzata come cimitero.

Dopo molti anni di analisi dei testi biblici e di ricerche archeologiche, la maggior parte degli esperti nella storia della chiesa del Santo Sepolcro concorda nel dichiarare che non sono state ritrovate prove definitive che consentano di affermare con certezza che quelli considerati tradizionalmente come i luoghi della crocifissione e della resurrezione di Cristo lo siano realmente. Tuttavia, le scoperte avvenute dalla seconda metà del XX secolo in poi, nell'insieme, indicano che la tradizione è quantomeno verosimile. Forse non comparirà mai una prova definitiva e non si potrà mai assicurare alle migliaia di pellegrini che accorrono alla chiesa del Santo Sepolcro ogni anno che stanno pregando nel luogo esatto dove Cristo morì e resuscitò, ma, probabilmente, per chi vi giunge mosso dalla fede, non è questo ciò che conta di più.

8
I quaranta giorni sconosciuti di Gesù

Il cristianesimo è la religione più diffusa. Si suddivide al suo interno in numerose chiese che, dopo secoli di predicazione in tutto il mondo, sono riuscite ad attrarre a sé milioni di persone. Il fulcro della fede dei cristiani è rappresentato da un fatto fondamentale: Gesù resuscitò dai morti il terzo giorno dopo la Passione sulla croce. Secondo il racconto del Nuovo Testamento, testo su cui si basa la fede cristiana, dal momento della resurrezione a quello dell'ascesa ai cieli trascorsero quaranta giorni. I testi biblici però sono molto parchi nel raccontare le vicissitudini di Gesù in quel periodo. Con l'eccezione di qualche apparizione davanti ai suoi seguaci, non sappiamo che cosa fece, dove abitò, se predicò nuovi insegnamenti... Questa incognita sin dall'antichità ha turbato i credenti, così come gli studiosi della figura di Gesù e della storia della Bibbia. Se la resurrezione è il trionfo di Gesù dopo essere stato crudelmente ucciso, il suo ritorno nel mondo dei vivi non avrebbe dovuto essere raccontato più diffusamente? Perché gli evangelisti non si soffermano su quello che dovrebbe essere il momento culminante della sua vita?

Le risposte a questi interrogativi sono state tanto diverse quanto sorprendenti. Mentre alcuni hanno fatto congetture elaborando teorie a partire dai dati tradizionali, altri hanno cercato nuove fonti che potessero dare indicazioni sui motivi di questa reticenza o addirittura fornire nuove informazioni su ciò che fece Gesù durante quei quaranta giorni. La ricerca storica, la linguistica e l'archeologia si sono messe al lavoro. Si è perfino fatto ricorso alla Sacra Sindone di Torino per cercare di gettare un po' di luce su uno dei misteri più inafferrabili del cristianesimo. Oggi le scoperte fatte negli ultimi decenni ci permettono di affrontare la questione con maggiori conoscenze che, pur non avendo contribuito a dare risposte, consentono almeno di formulare con più precisione le domande. Avvicinarsi ai quaranta giorni sconosciuti di Gesù significa inoltrarsi nel cuore di una fede millenaria, dove non tutto è come appare.

L'essenza della religione è la fede, non c'è fede senza mistero. Nel caso del cristianesimo, il mistero più grande riguarda forse un momento preciso della storia di Gesù. Dopo essere stato condannato a morire sulla croce, il suo cadavere fu reclamato da Giuseppe di Arimatea, un autorevole giudeo. I Vangeli narrano che Giuseppe facesse parte del Sinedrio, il gran consiglio dei giudei, che fosse un seguace degli insegnamenti di Gesù e che sia stato l'unico a trovare il coraggio di chiedere al prefetto romano Ponzio Pilato di consegnargli il corpo senza vita del maestro:

> Giuseppe, preso il corpo di Gesù, lo avvolse in un candido lenzuolo e lo depose nella sua tomba nuova, che si era fatto scavare nella roccia; rotolata poi una gran pietra sulla porta del sepolcro, se ne andò. Erano lì, davanti al sepolcro, Maria di Magdala e l'altra Maria.
>
> MATTEO 27,59-61

La morte di Gesù dovette essere un duro colpo per i suoi seguaci, gli apostoli e le persone più vicine, che avevano perso la propria guida in un modo atroce. L'ansia e lo sconcerto s'impadronirono di tutti loro. In quel momento però la storia di Gesù ebbe una svolta straordinaria, una svolta alla quale neanche essi erano preparati.

Un sepolcro vuoto

Il fatto accade il terzo giorno dopo l'esecuzione pubblica di Gesù:

> Nel giorno dopo il sabato, Maria di Magdala si recò al sepolcro di buon mattino, quand'era ancora buio, e vide che la pietra era stata ribaltata dal sepolcro. Corse allora e andò da Simon Pietro e dall'altro discepolo, quello che Gesù amava, e disse loro: «Hanno portato via il Signore dal sepolcro e non sappiamo dove l'hanno posto!».
>
> GIOVANNI 20,1-2

Fu una scoperta impressionante. Ma al di là di questo, l'attenzione dei ricercatori fu richiamata dal fatto che un momento così delicato della storia sacra fosse affidato a una donna. E non a una donna qualsiasi, ma a una dalla reputazione discutibile, poiché il suo passato di prostituta la rendeva particolarmente esposta alle critiche e all'incredulità dei compagni. Malgrado ciò, quella donna aveva seguito fedelmente Gesù dalla Galilea a Gerusalemme ed era stata testimone diretta della fine della sua vita. Maria di Magdala è senza dubbio una delle figure centrali del mistero della resurrezione. In una società come quella palestinese agli inizi della nostra era, nella quale le donne erano sottomesse agli uomini e non avevano alcun riconoscimento pubblico né politico, viene affidato a una donna l'incarico di annunciare ai compagni l'evento fondamentale della resurrezione. Questo paradosso non farà che aumentare a mano a mano che il racconto prosegue, poiché sarà lei la prima testimone di Gesù risorto.

Il Nuovo Testamento è particolarmente parco nel narrarci ciò che fece e disse Gesù dopo la resurrezione. I testi di Matteo, Marco, Luca e Giovanni dedicano tutti solo qualche pagina conclusiva a ciò che accadde in quegli ultimi quaranta giorni. Per quanto possa sembrare sorprendente, la cosa non è affatto involontaria; gli stessi evangelisti mettono in chiaro che non vogliono dire di più, come ricorda la chiusura del Vangelo secondo Giovanni:

> Vi sono ancora molte altre cose compiute da Gesù che, se fossero scritte una per una, penso che il mondo stesso non basterebbe a contenere i libri che si dovrebbero scrivere.
>
> GIOVANNI 21,25

Esaminando gli altri libri che compongono il Nuovo Testamento si trovano pochi riferimenti diretti alle vicissitudini personali di Gesù risorto, al di là di accenni isolati negli Atti degli Apostoli e nelle lettere di san Paolo. Si affronta il significato della morte e della resurrezione, ma non la figura di Gesù che vince la morte. È come se gli autori avessero soltanto voluto lasciare testimonianze sparse del miracolo fondamentale della fede cristiana. Così, lungo i ventisette libri che compongono il Nuovo Testamento, si possono elencare sei episodi che riferiscono momenti precisi in cui Gesù risorto appare ai suoi discepoli. La prima persona che contemplò il miracolo fu Maria di Magdala, che divenne così una figura centrale nella storia di Gesù:

> Maria invece stava all'esterno vicino al sepolcro e piangeva [...] Si voltò e vide Gesù che stava lì in piedi; ma non sapeva che era Gesù. Le disse Gesù: «Donna, perché piangi? Chi cerchi?». Essa, pensando che fosse il custode del giardino, gli disse: «Signore, se lo hai portato via tu, dimmi dove lo hai posto e io andrò a prenderlo». Gesù le disse: «Maria!». Essa allora, voltatasi verso di lui, gli disse in ebraico: «*Rabbuni!*», che significa: «Maestro».
>
> GIOVANNI 20,11-17

In una società in cui la testimonianza di una donna non aveva neppure valore legale in un giudizio, il primo testimone di un fatto cruciale è proprio una donna. Paradosso? Insegnamento? Alcuni storici si sono spinti oltre questi interrogativi e hanno evidenziato che, probabilmente, nel cristianesimo dei primi tempi, Maria di Magdala ebbe un ruolo più importante di quanto ci è stato trasmesso dalla tradizione. Alla fine del XIX secolo, ad Akhmim (Egitto), fu scoperto un papiro che conteneva i frammenti di un testo cristiano. Acquistato da un tedesco, fu portato a Berlino, dove il supporto fu fatto risalire al V secolo; il testo che vi era stato copiato però era molto anteriore. Era scritto in copto, la lingua parlata in Egitto durante i primi secoli della nostra era. Quando venne tradotto, la sorpresa fu enorme.

Conteneva un Vangelo diverso dai quattro raccolti nella Bibbia. Questi testi, esclusi dal libro sacro, vengono chiamati «Vangeli apocrifi». In quello conosciuto oggi col nome di Vangelo di Maria di Magdala la peccatrice pentita è presentata come la favorita di Gesù e la depositaria di una conoscenza segreta che il Maestro avrebbe trasmesso solo a lei. Purtroppo sono arrivati fino a noi soltanto piccoli frammenti, che permettono di intuire l'importanza del testo originale. Nonostante ciò, appare evidente che il cristianesimo delle origini fosse molto più vario dell'attuale e che in alcuni gruppi la figura di Maria di Magdala avesse svolto un ruolo rilevante. In quest'ottica, forse, il compito attribuito nella resurrezione alla peccatrice pentita acquista un significato più vasto.

Dal momento della sua prima apparizione, Gesù torna fra i vivi e hanno inizio i suoi ultimi giorni sulla terra. A questo punto sorge un altro dubbio: perché quaranta giorni? Molti studiosi segnalano che questo numero aveva una grande importanza nella religione dell'antico Israele e nella vita stessa di Gesù: il popolo d'Israele vagò nel deserto per quarant'anni prima di poter entrare nella Terra Promessa e Gesù digiunò per quaranta giorni nel deserto prima d'iniziare la sua predicazione. Non si può affermare tuttavia con certezza l'esistenza di un significato che vada al di là di questa tradizione. Tra i seguaci di Gesù l'inizio di questo periodo fu caratterizzato dalla diffidenza. La reazione degli apostoli alla notizia recata da Maria di Magdala non fu all'altezza delle aspettative della donna né di ciò che Gesù aveva insegnato loro:

Questa [Maria di Magdala] andò ad annunziarlo ai suoi seguaci che erano in lutto e in pianto. Ma essi, udito che era vivo ed era stato visto da lei, non vollero crederle.

MARCO 16,10-11

Gli apostoli ebbero una reazione da uomini e non da credenti. Ma non avrebbero tardato a ricevere altre testimonianze della resurrezione poiché, a poca distanza dalla prima, ci fu una seconda apparizione di Gesù, e questa volta non sarebbe stata una donna a contemplarla.

Condividendo la cena

Si tratta dell'apparizione davanti ai discepoli che si recavano da Gerusalemme al villaggio di Emmaus, a circa dieci chilometri a nord:

Ed ecco in quello stesso giorno due di loro erano in cammino per un villaggio di nome Emmaus [...] e conversavano tra loro di tutto quello che era accaduto. Mentre discorrevano e discutevano, Gesù in persona si accostò e camminava con loro. Ma i loro occhi erano incapaci di riconoscerlo. Ed egli disse loro: «Cosa sono questi discorsi che state facendo tra voi durante il cammino?». Si fermarono, il volto triste [...] «Tu solo sei così forestiero in Gerusalemme da non sapere ciò che vi è accaduto in questi giorni? [...] Tutto ciò che riguarda Gesù Nazareno [...] che condannarono a morte e crocifissero.» [...] Quando furono vicini al villaggio dove erano diretti, egli fece come se dovesse andare più lontano. Ma essi insistettero: «Resta con noi perché si fa sera e il giorno già volge al declino». Egli entrò per rimanere con loro. Quando fu a tavola con loro, prese il pane, disse la benedizione, lo spezzò e lo diede loro. Allora si aprirono loro gli occhi e lo riconobbero. Ma lui sparì dalla loro vista.

LUCA 24,13-31

In questa nuova apparizione c'è qualcosa che la rende molto simile alla precedente. I testimoni conoscevano bene Gesù prima della crocifissione, quando però lo videro resuscitato non lo riconobbero. È una sua azione a rivelarne l'identità a coloro con cui aveva familiarità e che, in teoria, avrebbero dovuto riconoscerlo a prima vista. Al di là del fatto che Gesù volesse o meno nascondersi o mostrarsi intenzionalmente ai suoi interlocutori, alcuni studiosi hanno suggerito la possibilità che Gesù risorto avesse un aspetto fisico diverso da quello che aveva prima della crocifissione. La questione, non trascurabile, è stata tenuta in considerazione nelle analisi scientifiche degli ultimi quarant'anni su una delle reliquie più venerate e controverse di tutto il mondo: la Sacra Sindone di Torino.

Questo telo di lino, lungo 4,36 metri e largo 1,10, è presumibilmente il sudario in cui fu avvolto Gesù quando fu deposto nel sepolcro. Per secoli ha suscitato l'ammirazione dei fedeli così come i sospetti di frode degli scettici. Comparsa in Francia verso la metà del XIV secolo, divenne proprietà dei duchi di Savoia, che nel XVII secolo la fecero riporre nella cattedrale di Torino, luogo nel quale è rimasta fino a oggi. Sulla tela si può vedere l'immagine, frontale e di spalle, del corpo di un uomo defunto, con ferite compatibili con la crocifissione. La tradizione afferma che non si tratta di un dipinto, che l'immagine sarebbe rimasta impressa sulla tela a causa di un fenomeno inspiegabile, fatto al quale si sono sempre appellati i difensori della sua autenticità.

Nell'ottobre del 1978, un gruppo di ricercatori statunitensi realizzò uno studio della reliquia in situ e prese alcuni campioni. I risultati non furono però inconfutabili. Sulla base di questi campioni furono pubblicate analisi scientifiche nelle quali si assicurava che la tela era una pittura (posizione difesa dal dottor Walter McCrone), mentre altri affermavano di aver accertato l'autenticità delle evidenti macchie di sangue che l'immagine presentava in varie parti del corpo (tesi sostenuta dal dottor Allen Adler). Gli scudi erano ancora levati, quando la Chiesa autorizzò il prelievo di un campione del tessuto per poter effettuare la prova del carbonio 14 allo scopo di ottenere una datazione scientifica. Nel mese di settembre del 1988, il risultato fu annunciato al mondo: la tela sarebbe stata confezionata tra il 1260 e il 1390.

La Chiesa prese atto di questa datazione, ma affermò che non inficiava il valore sacro dell'oggetto. Inoltre si diffusero rapidamente alcune voci che screditavano quel risultato, perché il campione analizzato era stato prelevato da una parte del sudario che, in un qualche momento della sua lunga storia, era stata restaurata. Il dibattito è ancora aperto e molti studiosi continuano a sostenere che si tratti dell'autentico sudario in cui fu avvolto Cristo nella tomba. Alcuni di questi esperti hanno evidenziato che le sproporzioni anatomiche rilevate nell'immagine (la lunghezza eccessiva delle braccia, alcune alterazioni nella grandezza del cranio, etc.) non proverebbero che si tratti di una frode. Sarebbero la manifestazione delle alterazioni e dei danni subiti dal corpo di Gesù in seguito alla crocifissione e alla posizione in cui fu deposto nel sepolcro.

Esiste quindi la possibilità che la persona incontrata da Maria di Magdala e dai discepoli dopo la resurrezione avesse subito cambiamenti fisici sufficienti a renderne difficile il riconoscimento. Nonostante le sembianze diverse, Gesù finì sempre col rivelarsi a coloro a cui sceglieva di mostrarsi e la somiglianza con il suo aspetto nella vita precedente doveva bastare a spazzare via ogni dubbio. I discepoli di Emmaus lo riconobbero e non avrebbero tardato a informare gli altri di aver visto il Maestro. La testimonianza di Maria di Magdala non era più l'unica e presto si sarebbe scoperto se gli apostoli erano in grado di accettare ciò che pareva incredibile.

Gesù tra i suoi

La situazione nel gruppo di seguaci più stretti di Gesù dopo la crocifissione non doveva essere rosea. La loro guida era stata giustiziata con un metodo atroce, che i romani riservavano ai crimini più gravi commessi contro lo Stato. Secondo molti studiosi è evidente che il messaggio religioso di Gesù veniva annunciato in un clima politico che gli conferiva un tono radicale. La sua difesa ferma e personale del giudaismo metteva a disagio i sacerdoti del Tempio di Gerusalemme, ma per i romani era una forma di resistenza contro la loro autorità. Si trattava di un individuo pericoloso per il potere religioso e politico, tanto che i romani lo condannarono a morire sulla croce. Il racconto del Nuovo Testamento, in cui si parla di giudei malvagi e di un Ponzio Pilato quasi afflitto nel doversi piegare all'esecuzione di Gesù, non si accorda col fatto che la pena fosse la crocifissione.

Questo metodo brutale utilizzato per annientare i ribelli aveva lo scopo di beffarsi del condannato. Doveva servire da avvertimento per altri. La morte sulla croce era lenta e dolorosa, generalmente i corpi non venivano deposti ma erano lasciati sulle assi finché non entravano in putrefazione... Si trattava di uno spettacolo al tempo stesso desolante e terrificante, un'arma psicologica al servizio di Roma. Se Gesù era considerato tanto pericoloso da fare quella fine, i suoi seguaci avevano tutti i motivi di pensare che a loro poteva essere riservata la stessa sorte. Nei versetti evangelici successivi alla crocifissione, prima che Gesù si manifesti, si narra che gli apostoli quasi non si fanno vedere in pubblico. Solo alcuni escono correndo verso il sepolcro, quando Maria di Magdala racconta ciò che ha visto, per assicurarsi che il cadavere sia davvero scomparso. Il resto del tempo lo passano nascosti, temendo di essere additati quali seguaci di Gesù. È in questo contesto che avvenne la sua terza apparizione:

> Mentre essi parlavano di queste cose Gesù in persona apparve in mezzo a loro e disse: «Pace a voi!». Stupiti e spaventati credevano di vedere un fantasma. Ma egli disse: «Perché siete turbati e perché sorgono dubbi nel vostro cuore? Guardate le mie mani e i miei piedi: sono proprio io! Toccatemi e guardate: un fantasma non ha carne e ossa come vedete che io ho». Dicendo questo, mostrò loro le mani e i piedi. Ma poiché per la grande gioia ancora non credevano ed erano stupefatti, disse: «Avete qui qualche cosa da mangiare?». Gli offrirono una porzione di pesce arrostito; egli lo prese e lo mangiò davanti a loro.
>
> LUCA 24,36-43

In questa occasione ce l'hanno davanti agli occhi. Gesù si mostra da subito senza sotterfugi, presenta le mani e i piedi perché possano vedere i segni lasciati dai chiodi. Ciò nonostante, coloro che condivisero con lui la vita pubblica appaiono increduli; Cristo deve dimostrare di essere vivo mangiando qualcosa. Il loro non è l'atteggiamento di persone convinte, bensì di chi non crede a ciò che ha sentito. E non saranno i soli. Al consesso in cui si manifesta il Maestro non era presente Tommaso, che avrebbe spinto l'incredulità alle estreme conseguenze in occasione della quarta apparizione di Gesù:

> Tommaso, uno dei Dodici, chiamato Didimo, non era con loro quando venne Gesù. Gli dissero allora gli altri discepoli: «Abbiamo visto il Signore!». Ma egli disse loro: «Se non vedo nelle sue mani il segno dei chiodi e non metto il dito nel posto dei chiodi e non metto la mia mano nel suo costato, non crederò». Otto giorni dopo i discepoli erano di nuovo in casa e c'era con loro anche Tommaso. Venne Gesù, a porte chiuse, si fermò in mezzo a loro e disse: «Pace a voi!». Poi disse a Tommaso: «Metti qua il tuo dito e guarda le mie mani; stendi la tua mano, e mettila nel mio costato; e non essere più incredulo ma credente!». Rispose Tommaso: «Mio Signore, mio Dio!». Gesù gli disse: «Perché mi hai veduto, hai creduto: beati quelli che pur non avendo visto crederanno».
>
> GIOVANNI 20,24-29

Ancora un'apparizione nella quale Gesù sin dal principio mostra la propria identità e sono i segni della Passione che permettono di identificarlo. Tommaso nel racconto ha un ruolo ambivalente. Da un lato è il più razionale del gruppo, non può accettare ciò che va contro la ragione e l'esperienza. In tal senso è colui che più si avvicinerebbe all'atteggiamento dell'uomo moderno. La sua razionalità però lo scredita davanti all'evidenza di un Gesù ritornato dal mondo dei morti e gli rimarrà sempre l'onta di non aver creduto. È possibile tuttavia che nei primi tempi del cristianesimo non si attribuisse a Tommaso una connotazione così negativa. Alcuni studiosi hanno fatto presente che Tommaso, così come accade con Maria di Magdala, può aver avuto un ruolo molto più importante di quello che si evince dal Nuovo Testamento. Solo dopo molti anni si sono ottenute le prove che le cose possono essere andate così.

Sono state portate alla luce altre verità?

Si è giunti a questa conclusione grazie a una delle scoperte archeologiche più importanti del XX secolo che, al pari di molte altre, ha avuto origine da un ritrovamento fortuito. Nel dicembre del 1945, vicino al villaggio di Nag Hammâdi, in Egitto, alcuni agricoltori erano indaffarati a lavorare la terra. A un certo punto, una pala urtò contro un oggetto duro, che suonò a vuoto. I contadini, incuriositi, iniziarono a scavare e trovarono qualcosa d'insolito. Il rumore era stato prodotto da un'enorme anfora, lunga 1,80 metri. Dopo un iniziale momento d'indecisione, decisero di aprirla e di esaminarne il contenuto, nel caso si trattasse di un tesoro. Senza dubbio lo era. Il vaso conteneva tredici codici di papiro ricoperti da protezioni di cuoio. Lo stato di conservazione, anche se non uniforme, era in generale eccellente.

I testi furono portati al Cairo e il loro studio si rivelò da subito una fonte inesauribile di scoperte esaltanti. Era stata rinvenuta un'autentica biblioteca di testi cristiani primitivi (appartenenti alla cosiddetta corrente «gnostica»), in tutto cinquantaquattro opere, la maggior parte delle quali fino ad allora sconosciute. Dopo anni di ricerche, si è arrivati a ritenere che si tratti di copie, risalenti al IV secolo, di traduzioni in copto di testi originali greci redatti nel II e III secolo. Dovevano essere rimasti sottoterra approssimativamente millecinquecento anni. Contengono numerosi scritti su Gesù e sono stati attribuiti ai suoi discepoli; uno dei più completi e meglio conservati è un altro Vangelo apocrifo, conosciuto come Vangelo secondo Tommaso. Questo libro consiste in un insieme di 114 massime o insegnamenti che Gesù avrebbe affidato a Tommaso. Alcune coincidono con la dottrina del Nuovo Testamento, altre però sono molto diverse. Qualcuno di questi insegnamenti risale forse ai quaranta giorni successivi alla resurrezione?

Sfortunatamente gli studiosi non sono in grado di affermarlo con certezza. Nel Nuovo Testamento ci sono pochi riferimenti alla predicazione di Gesù durante i quaranta giorni avvolti nel buio. In una delle sue lettere (Prima lettera ai Corinzi 15,3-8), san Paolo dice che, dopo essere resuscitato, Gesù parlò a cinquecento persone che lo videro e lo ascoltarono e che, nel momento in cui lui scriveva quella lettera, potevano dare testimonianza del suo ritorno alla vita. Gli insegnamenti del Vangelo secondo Tommaso appaiono tuttavia più vicini alle idee contenute in quello di Maria di Magdala. Si tratterebbe delle lezioni che il Maestro avrebbe impartito, al margine del gruppo, a un discepolo a lui molto vicino. Alcuni ricercatori sono arrivati perfino a pensare che il nome Tommaso («gemello», in aramaico) gli sarebbe stato assegnato per la sua grande vicinanza al rabbino. Il senso ultimo del suo Vangelo continua a sfuggire agli studiosi, che discutono sull'esatto significato del suo contenuto.

Le ultime due apparizioni di Gesù durante i quaranta giorni sono raccontate nel Nuovo Testamento. Il Vangelo secondo Giovanni (21,3-12) riferisce di come gli apostoli, qualche tempo dopo, fossero ritornati alle loro occupazioni quotidiane. Erano impegnati nella pesca notturna nel mare di Galilea e il lavoro non dava frutti finché, all'alba, un uomo non diede loro istruzioni dalla riva. La pesca divenne allora miracolosa, i discepoli riconobbero Gesù e si unirono a lui. Infine il libro degli Atti degli Apostoli (1,9-11) racconta brevemente come Gesù ascende al cielo accanto al Padre. Un finale misterioso, come lo scorrere della sua vita dopo la resurrezione. A differenza degli episodi precedenti, le fonti alternative non hanno fornito informazioni su questi due accadimenti.

Gli studiosi ritengono che molti Vangeli siano andati persi e che è possibile che l'archeologia riservi ancora delle sorprese. L'ultima risale alla prima decade del XXI secolo, quando fu reso pubblico il ritrovamento in Egitto di un nuovo codice di papiro che conteneva un testo apocrifo mal conservato, il Vangelo secondo Giuda. Forse un giorno qualcuno potrà raccontare in maniera più precisa che cosa fece Gesù nel tempo intercorso fra la resurrezione e l'ascesa al cielo. Per ora resta il mistero. È questo probabilmente che rende tanto appassionante la storia di Gesù. Senza mistero, per i credenti non ci sarebbe fede e la ricerca non avrebbe un motivo per proseguire nell'indagine e apportare nuove conoscenze.

9
Ai piedi del vulcano: Pompei e le città del Vesuvio

Pochi siti archeologici al mondo esercitano lo stesso fascino e sollevano lo stesso interesse di Pompei. Le rovine della città romana si trovano a pochi chilometri da Napoli e sono un'attrazione imperdibile per più di due milioni e mezzo di turisti all'anno. La maggior parte è attratta dalla possibilità di osservare com'era la vita in una città romana del I secolo. Questo grazie alla violenta eruzione del Vesuvio, avvenuta nel 79 d.C., che non distrusse solo Pompei, ma anche Ercolano, Stabia e Oplonti, nuclei di dimensioni più ridotte, anch'essi colpiti dalla collera del vulcano. Sotterrate da metri di sedimento, queste città rimasero «congelate» per secoli, fino a quando non furono riscoperte a metà del XVIII secolo e restituite alla vita da più di trecento anni di attività archeologica. Le stradine tortuose, gli interni intatti delle case e degli edifici, le magnifiche opere d'arte, le vittime pietrificate nel gesso che costellano il percorso tra le rovine o le iscrizioni sulle facciate degli edifici sembrano riportarci a un passato lontanissimo. La vita quotidiana, l'attività degli spazi pubblici, la religiosità, il lavoro... un'infinità di aspetti che non ci sono stati trasmessi dalle fonti scritte o che in altri siti archeologici sono rappresentati a stento, si sono conservati incolumi nella città esumata del sud d'Italia.

È quanto viene raccontato ai visitatori. Negli ultimi decenni gli archeologi hanno insistito molto sul fatto che ciò che ignoriamo è altrettanto importante di ciò che sappiamo grazie a Pompei e alle altre città sepolte dal Vesuvio. Una serie di domande senza risposta porta i ricercatori a pensare che gli indizi a noi pervenuti siano una sorta di specchio deformato dell'antichità, che ci fornisce informazioni preziosissime che noi, però, non siamo in grado di interpretare correttamente. Gli archeologi oggi sono, infatti, molto critici sui metodi impiegati negli scavi e nei restauri degli ultimi vent'anni. E se quello che vediamo fosse più simile all'idea di chi lo ha portato alla luce che alla realtà dei fatti? E se le migliaia di pezzi del puzzle che sono stati raccolti per secoli fossero stati assemblati in maniera erronea? L'angoscia si è impossessata degli studiosi, sempre più coscienti che ciò che ignoriamo del sito archeologico più famoso del mondo romano è quasi pari a quello che sappiamo. Oggi, i dubbi riguardano addirittura la data della tragica eruzione... Pompei e le sue sorelle sepolte sono sempre state un enigma e agli inizi del XXI secolo continuano a esserlo più che mai.

La Campania è una delle regioni più visitate d'Italia. Le sue principali attrazioni sono il piacevole clima mediterraneo, l'accoglienza della gente e la variegata offerta di svago e cultura. Fin dal momento in cui giungono a Napoli, i visitatori non possono fare a meno di notare la presenza incombente del Vesuvio, il vulcano che si erge appena qualche chilometro a sudovest della città. Per gli abitanti è una presenza familiare e l'accettano con tranquillità, come se fosse inattivo da secoli. Niente di più sbagliato. Dal 1631 il vulcano ha eruttato 21 volte. L'ultima fu nel 1944, quando migliaia di persone furono evacuate e un intero paese, San Sebastiano, fu raso al suolo. Non era una novità. Anche a Napoli, in diverse occasioni, l'ingombrante vicino si fece sentire. Nel 1903, 300.000 tonnellate di materia vulcanica caddero sulla città durante un'eruzione. Gli scienziati lo definiscono un «vulcano quiescente» e sanno bene che la tranquillità a cui gli abitanti sono abituati potrebbe finire da un momento all'altro. Si ripeterà ciò che accadde quasi duemila anni fa?

Una morte inspiegabile

L'eruzione del Vesuvio è nota fin dall'antichità e il suo ricordo non venne mai cancellato del tutto. Perfino nel Medioevo e in buona parte dell'era moderna si sapeva che nell'anno 79 d.C. varie città della Campania erano state devastate dal vulcano, nonostante non si conoscesse il nome delle località o il numero esatto delle vittime. L'informazione era sopravvissuta grazie a varie testimonianze scritte di autori dell'antichità, come Svetonio e Dione Cassio. Si sa inoltre che il grande storico romano Tacito menzionò l'eruzione nella sua immensa opera sulla storia di Roma, benché quel brano sia andato disgraziatamente perduto. Il caso vuole, però, che si sia conservata una delle fonti che l'autore aveva utilizzato. Plinio il Giovane, scrittore vissuto a cavallo tra il I e il II secolo d.C., scrisse su richiesta di Tacito due lunghe lettere, nelle quali raccontava come era morto suo zio, Plinio il Vecchio, grande scrittore e naturalista. I due si trovavano nelle vicinanze al momento dell'eruzione e Plinio il Vecchio non sopravvisse. Il racconto di Plinio il Giovane ha catturato l'immaginazione di generazioni e ancora oggi molti storici fanno riferimento alla sua opera per ricostruire ciò che accadde quel fatidico giorno, il 24 agosto del 79.

Plinio il Giovane e la madre si trovavano nel porto di Miseno, dove il fratello di lei, Plinio il Vecchio, era al comando della flotta romana del Mar Tirreno. Nel primo pomeriggio, la famiglia era impegnata nelle sue solite attività, quando fu allertata da una terribile esplosione. In un primo momento si pensò a un terremoto, perché non erano insoliti nella regione, fino a che ogni dubbio venne fugato non appena uscirono di casa. Sull'orizzonte che si delineava davanti a loro, dall'altro lato rispetto al golfo di Napoli, si alzava orgoglioso il Vesuvio, e dalla sua cima si issava una densa e alta colonna di fumo che a una certa altezza si diramava come la chioma di un albero. Plinio il Giovane paragona la fumata alla forma di un pino che, allargandosi, nascondeva il sole e faceva sprofondare la zona circostante in un'oscurità innaturale, quasi notturna. Poi scese una fitta cenere incandescente, che terrorizzò la popolazione. Lo sconcerto e la paura degli abitanti di Miseno terminarono qualche ora dopo, quando un forte vento da nordovest spinse la nube vulcanica dall'altra parte del monte, rischiarando a giorno quell'area della Campania.

I paesi più a sud o a sudest del vulcano, però, non furono altrettanto fortunati. A Plinio il Vecchio giunse un'angosciata richiesta di aiuto da parte di un'amica di famiglia, Retina, che risiedeva a Ercolano. Apprestandosi a soccorrere lei e tutti coloro che poteva, all'inizio cercò di salpare con un'imbarcazione leggera, ma le condizioni del mare glielo impedirono. Dovette quindi preparare una quadrireme, una nave pesante da guerra, per la sua missione di salvataggio. Il tragitto fu difficile e non fu possibile attraccare al porto di Ercolano, molto vicino al vulcano, perciò Plinio il Vecchio decise di dirigersi a Stabia, pensando che, trovandosi molto più a sud, sarebbe stata più al riparo. A Stabia avrebbe potuto chiedere alloggio al suo amico Pomponiano e provare ad aiutare la sua amica più tardi. La furia dell'eruzione invece aveva colpito anche Stabia. Quando attraccò, tutti si preparavano a fuggire, ma nel tentativo di tranquillizzarli, Plinio il Vecchio cenò e andò a dormire, posticipando la partenza al giorno dopo. Fu svegliato a mezzanotte dagli abitanti della casa, timorosi che la cenere che si accumulava finisse per far crollare il tetto, e fu incoraggiato a riprendere il viaggio. Egli si lasciò convincere e, come tutti gli altri, si legò alle spalle un cuscino per ripararsi dai frammenti incandescenti che cadevano dal cielo. Durante il tragitto, l'asma e l'atmosfera rarefatta a causa dei gas vulcanici gli impedivano di respirare. Chiese un bicchiere d'acqua fredda e non appena finì di bere crollò a terra, morto. Il resto del gruppo riuscì ad arrivare al mare e a tornare a Miseno, per dare la terribile notizia alla sua famiglia. Non fu per la curiosità scientifica che Plinio il Vecchio si avvicinò così incoscientemente all'eruzione del Vesuvio, bensì, come tante volte è stato ripetuto, per il senso del dovere e il desiderio di aiutare chiunque si trovasse in serio pericolo. L'eruzione si protrasse per tre giorni e il suo effetto letale ebbe conseguenze in tutta la regione.

Nonostante il racconto di Plinio il Giovane, che non manca di verve e drammaticità, offra informazioni fondamentali per ubicare la tragedia, non è molto chiaro ciò che successe nell'area colpita dall'eruzione. Questo vuoto è stato colmato dalle supposizioni non del tutto fondate di alcuni esperti. Tradizionalmente si pensava che Pompei (dieci chilometri a sudest del vulcano) fosse stata sepolta dalla pioggia di cenere, mentre Ercolano (sul fianco occidentale del monte) fosse stata spazzata via dal fiume di lava vulcanica nella sua discesa verso il mare. Negli ultimi decenni, però, il lavoro dei vulcanologi e dei geologi sulla stratigrafia dei giacimenti della regione ha permesso di ricostruire una versione molto più dettagliata dell'accaduto.

Gli esperti sono d'accordo sul fatto che l'eruzione sia stata preceduta da esplosioni di gas o movimenti sismici, e che solo quando ebbe inizio si sia formato il «pino» descritto da Plinio, una nube di gas incandescenti e pietra pomice, sospesa tra i quindici e i trenta chilometri di altezza. Arrivata a quel punto, la nube si sarebbe allargata orizzontalmente a dismisura, lasciando la popolazione sottostante nella totale oscurità. Poco dopo sarebbe iniziata la pioggia di cenere e lapilli. Poi un vento sostenuto che soffiava verso sudest avrebbe portato la nube fino ai fianchi meridionali e sudorientali del Vesuvio, così i paesi a nord del golfo di Napoli (Miseno, Pozzuoli, Nola) e Napoli stessa riuscirono a sfuggire alla distruzione. Sulle città di Pompei, Oplonti e Stabia cominciò allora a cadere una pioggia vulcanica a un ritmo di quindici centimetri all'ora. I tetti cedevano per il peso dei depositi e il transito nelle strade si faceva sempre più difficile a causa dei sedimenti. Il versante occidentale (dove si trova Ercolano) fu investito all'inizio da una quantità minore di cenere, ma fu colpito da scosse sismiche.

Tra le ventiquattro e le trenta ore dopo l'inizio dell'attività, l'eruzione era entrata in una nuova fase, caratterizzata dai «flussi piroclastici». La colonna sospesa di gas e materia rocciosa aveva ceduto, collassando in ondate successive, nelle quali le altissime temperature, le correnti di gas tossico e la quantità di minerale trascinato mieterono molte vittime e cancellarono dalla mappa i villaggi colpiti. Gli esperti calcolano che si verificarono sei ondate successive, a intervalli di circa quattro ore. La prima ondata fece sì che Ercolano fosse letteralmente inghiottita da tre metri di cenere incandescente, alla quale si aggiunse un altro metro e mezzo durante la seconda. La terza ondata arrivò probabilmente fino alle mura di Pompei. Si pensa che non raggiunse l'interno della città, ma colpì coloro che cercavano di scappare da nordest. Una rapida successione di tre ondate in un'ora e mezzo fece schizzare la temperatura fino a 400 gradi a Pompei, e il flusso piroclastico rase al suolo la città e la seppellì sotto la cenere. Gli esperti ritengono che nella parte meridionale, dopo la catastrofe, fossero rimaste scoperte solo le estremità superiori di alcune strutture, laddove non erano crollate. Il potere devastatore dell'eruzione fu enorme. Nel caso di Ercolano, la città più vicina al Vesuvio, la quantità complessiva di cenere accumulata dopo le sei ondate raggiunse uno spessore di 23 metri e allontanò la linea della costa di quattrocento metri dalla sua ubicazione originale. Molto probabilmente l'attività vulcanica e sismica si protrasse per giorni. L'eruzione devastò gran parte di una delle regioni più prospere e ricche d'Italia, che rimase sepolta nel silenzio per secoli.

Certezze che vacillano

Può sorprendere oggi che un vulcano così violento fosse circondato da città e paesi. Ci è voluto parecchio tempo per trovare una spiegazione a questa questione. Ancora una volta, è stata la geologia a fare luce sul mistero. Gli esperti stimano che prima del 79 d.C. il Vesuvio fosse inattivo da sette secoli. Prima di quella fatidica data, le terre adiacenti erano sfruttate da un'agricoltura intensiva, possibile grazie alla ricchezza del suolo vulcanico, che permetteva di ottenere fino a tre o quattro raccolti annuali. La pianura campana era famosa per la fertilità delle sue terre e per l'eccellenza dei suoi prodotti, soprattutto il vino. Per questo motivo nella zona si sono trovati i resti archeologici di centoquaranta insediamenti agricoli dispersi. Alla vigilia della catastrofe, la regione doveva brulicare come un autentico formicaio.

Ciò nonostante, gli esperti non sono d'accordo sul numero degli abitanti e ancor meno sul numero di vittime provocate dall'eruzione. Un tempo si pensava che fosse superiore più a Pompei che non a Ercolano, perché lì erano stati rinvenuti più cadaveri. Chi visita oggi Pompei può farsi un'idea molto chiara dei suoi ultimi abitanti. Il luogo è disseminato di figure di gesso, ricavate dall'impronta lasciata dai corpi nel sedimento, una volta decomposta la materia organica. La macabra idea di riempire questi stampi fu del direttore degli scavi negli ultimi anni del XIX secolo, Giuseppe Fiorelli, che voleva soddisfare la malsana curiosità dei forestieri che si avvicinavano alla città. Lo spettacolo è semplicemente raccapricciante. A Ercolano non si trovò nulla di simile e si pensò quindi che i suoi abitanti fossero riusciti a salvarsi scappando in direzione di Napoli, a nord. Gli scavi realizzati a partire dagli anni Ottanta del XX secolo, però, cambiarono radicalmente la prospettiva.

I lavori si concentrarono sui moli dell'antico porto ercolanese, dove furono rinvenuti i resti ossei di più di trecento persone, che durante l'eruzione si erano accalcate in quel luogo per cercare di fuggire via mare. Fu allora che gli archeologi si resero conto che le loro impressioni non erano esatte e che forse erano dovute al fatto che a Pompei erano stati effettuati più scavi e l'area portata alla luce era più estesa. Ercolano inoltre era stata inghiottita per prima dai flussi piroclastici e quindi i suoi abitanti dovevano avere avuto meno opportunità di scappare. Secondo Mary Beard, docente di Studi classici presso l'Università di Cambridge, «sembra improbabile che nel disastro avessero perso la vita solo duemila pompeiani. Indipendentemente da quale fosse la popolazione totale della città [...] si tratta di una percentuale piccola, o molto piccola».

In quella che fino a poco tempo prima era stata una teoria ben costruita sulla fine delle città vesuviane si aprì una crepa che faceva crollare tutto. Gli archeologi cominciarono a sospettare che quelli che avevano esumato dal sottosuolo non fossero esempi perfetti di città antiche, preservate grazie a una catastrofe. Il ritrovamento di alcuni resti in uno stato di conservazione straordinario aveva alimentato questo miraggio. Nel caso di Pompei, il ritrovamento di uova come offerte al tempio di Iside, le ottantuno pagnotte della panetteria di Modestus, i resti dei recipienti nella cucina della Casa dei Vettii... tutto ciò aveva indotto a pensare che la fine della città fosse avvenuta proprio nell'istante successivo a quello in cui un fedele era arrivato al tempio, un panettiere aveva cotto il pane o mentre la cuoca preparava lo stufato. Secondo Joanne Berry, professoressa di Storia antica e Archeologia all'Università di Swansea (Regno Unito), «questi esempi costituiscono l'eccezione. A causa del processo di eruzione e del metodo seguito negli scavi dal XVIII secolo, le prove rinvenute a Pompei ed Ercolano difficilmente sono la capsula temporale perfetta di cui parla la credenza popolare».

Alla base di questo cambiamento di prospettiva si trovano le nuove conoscenze acquisite sull'eruzione. La lunghezza della prima fase permise a buona parte della popolazione di scappare. Secondo la professoressa Beard, «la città che gli archeologi si trovarono a esplorare era una città che era stata abbandonata dai suoi abitanti, i quali avevano fatto i bagagli e se n'erano andati. Forse questa circostanza ci aiuta a spiegare perché le case di Pompei danno l'impressione di essere quasi prive di mobili e utensili. L'estetica predominante del I secolo d.C. non seguiva affatto una moderna filosofia minimalista. La maggior parte degli utensili della casa probabilmente erano stati caricati sui carri, messi in salvo dai proprietari».

Inoltre, si pensa che dopo la catastrofe alcuni abitanti siano tornati per recuperare (o rubare) quanto potevano. Già nel XVIII secolo erano state trovate le prove dell'esistenza di tunnel scavati nel suolo vulcanico e di intrusioni tra le macerie, ma vennero ignorate fino a poco tempo fa. Durante gli scavi sono state recuperate monete posteriori all'eruzione (dalla fine del I al IV secolo d.C.), in alcune case sono stati trovati buchi nelle pareti vicino all'iscrizione DOMUS PERTUSA («casa bucata», una sorta di avviso passato da un saccheggiatore all'altro), e si sono ritrovati perfino i resti identificati di ladri presenti nella zona dopo l'anno 79 (come il gruppo di due adulti e un bambino provvisti di piccone e zappa nella casa di Menandro, a Pompei). Gli archeologi che lavorano oggi sanno di dover procedere con i piedi di piombo. A differenza dei loro predecessori, ai quali interessava recuperare più resti possibili e che ignoravano qualsiasi anomalia potesse mettere in dubbio lo stato di conservazione della città, oggi sappiamo che Pompei fu visitata per secoli dopo la sua tragica fine. La tempesta però non si è placata e le polemiche degli ultimi decenni hanno contribuito a sfatare del tutto il mito delle città miracolosamente conservate.

Un rompicapo senza fine

Per quanto sembri incredibile, agli inizi del XXI secolo, dopo due secoli e mezzo di scavi a Pompei, ci sono ancora questioni elementari a cui l'archeologia non è riuscita a dare risposta. Una di queste è se Pompei fosse o no una città costiera. Tutti gli esperti concordano sul fatto che la morfologia del territorio sia cambiata profondamente negli ultimi due millenni. Si pensa infatti che la violenza dell'eruzione del 79 abbia causato metamorfosi geografiche radicali. Il profilo attuale del Vesuvio risalirebbe ad allora, poiché il cono visibile del vulcano si sarebbe formato in quel momento. Allo stesso modo si sa che Ercolano, che era sì una città portuale della costa tirrenica, fu allontanata dal mare a causa dei movimenti sismici prodotti dalla catastrofe. Per questo si crede che anche Pompei fosse più vicina al mare rispetto a oggi. Un ritrovamento difficile da interpretare ha ingarbugliato la questione ancora di più. Vicino alla porta occidentale di Pompei, sono stati rinvenuti alcuni anelli di pietra nelle mura che assomigliano a ormeggi per imbarcazioni. Poteva essere la prova definitiva che il mare arrivava fin lì, se non fosse che più a ovest sono stati trovati edifici romani, per cui la teoria non stava in piedi. Alcuni ricercatori hanno cercato una teoria intermedia, ipotizzando che a passare vicino alla città fosse il fiume Sarno (supponendo che all'epoca fosse navigabile). Sfortunatamente non è che un'ipotesi senza fondamenta empiriche e gli anelli di pietra di Pompei continuano a rimanere un mistero.

Come se non bastasse, perfino la data esatta dell'eruzione è oggi molto discussa tra gli esperti. La datazione del 24 agosto è sempre meno certa. Molti hanno segnalato che la trascrizione di date e quantità era una delle debolezze più palesi dei copisti medievali di testi classici ed è quindi possibile che la lettera di Plinio in origine riportasse un'altra data. Nei manoscritti a noi pervenuti vengono menzionate dodici date, tra il 24 agosto e il 30 ottobre del 79. Inoltre, le prove archeologiche hanno apportato elementi che potrebbero indicare che la fine catastrofica di Pompei sia avvenuta in autunno, e non a fine estate. In primo luogo, gli stampi di gesso dei corpi delle vittime sembrano indicare che gli abitanti indossassero vestiti pesanti, i quali farebbero pensare alla stagione fredda. A corroborare questa teoria c'è anche il fatto che nel sito sono stati ritrovati melograni carbonizzati, tipici dell'autunno, così come un soldo d'argento dell'imperatore Tito che, per via dell'iscrizione, non può essere datato a prima del settembre del 79. I difensori della data tradizionale, però, sostengono che il vestiario pesante possa essere spiegato dal fatto che gli abitanti in fuga volessero proteggersi dalla pioggia vulcanica, e richiamano l'attenzione sul ritrovamento di foglie caduche (se l'eruzione fosse avvenuta in autunno, gli alberi sarebbero già stati spogli), così come di fiori e frutti propri dell'estate inoltrata. Come il resto delle questioni relative a Pompei, il dibattito è più che mai acceso e si è ben lontani da una risposta definitiva.

Tutte queste domande hanno portato a una crisi nella comprensione globale della storia di Pompei e delle sue città sorelle. Fino a poco tempo fa, queste città rappresentavano un modello inattaccabile di conservazione archeologica che illustrava alla perfezione la vita romana all'inizio della nostra era. In gran parte ciò era dovuto all'impatto che il loro ritrovamento ebbe sulla cultura europea del XVIII e XIX secolo. Fu l'immaginazione degli artisti del Romanticismo, infatti, a consacrarle alla fama eterna. Una generazione intera di essi si sforzò di ricreare e far conoscere al pubblico la tragedia della distruzione di una civiltà all'apice del suo sviluppo. Pittori come il russo Karl Brjullov, che raggiunse la fama internazionale nel 1833 con il quadro *Gli ultimi giorni di Pompei*, o scrittori come l'inglese Edward Bulwer-Lytton, autore di un romanzo avente lo stesso titolo pubblicato un anno dopo e adattato varie volte per il cinema, sono due degli esempi più celebri della fama che presto acquisì la città. Oggi gli esperti sono molto più cauti nel fare di Pompei un modello. La scoperta che la zona fu vittima di un terremoto nel 62 o nel 63 ha portato a pensare che la città fosse stata distrutta in quell'occasione e che quando si verificò la catastrofe del 79, Pompei fosse una città fantasma in piena ricostruzione.

Non sappiamo se un giorno in qualche nuovo scavo inaugurato nella zona compariranno le soluzioni a tutti questi misteri, però indubbiamente uno spiraglio di ottimismo c'è. Come afferma la professoressa Berry, «Pompei, Ercolano e gli altri insediamenti sepolti non costituiscono capsule del tempo perfette, ma questo non significa che non siano siti archeologici spettacolari. Il loro valore risiede nella portata delle testimonianze, che permettono lo studio della vita pubblica e politica, dello svago, dell'arte, delle attività domestiche e quotidiane di allora [...] A renderli unici è la quantità e qualità dei reperti disponibili». Mentre le scoperte archeologiche tardano ad arrivare, chi non esita a frequentare le rovine con la loro atmosfera suggestiva sono i turisti, ignari del fatto che ciò che si trova dinanzi ai loro occhi è molto più enigmatico di quanto comunemente si creda.

10
Vinland: quando i vichinghi scoprirono l'America

L'America fu scoperta da Cristoforo Colombo nel 1492. Nessuno metterebbe in dubbio questa affermazione. Da secoli i libri di storia raccontano l'epopea americana fin nei minimi dettagli e, generazione dopo generazione, i bambini a scuola ripetono con convinzione la stessa frase: «Colombo ha scoperto l'America». E se qualcuno ci dicesse che non è andata proprio così? E se oltre a dircelo, quel qualcuno lo dimostrasse con prove archeologiche inconfutabili? Quando avvenne allora il primo incontro tra il Vecchio e il Nuovo Mondo? E dove?

Tutte queste domande, per quanto possa sorprenderci, hanno trovato una risposta già da qualche decennio e oggi gli storici accettano che il primo incontro tra europei e americani non sia avvenuto nel 1492, ma quasi cinquecento anni prima. Il vero protagonista della vicenda fu un popolo che nell'Alto Medioevo terrorizzò con le sue incursioni tutto il Nord Europa, un popolo capace di imprese commerciali che lo portarono dalla Scandinavia fino alla Russia, a Bisanzio e all'Asia, un popolo che, ben prima che Cristoforo Colombo mettesse piede nella Nuova Spagna, attraversò con le sue navi l'oceano Atlantico e approdò in una terra che chiamò Vinland...

Da secoli le storie sui vichinghi fanno parte della tradizione di molti paesi del Nord Europa. Norvegia, Danimarca, Svezia, Islanda o Gran Bretagna non possono raccontare il proprio passato senza menzionare i vichinghi. Tuttavia, fatta eccezione per le iscrizioni runiche, le sole fonti scritte giunte fino a noi su di loro sono indirette, ovvero opera di terzi. Le cosiddette «saghe», un insieme di racconti scritti a partire dal XIII secolo in Islanda, costituiscono il corpus fondamentale di queste storie, e ancora oggi per molti il primo approccio al mondo vichingo avviene attraverso le loro traduzioni. Esse raccontano la vita e le imprese di personaggi come Erik il Rosso o Leif Erikson e descrivono le spedizioni navali verso ovest in cerca di nuove terre da colonizzare. Nell'immaginario collettivo di norvegesi, svedesi o islandesi sono comparse fin dal Medioevo le storie di temibili e audaci avventurieri, che si muovevano sullo scivoloso terreno in cui realtà e finzione si mescolano. Fu la fede di archeologi ed esperti, convinti che questi racconti nascondessero un fondo di verità, a riservare alla storia una delle sue più grandi sorprese, anticipando l'incontro tra Europa e America di quasi mezzo millennio. Ma chi erano gli uomini di cui si parla nelle saghe? Che cosa sappiamo veramente di loro?

Contadini, guerrieri ed elmi senza corna

Di solito, quando immaginiamo un vichingo, ce lo figuriamo come un guerriero feroce, di origine nordica, armato fino ai denti, magari a bordo di una nave e, soprattutto, con in testa un elmo dotato di corna. I vichinghi della storia non corrispondevano del tutto a questo archetipo diffuso dal cinema, dai fumetti e dalla letteratura. Una delle ragioni per cui archetipo e realtà storica non coincidono è che l'immaginario collettivo nasce dai racconti delle vittime dei loro attacchi, racconti da cui certo i vichinghi non potevano uscire molto bene. Tanto per cominciare, non tutti gli abitanti della penisola scandinava erano vichinghi. Il termine «vichingo» deriva dall'inglese antico *wicing* e, anche se in origine fu utilizzato per indicare chiunque si dedicasse alla pirateria, tra la fine del X secolo e l'inizio dell'XI passò a designare gli incursori di origine scandinava che arrivavano dal mare. Pertanto, vichinghi in senso stretto furono solo quegli scandinavi che all'inizio del Medioevo si dedicarono alle incursioni marittime. La paura dell'ignoto, unita ai pregiudizi dell'Europa cristiana nei confronti dei pagani (quali erano gli abitanti della Scandinavia), contribuì a estendere l'immagine del vichingo a tutti gli scandinavi.

In realtà i vichinghi, che da principio occupavano il territorio delle attuali Norvegia, Svezia e Danimarca, non si dedicavano solo al saccheggio. Come ricorda l'archeologo esperto in cultura vichinga Richard Hall, «in origine erano contadini e pescatori, che trascorrevano buona parte dell'anno a casa propria, a lavorare la terra [...]

Solo durante la calma estiva si riunivano sulla nave di qualche carismatico leader locale e si avventuravano in mare per razziare, commerciare o trovare nuove terre da colonizzare». Era un modo di arricchirsi per chi voleva diventare proprietario della terra che lavorava o possedere più beni e più ricchezze. Era anche una nuova opportunità per chi si trovava in una situazione politica difficile o per chi si vedeva costretto ad andarsene per aver commesso qualche reato.

La cattiva reputazione dei vichinghi dipendeva dal successo delle loro incursioni. A giudicare dalle descrizioni delle vittime, dovevano essere guerrieri valorosi, ma le testimonianze archeologiche hanno dimostrato che la loro arma più efficace era l'imprevedibilità, non gli strumenti bellici di cui disponevano. Non usavano cavalli e il loro equipaggiamento non era niente di straordinario per l'epoca. L'attrezzatura bellica, con possibili varianti, era costituita da un'armatura in cuoio, una cotta di maglia lunga fino alle cosce (se erano abbastanza ricchi da potersela pagare), uno scudo circolare in legno, una o più armi (lancia, ascia, arco e frecce o ancora meglio una spada) e un elmo di cuoio indurito per proteggere la testa. Gli elmi di ferro erano meno frequenti e di solito avevano forma conica o semisferica e una lamina a coprire il naso. Nessuno dei due tipi di elmo però aveva le corna; l'immagine classica del vichingo, diffusa dal Romanticismo, sembra essersi ispirata a qualche usanza rituale che nulla aveva a che vedere con l'attività che rese famoso questo popolo.

Nonostante condividessero uno stile di vita basato sull'agricoltura, l'allevamento del bestiame, la caccia, la pesca e il commercio, costruissero abitazioni e navi simili e avessero la stessa cultura materiale e perfino le stesse credenze religiose, i vichinghi non si considerarono mai un gruppo culturalmente definito o con un territorio ben delimitato. Le zone abitate erano suddivise in molteplici territori governati da capi o re locali, di solito in lotta fra loro. Tuttavia, all'incirca tra l'800 e il 1050, l'uniformità della cultura materiale di queste zone, unita alla tendenza a una maggiore fusione politica, all'esistenza di importanti reti commerciali e alle ondate espansionistiche verso nuovi territori hanno indotto gli storici a parlare di un apogeo della civiltà vichinga, periodo oggi noto come «era vichinga».

In questa fase, la crescente attività commerciale degli scandinavi li spinse alla ricerca di nuovi orizzonti economici per ampliare le loro reti commerciali. Ebbe inizio così una serie di viaggi esplorativi verso Oriente e Occidente. La dinamica non era nuova, soprattutto per quanto riguardava i viaggi verso est, dato che già nell'VIII secolo i vichinghi erano arrivati nell'attuale Russia e avevano aperto una rotta commerciale che li avrebbe portati fino a Bisanzio e addirittura oltre il Mar Caspio. Manuel Velasco, scrittore specializzato in temi nordici, afferma che «questo popolo, che per secoli la storia ha definito "barbaro", aprì e mantenne una delle rotte commerciali più grandi del suo tempo, che arrivava dalla Groenlandia fino a Costantinopoli».

Le incursioni verso ovest, fino a quel momento più sporadiche, durante l'era vichinga divennero più frequenti e organizzate. La continua ricerca di risorse portò a un aumento delle razzie in Gran Bretagna (dove fino alla metà del X secolo ci furono zone governate da re scandinavi), in Irlanda, in Normandia e nelle isole del Baltico. Parallelamente, il desiderio di trovare nuove terre da sfruttare portò i vichinghi a esplorare le acque dell'Atlantico del Nord, e così agli inizi del IX secolo giunsero sulle isole Faroe, nella seconda metà dello stesso secolo si stabilirono in Islanda e alla fine del secolo seguente arrivarono in Groenlandia e in un luogo misterioso che chiamarono «Promontorio di Vinland».

Navigando verso ovest

Le fonti più antiche in cui si parla della colonizzazione vichinga sono l'*Íslendingabók* o *Libro degli islandesi* di Ari Thorgilsson il Saggio e l'anonimo *Landnámabók* o *Libro dell'insediamento*, entrambi scritti in Islanda nel XII secolo. Secondo Ari Thorgilsson, i primi colonizzatori dell'isola furono i fratelli norvegesi Ingólfur e Leif Arnarson.

L'Islanda si trova a circa una settimana di navigazione dal punto più vicino della Norvegia e all'epoca delle spedizioni vichinghe era l'isola disabitata più grande del mondo. La tradizione medievale islandese attribuisce la prima colonizzazione dell'isola ad altri due personaggi, lo svedese Gardar Svavarsson, che vi sarebbe giunto per caso, trascinato da una tempesta, e il norvegese Naddod il Vichingo. Chiunque sia stato il primo abitante dell'Islanda, di certo si trattava di un uomo del Nord che decise di stabilire un insediamento sull'isola nonostante le condizioni climatiche avverse, dato che, come ricorda il professor Hall, «i ghiacciai erano familiari a chiunque arrivasse dal Nord della Norvegia, ma un paesaggio vulcanico con distese di lava, geyser e stagni sulfurei era comunque un'autentica novità e le eruzioni erano ancora un pericolo intermittente».

Gli scavi archeologici in Islanda hanno consentito di studiare circa una ventina di fattorie vichinghe precedenti all'anno Mille, parte delle quali si trova nella capitale, Reykjavík. Secondo la tradizione, fu proprio qui che si stabilì Ingólfur Arnarson e l'*Íslendingabók* indica che la colonizzazione vichinga era cominciata nell'870; le date quindi coinciderebbero, anche se gli esperti discutono sulla possibilità di spostarle più indietro nel tempo e la questione rimane aperta, in attesa dei risultati di nuovi scavi. In ogni caso, dalle fonti risulta chiaro che fu un abitante dell'Islanda il primo ad avventurarsi in Groenlandia e a colonizzarla: stiamo parlando di Erik il Rosso.

La *Saga dei groenlandesi* riferisce che Erik il Rosso arrivò in Islanda molto giovane, insieme al padre. Da adulto commise un omicidio e fu condannato a tre anni di esilio. Stando così le cose, la possibilità di guidare una spedizione in cerca di nuove terre diventava una via d'uscita invitante, ed Erik si lanciò nell'impresa senza esitazioni. Da un po' di tempo giravano storie sull'esistenza di terre più a ovest, avvistate dal marinaio Gunnbjørn Ulf-Krakuson quando aveva perso la rotta durante una tempesta. E così, nel 982, Erik il Rosso si mise a capo di un gruppo di uomini che, dopo aver navigato per più di cinquecento chilometri verso ovest, toccò terra. A prima vista la nuova terra, interamente ricoperta di ghiaccio, non dovette sembrare molto accogliente, ma Erik e i suoi uomini non si diedero per vinti e continuarono a navigare verso sud. Doppiarono un capo per approdare sulla costa occidentale del territorio appena scoperto e lì il panorama era decisamente migliore: si trovarono di fronte pascoli vastissimi ed Erik battezzò quella terra Groenlandia, «terra verde».

Erik tornò trionfante in Islanda per condividere la propria scoperta. La prospettiva di trovare risorse naturali (in particolare pascoli per il bestiame) spinse un nutrito gruppo di coloni a organizzare una spedizione di venticinque navi sotto il suo comando. Ne arrivarono a destinazione solo quattordici, ma il numero di uomini era sufficiente per fondare un villaggio. Dagli scavi effettuati sulla costa occidentale della Groenlandia sono emersi i resti di due insediamenti importanti, i cosiddetti «Insediamenti est e ovest». Intorno al primo, nell'attuale Qassiarsuk, sono stati rinvenuti resti umani e architettonici che, stando alle datazioni al radiocarbonio, potrebbero risalire all'epoca dell'insediamento di Erik il Rosso. Le rovine si trovano a poche centinaia di metri dal luogo in cui, stando alla tradizione, sarebbe sorta la fattoria di Erik, Brattahlid. Inoltre, la presenza di una piccola chiesa ha portato alcuni esperti a chiedersi quanto ci fosse di vero nelle saghe che narrano che fu il figlio di Erik, Leif Erikson, a introdurre il cristianesimo in Groenlandia verso l'anno Mille.

Ma la storia non riserva a Leif Erikson solo questo onore, perché al di là dell'alone mistico che circonda il personaggio, il suo nome dovrebbe comparire nei libri di testo accanto a quello di Cristoforo Colombo.

Oltre la Groenlandia

Stando alla *Saga dei groenlandesi* e alla *Saga di Erik il Rosso,* Leif Erikson, come suo padre, ascoltò il racconto di un islandese, Bjarni Herjólfsson, che nel 986 aveva avvistato terra dopo essere stato trascinato a ovest dalla corrente. Deciso a essere protagonista della propria epopea, Leif comprò la nave di Bjarni e convinse parte dell'equipaggio e molti altri uomini ad avventurarsi con lui per seguire la rotta indicata dall'islandese. Dopo una traversata difficile, sbarcarono su una terra che Leif chiamò Helluland («terra di roccia pianeggiante») e continuarono a navigare in direzione sud verso una nuova regione che battezzò Markland («terra del bosco»). Ulteriori esplorazioni li portarono in un'area adatta a stabilire un insediamento: si trattava della regione conosciuta come Leifsbuðir. La presenza della vite selvatica suggerì a Leif il nome di Vinland («terra del vino»).

Leif rimase a Leifsbuðir un inverno, poi tornò in Groenlandia per raccontare la propria impresa. Sarebbe stato suo fratello Thorvald a organizzare la successiva spedizione a Vinland, quella raccontata nelle saghe. Thorvald passò tre inverni a Leifsbuðir, ma durante un viaggio verso nord fu assassinato dagli indigeni della regione, quelli che i vichinghi chiamarono *skraeling.* Thorfinn Karlsefni, un mercante islandese, riunì un equipaggio di sessantacinque uomini e partì con loro per Vinland. Rimase a Leifsbuðir due inverni, durante i quali vide nascere il figlio Snorre e combatté gli *skraeling,* ma alla fine tornò in Groenlandia e poi in Islanda. L'ultimo viaggio a Vinland narrato nelle saghe fu quello di un altro membro della famiglia Erikson: la sorella di Leif, Freydís. Secondo Richard Hall, Freydís «avrebbe fatto sembrare tenera Lady Macbeth», ma anche il suo viaggio si concluse con il ritorno in Groenlandia.

Ma quanto sono attendibili le saghe? I racconti sulla storia dei vichinghi furono scritti in Islanda tra il XIII e il XIV secolo e costituiscono senza dubbio una parte fondamentale della storia della letteratura occidentale. Quando si destò l'interesse archeologico nei confronti dei resti vichinghi in Islanda, i primi esperti si fecero guidare proprio dalle saghe. La localizzazione di tali resti nei luoghi citati dai racconti portò a identificarli con quelli dell'epoca in cui erano ambientate le storie. Ma bisogna tenere presente che gli avvenimenti riportati nelle saghe risalgono al periodo tra il IX e l'XI secolo, centinaia di anni prima che i racconti fossero scritti.

L'Islanda del XIII e XIV secolo era molto diversa da quella dell'epoca dell'espansione vichinga, e se da una parte le saghe mettono insieme i racconti tradizionali trasmessi oralmente di generazione in generazione, dall'altra sono anche un esercizio di composizione letteraria e uno specchio dell'epoca in cui furono scritte. Molti dettagli corrispondono più all'Islanda medievale cristiana che a quella pagana dell'era vichinga. Come ricorda il professor Teodoro Manrique, «la *Eiríks saga rauða* (*Saga di Erik il Rosso*), o la *Grœnlendinga saga*, (*Saga dei groenlandesi*), [...] rappresentano un chiaro tentativo da parte degli autori di collocare l'Islanda nella mappa dell'Europa come una terra di colonizzatori e non solo come colonia dominata dalle ansie espansionistiche dei re scandinavi».

Nonostante tutto, è innegabile che le saghe abbiano una certa attendibilità storica, dato che i resti archeologici sembrano confermare la veridicità di buona parte dei fatti narrati. Le date possono essere più o meno precise, ma l'espansione vichinga raccontata nelle saghe riflette una realtà storica confermata dalla ricerca archeologica. Se la colonizzazione vichinga dell'Islanda e della Groenlandia narrata nelle saghe sembra confermata dai resti archeologici, non è forse possibile che i vichinghi si siano spinti ancora più a ovest? Helge Ingstad e la moglie Anne Stine la pensavano così quando, nel 1960, decisero di mettersi in cerca della mitica Vinland, armati delle saghe e di una mappa del XVI secolo.

Il primo incontro tra il Vecchio e il Nuovo Mondo

Da quando, nel 1880, furono scoperti nella località norvegese di Gokstad i resti di una magnifica nave vichinga di 23,33 metri di lunghezza, 5,25 di larghezza e trentadue remi che, stando alla datazione dendrocronologica (basata sugli anelli del legno), fu costruita tra l'895 e il 900, apparve chiaro che, dal punto di vista tecnico, i vichinghi erano in grado di navigare fino alle coste americane. Anne e Helge Ingstad ne erano convinti, ma mancavano le prove archeologiche per confermarlo. Decisi a trovarle, presero come riferimento una mappa islandese del 1590, la mappa di Skálholt, opera di Sigurd Stefánsson e conosciuta grazie a una copia di epoca successiva, conservata nella Biblioteca reale di Copenhagen.

Sulla mappa di Skélholt sono rozzamente rappresentate a sud della Groenlandia le terre dove, secondo le saghe, sbarcò Leif Erikson. Si può vedere una linea costiera che a nord si identifica come Helluland, più a sud come Markland e ancora più a sud come Skraelingeland, dove c'è una sporgenza chiamata Promontorium Winlandiae. Tenendo conto dei dati contenuti nelle saghe, gli Ingstad pensarono che la regione indicata come Helluland sulla mappa corrispondesse a parte dell'attuale isola di Baffin, Markland alla penisola del Labrador e il Promontorium Winlandiae all'isola di Terranova, tutte zone della costa americana settentrionale. Se avessero avuto ragione, l'insediamento fondato da Leif a Vinland, Leifsbuðir, utilizzato anche dalle successive ondate di coloni, si sarebbe trovato a Terranova. L'isola però aveva circa 17.000 chilometri di costa...

Nonostante tutto, Anne e Helge proseguirono le ricerche e, dopo tre mesi di spedizioni esplorative lungo le coste di Terranova, raggiunsero l'estremo nord dell'isola, in particolare la località di Anse aux Meadows. Domandarono agli abitanti se in quell'area ci fossero delle rovine e uno di loro, il pescatore George Decker, mostrò ai ricercatori alcuni rilievi da sempre considerati resti dell'antica popolazione autoctona. Gli scavi diretti da Anne durarono dal 1961 al 1968 e il risultato fu sorprendente: ad Anse aux Meadows affiorarono i resti degli insediamenti dei nativi americani, ma anche rovine di altri otto edifici e centoventicinque pezzi archeologici che non avevano niente a che vedere con la cultura indigena. Gli edifici corrispondevano alle «case-salone» in cui vivevano i vichinghi e tra gli oggetti ritrovati abbondavano i chiodi di ferro. I nativi americani non conoscevano il ferro battuto, quindi i chiodi, così come i resti di un forno per la fusione del ferro, dimostravano senza ombra di dubbio che si trattava di un popolo europeo. Che fosse quello vichingo divenne lampante con il ritrovamento di una spilla di rame per indumenti del tipo noto come «spilla con la testa ad anello», molto diffusa in quasi tutto il mondo vichingo occidentale.

Il lavoro iniziato dagli Ingstad, e la polemica che ne derivò, proseguirono fino agli anni Settanta con gli scavi condotti dagli archeologi del Canadian Parks Service nelle aree circostanti. Anche lì emersero reperti e resti organici (corde e un recipiente di legno) compatibili con il contesto culturale vichingo. La prova definitiva per i sostenitori della teoria che riconduceva i resti alla colonizzazione vichinga descritta nelle saghe fu la datazione con il carbonio 14, da cui emersero date vicine a quelle dei racconti, a dimostrazione del fatto che il luogo era abitato tra il 980 e il 1020. Secondo il professor Hall, «tutto ciò è compatibile con i viaggi intorno all'anno Mille a cui fanno riferimento le saghe, e sembra plausibile che ad Anse aux Meadows sorgesse l'antica Leifsbuðir».

C'è però un particolare che non combacia. Secondo le saghe, Leif Erikson aveva chiamato Vinland la zona in cui fondò Leifsbuðir per la presenza di viti selvatiche, ma nel nord di Terranova le viti non crescono. Alcuni esperti non hanno dato importanza alla questione, ritenendo che l'allusione alle viti nelle saghe potrebbe scaturire dal desiderio di rendere più appetibile il luogo appena scoperto attribuendogli virtù che in realtà non aveva. Di fatto, il primo riferimento a Vinland compare negli scritti del monaco e storico tedesco dell'XI secolo Adamo da Brema, che probabilmente sentì i racconti sulle spedizioni vichinghe e descrisse Vinland come una terra ricoperta di viti. Quando poi le saghe furono messe per iscritto, può essere che l'opera di Adamo da Brema sia stata utilizzata come modello.

Ancora una volta, furono gli scavi a fornire una spiegazione plausibile. Tra i resti organici ritrovati nel sito vichingo di Anse aux Meadows ci sono tre noci bianche, frutti che non potevano essere autoctoni dato che le piante non crescono a nord del fiume San Lorenzo, e tanto meno a Terranova. La presenza di queste noci dimostra quindi che i vichinghi si spostarono verso sud, dove prosperano noci bianchi e viti selvatiche. Come afferma Richard Hall, «le noci bianche e il vino suggeriscono che Vinland comprendesse la parte sud del golfo di San Lorenzo, il Nuovo Brunswick, la Nuova Scozia e forse il Maine». Per questo alcuni studiosi difendono l'ipotesi secondo cui Anse aux Meadows sarebbe la Leifsbuðir delle saghe (dato che parlano di un unico insediamento) e fu utilizzata come base per le spedizioni verso sud in cerca di risorse e per organizzare i viaggi di ritorno in Groenlandia.

Che Anse aux Meadows fosse o meno la Leifsbuðir delle saghe, i resti archeologici sembrano indicare che, come riportano i racconti, l'insediamento vichingo di Vinland non durò a lungo, probabilmente perché gli scontri con la popolazione nativa finirono per convincere i coloni a tornare ai loro luoghi d'origine. In ogni caso, che si creda che Anse aux Meadows sia l'antica Leifsbuðir, o si pensi che l'insediamento fondato da Leif Erikson debba ancora essere scoperto o non esista affatto, quel che è certo è che il primo contatto fra l'Europa e l'America, per un periodo più o meno lungo, avvenne cinquecento anni prima dell'arrivo di Colombo, grazie a un popolo tanto temuto quanto sconosciuto: i vichinghi.

11
Le città perdute dei maya

Nel cuore dell'America centrale si conserva uno dei pochi territori vergini ancora esistenti sul pianeta. Le rigogliose foreste che ricoprono ampie zone nel sud del Messico, in Guatemala, in Belize, nell'est dell'Honduras e nel Salvador anticamente ospitarono una delle civiltà più affascinanti e sconosciute del Nuovo Mondo. I maya del periodo classico costruirono stupefacenti città in mezzo a foreste tropicali senza l'aiuto della ruota o di animali da tiro. Avvalendosi solo di attrezzi di pietra e di legno, lasciarono esempi di un'architettura monumentale, insieme a un'arte raffinata e sontuosa. Le rovine che oggi suscitano l'ammirazione di quanti si avvicinano a Tikal, Calakmul, Palenque o Copán sono l'espressione di un popolo che padroneggiò la scrittura, la matematica e l'astronomia, ma di cui continuiamo a ignorare molti aspetti essenziali. Questo, associato alla rapida decadenza e scomparsa delle loro principali città, ha dato vita a teorie di ogni tipo sulla storia del popolo maya e sulla sua tragica fine. L'incessante lavoro degli archeologi continua però a riservare sorprese. Negli ultimi decenni, tutta una serie di scoperte ha portato a modificare radicalmente l'immagine che avevamo di questa cultura, che a poco a poco ha acquisito tratti più precisi... ma meno benevoli. Sul campo nei siti archeologici si sono affiancati la revisione di centinaia di reperti conservati nei musei e lo studio, nelle biblioteche e negli archivi, delle testimonianze scritte durante la prima epoca coloniale, allo scopo di riempire una delle pagine più enigmatiche che ancora restano in bianco nel libro della storia.

Lo Yucatán è attualmente una meta visitata ogni anno da milioni di turisti. La maggior parte è alla ricerca di alcuni giorni di riposo al sole dei Caraibi, desidera sfruttare l'ospitalità latina dei suoi abitanti e visitare alcuni dei più famosi siti archeologici del mondo. Chichén

Itzá, Tulum e Uxmal sono forse l'immagine archetipica che migliaia di persone hanno dei maya. Tuttavia pochissimi dei turisti che si avvicinano alle affollate rovine sanno che queste città furono esempi tardivi di una civilizzazione che raggiunse il suo zenit molti secoli prima e che, per poterne contemplare i risultati più spettacolari, bisogna spostarsi centinaia di chilometri verso sud, nelle cosiddette Terre Basse meridionali (che si estendono lungo lo Stato messicano del Chiapas, i dipartimenti guatemaltechi di Petén e Izabal, il Belize e i dipartimenti orientali dell'Honduras), dove furono eretti i grandi centri di potere dei maya nel loro periodo di maggiore splendore, il periodo classico, che si estese tra il IV e il IX secolo. Solo dopo questa epoca ebbe inizio per le metropoli una rapida decadenza e iniziarono ad avere un ruolo da protagonisti i nuclei maya del Nord, nelle cosiddette Terre Basse settentrionali (negli Stati messicani dello Yucatán, Campeche e Quintana Roo).

Ancora oggi le grandi rovine maya del periodo classico giacciono seminascoste al grande pubblico, probabilmente perché la visita di quei luoghi non offrirebbe le stesse comodità e lo stesso fascino promessi dalla costa messicana dei Caraibi. Per quanto sembri incredibile, nel fitto della foresta ci sono ancora giacimenti che si è riusciti a localizzare ma che restano in attesa di essere scavati. Come è possibile che all'inizio del XXI secolo ci siano ancora importanti testimonianze da scoprire? Perché la comunità scientifica mondiale non si è impegnata nel recupero di quelli che potrebbero essere reperti fondamentali per la conoscenza della storia? Uno sguardo al recente passato potrebbe forse guidarci a una risposta a questi interrogativi, poiché lo studio scientifico delle antiche civiltà americane, e di quella maya in particolare, è molto più recente di quanto ci si possa aspettare.

Un universo dimenticato

All'inizio del XIX secolo il mondo rappresentava uno spazio sempre più aperto per gli occidentali in cerca d'avventura. Da quando Napoleone riscoprì l'interesse per l'antico Egitto, dopo la campagna nella quale portò con sé un esercito di scienziati, storici e antiquari, il desiderio di viaggiare e conoscere i luoghi in cui fiorirono le grandi civiltà ebbe un'autentica esplosione. Uno di questi giovani ansiosi di girare per il mondo fu John Lloyd Stephens, rampollo di una facoltosa famiglia del New Jersey, che dopo aver portato a termine a stento gli studi di diritto, obbligato dal padre, intraprese viaggi in luoghi sempre più lontani: inizialmente si diresse verso la frontiera orientale degli Stati Uniti e da lì passò in Europa, in Egitto e nel Vicino Oriente. Trascorse vari anni girando tra le più importanti rovine d'Egitto, Palestina e Siria, prima di fare ritorno, nel 1836, negli Stati Uniti e diventare uno degli scrittori di racconti di viaggio più celebri nell'ambiente letterario anglosassone. Una strada simile fu quella percorsa da Frederick Catherwood, architetto e disegnatore inglese, che a sua volta cadde vittima della magia dell'Oriente. Intorno al 1820 iniziò un periplo per la Grecia, da cui sarebbe passato in Egitto e nei paesi del Levante mediterraneo; disegnò e studiò le famose antichità che era possibile ammirare in quei luoghi. Un capriccio del destino fece sì che i due giovani avventurieri si conoscessero a Londra, dopo il ritorno di Catherwood, e più avanti si ritrovassero a New York, dove quest'ultimo si era trasferito per lavoro.

Il nuovo incontro dei due amici fu la scintilla che tornò ad accendere in entrambi la smania di viaggiare e di conoscere terre esotiche. All'epoca Stephens era già venuto a conoscenza degli scritti del francese Jean-Frédéric Waldeck e del centroamericano Juan Galindo, in cui si parlava delle stupefacenti rovine presenti nelle foreste dell'America centrale. La prospettiva di un nuovo viaggio attraverso quel territorio praticamente inesplorato divenne immediatamente un'ossessione. L'occasione di trasformarla in realtà si sarebbe presto presentata. Stephens utilizzò la sua popolarità di scrittore per appoggiare la candidatura alla presidenza degli Stati Uniti di Martin Van Buren che, una volta eletto ottavo presidente della giovane repubblica (1837), lo premiò offrendogli il posto di ambasciatore nella Repubblica federale del Centroamerica. Quel paese era sprofondato in una grave guerra civile e, giustamente, furono in molti a sospettare che l'incarico fosse una scusa affinché Stephens potesse intraprendere un nuovo avventuroso viaggio con le migliori credenziali. Nell'ottobre del 1839, i due amici partirono diretti verso il Belize via mare e sei settimane dopo arrivarono nella valle di Copán (nell'estremo oriente dell'attuale Honduras), conosciuta all'epoca perché vi si produceva uno dei migliori tabacchi del mondo.

In quegli anni nessuno sapeva niente dei maya. Secondo David Webster, docente di Antropologia presso l'Università statale della Pennsylania, «molte delle antiche cronache spagnole che, successivamente, si sarebbero rivelate di grande utilità nella conoscenza dei popoli del Nuovo Mondo, stavano accumulando polvere negli archivi e nelle collezioni private del Messico e dell'Europa. Durante i tre secoli di dominio coloniale spagnolo, inoltre, le autorità del Nuovo Mondo dimostrarono scarso interesse per le antichità o le rovine, spesso sfruttate per ricavarne oro o materiali da costruzione». A ciò si deve aggiungere che la possibilità che i nativi americani fossero stati capaci di sviluppare una civiltà propria non era contemplata. L'idea comune era, come ricorda lo stesso Webster, che «le popolazioni del Nuovo Mondo fossero rozze e barbare, e se avevano realizzato qualcosa di significativo, doveva essere successo grazie all'influenza esercitata dalle civiltà del Vecchio Mondo». Quindi era opinione generale che gli imperi fondati dagli aztechi e dagli inca, popoli più conosciuti, fossero il frutto di un processo di sviluppo iniziato grazie a leggendarie migrazioni di popoli come i fenici, gli egizi, i cartaginesi o le cosiddette «tribù perdute d'Israele». Molto presto tutte quelle idee sarebbero cambiate per sempre.

Stephens e Catherwood trascorsero alcune settimane a Copán, dove studiarono minuziosamente le rovine di quello che è considerato uno dei più importanti siti dell'America precolombiana. Le rovine erano divorate dalla vegetazione e le conoscenze architettoniche del britannico furono fondamentali per tracciare una mappa del sito e rendersi conto della reale estensione di ciò che stavano contemplando: costruzioni che non avevano niente da invidiare a quelle della Grecia, dell'Egitto e del Vicino Oriente, i paesi in cui avevano viaggiato negli anni precedenti. Catherwood fece anche alcuni disegni dettagliati dei monumenti, cosa non facile perché i rilievi e le immagini scolpite possedevano un'estetica fino ad allora sconosciuta. Il risultato del lavoro dei due esploratori fu un nuovo libro di Stephens, ampiamente illustrato con i disegni del compagno. Nell'opera, che ebbe un rapido successo di vendite, l'autore non esitava ad affermare: «L'America, secondo quanto raccontano gli storici, era popolata da selvaggi; i selvaggi però non eressero mai queste strutture, non tagliarono queste pietre». La civiltà maya era rinata attraverso l'uomo moderno e le scoperte del secolo seguente non fecero che accrescere la meraviglia e l'ammirazione suscitate da quel popolo dell'antica America.

Una civiltà new age?

Nel 1946 una spedizione archeologica congiunta di Messico e Stati Uniti fece una scoperta senza uguali. Nel ventennio precedente, numerose istituzioni nordamericane avevano finanziato spedizioni esplorative e missioni archeologiche allo scopo di localizzare nuove città maya in cui eseguire scavi. Come in tutte le spedizioni nelle foreste, gli scienziati erano accompagnati dai *chicleros* (indigeni dediti all'estrazione della resina dell'albero della sapotiglia), che li condussero fino al luogo in cui si innalzavano le rovine di vari edifici di notevole importanza. Si trattava di quello che oggi è conosciuto come «sito di Bonampak», nello Stato messicano del Chiapas. Qualche tempo dopo gli esploratori Giles Healy e Carlos Frey vinsero l'iniziale reticenza di due indios lacandoni e li convinsero a guidarli fino al luogo nel quale la comunità celebrava il culto in onore dei suoi dèi. Furono accompagnati a un altro edificio vicino, oggi chiamato «Tempio dei Murales», dove osservarono qualcosa d'insolito. Tre stanze erano coperte da immensi murales dipinti più di mille anni prima. Lo stato di conservazione della pittura era buono e le immagini rappresentate nelle varie scene fornivano molte informazioni sui maya.

Nel frattempo si erano fatti enormi passi avanti nella conoscenza dell'antico popolo maya. Si sapeva già che all'interno del Guatemala, del Chiapas e nella penisola dello Yucatán erano disseminate le vestigia archeologiche di centri che fiorirono durante il periodo classico. Si trattava di resti di antiche città dotate di impressionanti templi e palazzi di pietra, in cui spesso sorgevano monumenti come steli o altari che, al pari degli edifici, erano profusamente scolpiti con immagini figurative e con una misteriosa scrittura formata da glifi. Erano anche comuni gli spiazzi per la pratica del gioco del pallone (simili a quelli di altri popoli precolombiani vicini) e diversi elementi che indicavano l'esistenza di legami tra questi centri e altre città e culture di zone anche molto lontane: ceramica riccamente decorata, pietre a cui si attribuiva un grande valore (soprattutto quelle di colore verdognolo o bluastro, come la giada o la fuchsite), conchiglie marine trovate a cento chilometri dalla costa...

Non c'era più alcun dubbio che i maya fossero un popolo estremamente avanzato, abbastanza sviluppato da essere in grado di costruire grandi città e di stabilire reti commerciali a lunga distanza.

Era anche evidente che avevano ottenuto notevoli risultati intellettuali, specialmente nell'astronomia e in matematica. Fu dimostrato che avevano elaborato un sistema di calcolo vigesimale (basato sul numero 20) che includeva lo zero, e che disponevano di un sistema calendariale molto sofisticato: in primo luogo usavano un calendario a fini religiosi, composto da tredici mesi di venti giorni (per un totale di 260 giorni), al quale si sovrapponeva un altro calendario solare formato da diciotto mesi di venti giorni più un altro mese straordinario di cinque giorni (per un totale di 365 giorni). Ogni cinquantadue anni, i due calendari venivano a coincidere e quel momento era considerato l'inizio di un nuovo periodo (qualcosa di simile ai nostri secoli). Per correggere eventuali sfasamenti operarono un cambiamento nel calendario e introdussero gli anni bisestili con mesi lunari di ventinove o trenta giorni. Il calendario solare era utilizzato per tenere il conto cronologico, conosciuto come «conto lungo», che prendeva come punto di partenza una data mitica: il 3114 a.C. (sebbene si ignori ancora il motivo di tale scelta). Questo complesso sistema era tuttavia molto più di un meccanismo per misurare il tempo. L'opinione di Karl Taube, docente di Antropologia presso l'Università di Riverside, in California, è che i calendari «servirono per distinguere periodi considerati particolarmente carichi di poteri sacri, spesso pericolosi. I popoli dell'America centrale di un tempo erano soliti osservare attentamente il cielo e utilizzarono il calendario per prevedere le eclissi di sole e di luna, i cicli del pianeta Venere, i movimenti apparenti delle costellazioni e altri fenomeni astronomici. Per loro questi eventi non erano movimenti meccanici di corpi celesti innati, ma rappresentavano le attività degli dèi, la vera sintesi dei fatti mitologici dal tempo della creazione [...] In alto, nel cielo notturno, gli episodi sacri della creazione si susseguivano ininterrottamente nei movimenti percettibili delle costellazioni e dei pianeti».

I rilievi e le sculture mostravano inoltre come i maya avessero sviluppato rituali sofisticati. Di fatto, le grandi città non erano altro che complessi cerimoniali dove i re e le élite sociali si riunivano per celebrare i loro riti. Il sistema urbano dei maya seguiva un modello di base: si organizzava intorno a una grande piazza rettangolare, circondata su alcuni lati da edifici religiosi. Le grandi piramidi costituivano le piattaforme sulle quali si ergevano i templi. Questi santuari collocati sulle cuspidi in alcuni casi si sono conservati, come a Tikal (Guatemala). Questa città, insieme a Calakmul (Campeche, Messico), fu la grande potenza del cuore del mondo maya classico, composto da più di sessanta città-Stato, che arrivarono a governare la vita di sei milioni di persone. Intorno alla piazza centrale si potevano trovare anche grandi edifici residenziali, identificati con i palazzi in cui la famiglia reale trascorreva i periodi dedicati alle attività di culto. Il centro cerimoniale era il cuore di estesi complessi urbani, che arrivarono a ospitare vaste popolazioni: si è stimato che quella di Tikal fosse compresa tra cinquanta e sessantamila persone, mentre Copán controllava una vasta area a partire da una piccola valle popolata da venticinquemila abitanti.

Verso la metà del XX secolo un simile sviluppo sociale, culturale e politico aveva portato alla creazione di un'immagine idilliaca della civiltà maya. Sembrava che quella cultura non avesse conosciuto la violenza e che si fosse armonizzata con l'ambiente prima di scomparire in modo repentino e misterioso. Fra le teorie elaborate per spiegare questa improvvisa decadenza, per buona parte del XX secolo fu molto popolare l'ipotesi di un'invasione straniera. I pacifici e sofisticati maya avrebbero raggiunto un livello di sviluppo equilibrato, basato sulla convivenza, che sarebbe stato rotto da un qualche fattore esterno... Ma ciò che videro Giles Healy e Carlos Frey nel Tempio dei Murales a Bonampak contraddiceva questa teoria. C'erano tre stanze dipinte, nelle quali erano rappresentate scene complesse. Nella prima era riprodotto un grande cerimoniale in una comunità maya, molto probabilmente proprio in quella di Bonampak (oggi sappiamo che si tratta della presentazione dell'erede al trono, ai signori della città e dei dintorni, nel dicembre del 790). La seconda presentava un tema più sinistro e sconcertante: agli occhi increduli degli archeologi si mostrava una battaglia fra gli eserciti di due città maya rivali, seguita dal duro castigo dei vinti. Questo proseguiva nella terza stanza, in cui veniva riprodotto anche quello che sembrava il festeggiamento per la vittoria, fino ad arrivare al momento culminante: il sacrificio di un prigioniero. I maya erano dunque un popolo militarista e crudele? La loro fine fu la conseguenza di un'azione violenta, non di un'invasione, ma di un conflitto generalizzato tra città nemiche? L'eco della controversia generata da quella scoperta risuona ancora ai nostri giorni.

In cerca di indizi

La comunità scientifica si divise subito tra difensori e detrattori del carattere pacifico della civiltà maya. Tra i primi si alzarono molte voci che argomentarono che fra i maya, come in altri popoli dell'America precolombiana (soprattutto gli aztechi), potrebbero esservi stati conflitti armati riconducibili alla loro concezione religiosa del mondo. Le guerre e i sacrifici umani sarebbero stati un rituale per mantenere il legame degli uomini con gli dèi, rivivere periodicamente i miti della creazione e conservare l'equilibrio del cosmo. Attualmente i sostenitori di questa teoria sono una piccola minoranza. L'opinione più diffusa è, secondo quanto afferma John Henderson, docente di Antropologia presso l'Università di Cornell, che «le attività di guerra tra i maya avevano sicuramente una dimensione rituale, ma si può presumere che un numero consistente di guerrieri perse la vita e che le conseguenze compromisero in maniera significativa l'estensione del territorio e la disponibilità di risorse». Le informazioni sui conflitti tra le città-Stato maya aumentarono esponenzialmente grazie a un altro importante risultato dell'archeologia del XX secolo: la decifrazione della scrittura maya.

La scrittura maya si compone di una serie di segni simbolici detti «glifi». Questi si possono vedere incisi sulle superfici di pietra di sculture ed edifici, dipinti sulla ceramica e scritti nei codici, una sorta di libri che i maya dello Yucatán del periodo postclassico realizzarono con la corteccia di una specie locale di fico (l'*amate*) e che si piegano come un paravento. Fino alla metà del XX secolo esistevano solo tre di questi codici (chiamati Madrid, Parigi e Dresda, dal nome delle città in cui sono conservati), ai quali se ne aggiunse un quarto scoperto successivamente a New York e la cui autenticità è messa in dubbio. Gli studiosi da decenni si sforzavano di decifrare questo codice grafico, ma erano riusciti a scoprire soltanto il significato dei segni del calendario, la numerazione, i punti cardinali e alcuni glifi simbolo di determinate città. La maggior parte degli esperti credeva che i glifi maya fossero rappresentazioni ideografiche (ovvero, che a ogni segno corrispondesse una parola), finché un altro evento fortunato cambiò tutto.

Nel maggio del 1945, alla fine della Seconda guerra mondiale, l'Armata Rossa prese Berlino. Tra i soldati sovietici che entrarono nella città c'era lo storico e linguista Yuri Knorozov. In una circostanza ancora non del tutto chiara, questi mise in salvo dalla Biblioteca statale di Prussia una rara edizione dell'Ottocento di un manoscritto del XVI secolo, intitolato *Relación de las cosas de Yucatán,* del francescano spagnolo Diego de Landa (il cui originale è conservato nella Real Academia de la Historia di Madrid). Dopo la guerra, tornato in URSS, Knorozov riprese gli studi e si interessò appassionatamente allo studio della scrittura maya partendo dall'opera di Landa. Una parte di questa trattava della scrittura maya e comprendeva persino un presunto alfabeto, con l'equivalente in castigliano che gli avrebbe procurato un informatore indigeno. In precedenza, i pochi che conoscevano l'opera di Landa la disprezzavano e consideravano il suo alfabeto frutto della mentalità fanatica degli evangelizzatori. Per la precisione, si attribuiva a Diego de Landa la distruzione di decine di codici maya in un autodafé celebrato nel 1562 a Maní (Yucatán). Ciò nonostante, Knorozov passò sette anni a studiare le copie dei tre codici sopravvissuti e a riflettere sull'opera di Landa. Alla fine, nel 1952, pubblicò un articolo nel quale espose la soluzione: fatta eccezione per alcuni segni ideografici, i glifi maya non rappresentavano idee, ma suoni. Tutti i segni non si riferivano a una parola o a una lettera, ma a una sillaba. L'errore di Landa fu che quando chiese al suo informatore indigeno di tracciare il segno corrispondente a ogni lettera dell'alfabeto latino (a, b, c...), questi tracciò ciò che vi era di più simile nella scrittura maya, le sillabe foneticamente corrispondenti (a, be, ce...). Partendo da qui, dalla sua conoscenza del dialetto dello Yucatán e dei codici, trovò la traduzione dei primi undici glifi. Nonostante l'idea fosse geniale, i suoi colleghi la ignorarono per anni, anche perché era stata pubblicata in russo e proveniva dall'ambiente intellettuale sovietico.

A poco a poco però si fece strada e, come ricorda il professor Webster, «una valanga di decifrazioni ebbe inizio verso il 1960 e raggiunse una notevole intensità a partire dal 1980, soprattutto a causa del tardivo riconoscimento che l'antica scrittura maya ha un carattere logosillabico (ovvero, i glifi lasciano una traccia scritta di parole complete o di altre parti significative del discorso, o di sillabe), che permise di metterla in relazione diretta con lingue della stessa famiglia, di cui venne lasciata una testimonianza in epoca coloniale o che oggi si parlano ancora [...] L'epigrafia maya dispone oggi di specialisti capaci di decifrare abbastanza bene i geroglifici e, grazie a loro, gli antichi maya non sono più sconosciuti per noi». Lo dimostra il grande lavoro che gli studiosi della scrittura maya hanno svolto negli ultimi trent'anni per decifrare le iscrizioni. Grazie a questo lavoro, oggi sappiamo con certezza chi fossero i re maya che governavano le città, conosciamo le loro linee dinastiche, le complesse reti di alleanze matrimoniali che intessevano e le cruente battaglie che ingaggiavano per ottenere la superiorità politica. Una delle prime operazioni che vengono eseguite al momento di iniziare uno scavo è proprio l'individuazione di iscrizioni all'aperto esposte alle intemperie, che di solito sono più deteriorate a causa dell'erosione, che devono essere salvaguardate e decifrate nei limiti del possibile.

Riportando alla luce il passato

Le campagne di scavi di giacimenti maya costituiscono una delle attività più importanti per gli archeologi e gli storici che si dedicano allo studio di questa civiltà. Uno dei casi più recenti è quello di Naachtun (Guatemala), un sito che negli anni Trenta era stato visitato varie volte e che da allora era rimasto dimenticato in mezzo alla foresta. Nel 2002 gli archeologi canadesi Kathryn Reese-Taylor, Marc Zender e il guatemalteco Ernesto Arredondo Leiva intrapresero una spedizione a Naachtun per verificarne le condizioni, passando prima per altri due siti in fase di scavo: Dos Pilas e La Joyanca (anch'essi in Guatemala). In tutti si poté constatare che le iscrizioni fornivano importanti informazioni sul ruolo svolto da questi centri nella lotta per il potere fra Tikal e Calakmul. Complesse alleanze, tradimenti e guerre prosciugarono le risorse di queste città, in un gioco per il potere che non sappiamo se sia riuscito a cambiare la situazione di parità tra le due potenze delle Terre Basse meridionali. Negli anni successivi, a Naachtun ebbero inizio regolari operazioni di scavo, che stanno fornendo elementi di grande rilievo.

Il lavoro nei vecchi giacimenti è proseguito e si sono avute sorprese eccezionali, che disegnano un ritratto ogni volta più ricco della società maya. Nel 1952 l'archeologo messicano Alberto Ruz Lhuillier stava realizzando alcuni scavi nel giacimento di Palenque (Chiapas, Messico), uno dei più importanti del mondo maya. Grande fu l'eccitazione quando scoprì la tomba di un importante dignitario nel Tempio delle Iscrizioni. La ricchezza e la sontuosità del complesso lasciarono gli studiosi senza parole. Il sarcofago riccamente scolpito e il corredo del re (che comprendeva una spettacolare maschera funebre di giada) furono ritrovamenti eccezionali e risultarono appartenere a un grande monarca esistito circa milletrecento anni prima, K'inich Janaab' Pakal. Alcuni anni dopo questa scoperta, nel 1994, a pochi metri dal luogo dove era stata trovata la tomba, nel Tempio XIII, l'archeologo messicano Arnoldo González scoprì un altro sepolcro, quello di una donna appartenente all'alta nobiltà o alla famiglia reale, battezzata col nome di «Regina Rossa» e che si è voluto identificare con la madre o la sposa di Pakal.

Anni prima, nel 1989, c'era stato un ritrovamento simile. L'archeologo honduregno Ricardo Agurcia Fasquelle scoprì nelle viscere della struttura 16 di Copán (una grande piramide) un tempio magnificamente decorato, che a un certo punto era stato sotterrato con cura dai suoi abitanti. Qualche tempo dopo trovò due sepolture reali unite, di un uomo e di una donna. Al tempio fu dato il nome di Rosalila e la tomba dell'uomo era senza dubbio quella di uno dei governanti della città; si arrivò persino a pensare che appartenesse al fondatore della dinastia reale, K'inich Yax K'uk' Mo'. Lo studio dei maya è oggi uno dei campi più fertili dell'archeologia mondiale e non è da escludere che negli anni a venire ci sorprenda con scoperte in grado di cambiare radicalmente le nostre conoscenze.

Gli enigmi su quella che fu indubbiamente una delle civiltà più evolute dell'America indigena, e forse di tutto il mondo antico, continuano tuttavia a tormentare gli studiosi. Come ricorda il professor Webster, «il mistero più grande è quello che circonda la catastrofe che distrusse molti centri maya nel periodo compreso tra il 750 e il 900 d.C. Architetti e costruttori gettarono i loro attrezzi, i sovrani e i nobili abbandonarono i loro palazzi e gli agricoltori smisero di coltivare la terra». L'idea di un'invasione è stata in pratica messa da parte e la certezza dell'esistenza di potenti re e signori che praticarono assiduamente la guerra ha alimentato la teoria di un grande conflitto interno. Durante la spedizione del 2002 nel cuore delle Terre Basse del Guatemala, Reese-Taylor, Zeder e Arredondo poterono dimostrare come nei giacimenti di Dos Pilas e La Joyanca furono erette strutture di difesa poco prima che decadessero e fossero abbandonate. Nell'ultimo furono addirittura riscontrate distruzioni negli edifici dell'élite dirigente... Informazioni di questo tipo hanno portato alcuni archeologi a ipotizzare che vi sia stata un'ondata di rivolte interne, politiche o sociali, che potrebbero aver contribuito ad aumentare l'instabilità. Un ultimo fattore che gli esperti prendono in considerazione è la possibilità di una trasformazione dell'ambiente naturale che abbia danneggiato l'economia, che si fosse prodotto un rapido mutamento climatico o a causa di un impoverimento delle risorse dovuto all'eccessivo sfruttamento agrario... In ogni caso, i maya continuano ad aspettare, nelle profondità delle foreste tropicali dell'America centrale, che una spedizione archeologica riporti alla luce un pezzo del passato che ci riveli qualcosa di più su di loro e, possibilmente, su noi stessi.

12
La Santa Inquisizione

Nel marzo del 2000, con il documento «Memoria e riconciliazione», papa Giovanni Paolo II chiese perdono per gli errori commessi dalla Chiesa cattolica nella storia. Tra questi, anche la Santa Inquisizione. Solo due anni prima, nel gennaio del 1998, l'Archivio storico dell'Inquisizione romana era stato aperto alle indagini e si cominciava a far luce su uno degli episodi più oscuri del nostro passato. Pochi avvenimenti storici sono in grado di evocare la paura, l'ingiustizia, la tortura, la morte e la repressione come la Santa Inquisizione. Anche ai giorni nostri, accusare di comportamento inquisitorio istituzioni o persone è un modo sintetico ed eloquente per denunciare una violazione della libertà. Solo menzionarla fa pensare a immagini di persone condannate a bruciare vive sul rogo, di fronte a una società insensibile alle sofferenze altrui. Da Galileo a Voltaire, ma anche Lutero, Tommaso Moro, Erasmo o Frate Luis de León: l'Inquisizione ricadde su tutti coloro che avevano osato pensare liberamente, o che erano sospettati di farlo. Ci chiediamo, oltre al fumo dei roghi e alla caccia alle streghe, che cosa fu davvero l'Inquisizione? Che cosa sappiamo dell'istituzione segreta e impenetrabile per antonomasia? Metodi segreti, archivi segreti, prigioni segrete, testimoni nascosti, reti di informatori infiltrati in tutti gli anfratti della società... Dopo secoli di speculazione, gli storici, gli antropologi e i sociologi si sforzano di chiarire i fatti storici dietro l'istituzione che rimase in vigore dal XII al XIX secolo. La verità che viene a galla scoprendo i suoi segreti è tanto agghiacciante quanto inaspettata.

Si parla spesso dell'Inquisizione come se si trattasse di un tribunale unico che esercitò il suo potere principalmente in Spagna. La realtà, invece, è molto diversa. Nei sei secoli in cui esercitò la sua azione, non c'era un'unica Inquisizione, bensì più tribunali che avevano caratteristiche comuni ma anche tratti propri. L'Inquisizione medievale e quella moderna, quella romana e quella spagnola, erano istituzioni differenti, il prodotto dei contesti in cui nacquero, e ciascuna di loro cambiò con il passare del tempo. L'immagine più famosa dell'Inquisizione è quella del Sant'Uffizio (altro nome con cui la si conosceva) nella Spagna dei secoli tra il XV e il XVIII, ma in realtà, nonostante l'indiscutibile importanza che ebbe nella storia spagnola, l'Inquisizione non nacque lì. Per comprendere più a fondo che cos'era, è necessario risalire alle origini di quel tribunale ecclesiastico e ritornare, quindi, al Basso Medioevo.

Combattere l'eresia

Durante il Medioevo, dire cristianità e dire Europa era la stessa cosa. Il pensiero cristiano determinava il modo di comprendere il mondo e, di conseguenza, di organizzarlo. La politica, la società e la cultura medievali erano impregnate di religione nella loro stessa essenza e, in tale concezione delle cose, il ruolo da protagonista attribuito alla Chiesa era indiscutibile. Lo sviluppo economico e culturale vissuto in Europa dal X secolo, però, portava con sé conseguenze inaspettate: in una società in cui la religione era tutto, anche lo scontento si esprimeva in maniera religiosa. In tutta Europa proliferarono movimenti che reclamavano cambiamenti sociali facendo leva su interpretazioni del cristianesimo discordanti da quella ufficiale, imposta da Roma. Predicatori di ogni sorta percorrevano il continente pretendendo una ripartizione più equa della ricchezza, contestando il diritto esclusivo dei sacerdoti alla predicazione e mettendo in discussione il ruolo della Chiesa. I movimenti eretici erano un problema religioso e di ordine pubblico, per questo motivo la Chiesa cercò una soluzione per contrastarli.

Come ricorda lo storico Joseph Pérez, «l'Inquisizione prende il nome dal procedimento creato per lottare contro gli eretici. In latino *inquiro* significa "cercare"; *inquisitio* è la "ricerca". Ciò che interessa ai giudici è stabilire, in materia di fede, la veracità di un'accusa». L'Inquisizione fu in origine un procedimento penale specifico, creato per combattere l'eresia una volta per tutte.

Secondo la tradizione giuridica romana, quando una persona accusava un'altra di un delitto, questo doveva essere dimostrato: l'imputato era innocente fino a quando non fosse stato dimostrato il contrario. Inoltre, un'accusa risultata falsa prevedeva che l'accusatore scontasse la pena corrispondente al delitto denunciato. Al contrario, il metodo dell'Inquisizione non aveva bisogno di denunce per dare il via a un'indagine. Un semplice pettegolezzo o un sospetto erano sufficienti perché i giudici ecclesiastici procedessero d'ufficio. Le denunce, se si verificavano, non dovevano essere dimostrate e i giudici non solo emettevano un verdetto, ma consideravano il caso chiuso. Il processo inquisitorio partiva così dalla presunzione della colpevolezza ed era volto a dimostrarla.

Il modus operandi dell'Inquisizione cominciò a svilupparsi a partire dal decreto pontificio *Ad abolendam* (1184) di Lucio III, redatto per far fronte alle confessioni eretiche come il manicheismo, il catarismo e il valdismo. L'attività inquisitoria era affidata ai vescovi, ma presto papa Innocenzo III confidò anche nei membri dell'ordine cistercense e nella loro attività itinerante per perseguire l'eresia. All'inizio del XIII secolo, nel 1233, davanti alla forza dell'eresia catara in Francia, il processo inquisitorio culminò con la nascita di un'istituzione, l'Inquisizione, nella quale l'ordine dei domenicani avrebbe svolto un ruolo fondamentale. Durante i secoli che seguirono, i metodi dell'Inquisizione andarono consolidandosi grazie alle opere di alcuni dei più importanti inquisitori, come Bernard Gui o Nicolas Eymerich: la detenzione degli imputati senza notifica delle colpe, la confisca dei beni, l'occultamento dell'identità dei testimoni, la tipizzazione dei crimini, le competenze degli inquisitori, i metodi impiegati per ottenere la confessione degli eretici... e soprattutto il segreto, un segreto che pesava su ognuno dei metodi indirizzati a estirpare l'eresia, qualunque fossero le sue manifestazioni. E queste manifestazioni risultarono essere tanto varie quanto sorprendenti agli occhi dell'uomo moderno.

Contro i «conversos», i «moriscos» e i luterani

Il successo dell'Inquisizione nella persecuzione delle eresie medievali fu relativamente grande e verso il XV secolo l'eresia iniziò a manifestarsi diversamente e, di conseguenza, anche l'istituzione ecclesiastica attraversò una fase di importanti cambiamenti. L'Inquisizione medievale, che si diffuse quasi in tutta Europa, dipendeva in ultima istanza dal papa, mentre quella dell'epoca moderna si trasformò in uno strumento politico di prim'ordine, controllato direttamente dai sovrani (fu l'unica istituzione la cui giurisdizione non era limitata dai confini e dai diritti territoriali dei distinti territori che costituivano le monarchie dell'epoca). Il migliore esempio di Inquisizione moderna è offerto senza dubbio dalla Spagna.

Erede dell'Inquisizione medievale nell'essenza religiosa e nei metodi, l'Inquisizione dei re cattolici fu innanzitutto uno strumento al servizio del potere monarchico. Isabella e Ferdinando, però, non si servivano dell'Inquisizione per far fronte ai movimenti eretici medievali, bensì per risolvere un nuovo e importante problema, quello dei *conversos*. Il clima antisemita diffuso in tutta Europa, a causa della crisi del XIV secolo, moltiplicò le conversioni degli ebrei al cristianesimo come mezzo per sfuggire alle persecuzioni e alla violenza di cui erano vittime. Sorse così un nuovo gruppo sociale teoricamente cristiano, quello dei *conversos*. L'antisemitismo però proseguì anche nel secolo successivo. Quando i re cattolici occuparono il trono, nel 1474, il problema era doppio, perché da un lato c'erano gli ebrei e dall'altro i *conversos*, sospetti sia agli occhi dei cristiani sia a quelli degli ebrei. Perciò i re cattolici pensarono che l'Inquisizione fosse il modo migliore per risolvere un conflitto che, oltre all'aspetto religioso (la falsa conversione al cristianesimo), ne presentava un altro politico e di ordine pubblico. Nonostante molti *conversos* si fossero sinceramente convertiti al credo cristiano, essi continuavano a mantenere alcune tradizioni di origine ebraica. Si trattava di una semplice questione culturale, però presto queste tradizioni furono considerate manifestazioni eretiche. Così, il culto di certe feste ebraiche e del Sabbath, la circoncisione, il gusto per un certo tipo di musica o di cucina, l'osservanza di determinate usanze funerarie... erano motivi più che sufficienti per giustificare il processo di Inquisizione.

Isabella e Ferdinando si affidarono al domenicano Tommaso di Torquemada, nominato inquisitore generale nel 1482. Come ricorda Joseph Pérez, «Torquemada viene ricordato come il prototipo dell'inquisitore fanatico e crudele. Sicuramente dimostrò una severità estrema [...] Fu colui che strutturò l'Inquisizione spagnola, la convertì in un'istituzione centralizzata e stabilì un primo codice di comportamento». Con i *conversos* sotto tiro, il 6 febbraio 1481 si organizzò il primo autodafé a Siviglia. L'attività dei tribunali contro i *conversos* fu frenetica, tanto che, secondo Pérez, «in totale, più di 2000 giudaizzanti – o considerati tali – furono arsi al rogo in tutta la Spagna tra il 1480 e il 1500». Gli ebrei, non essendo cristiani come i *conversos*, non potevano essere perseguiti dall'Inquisizione (il crimine religioso, l'eresia, non consisteva nel professare un'altra religione, bensì nel professare erroneamente il cristianesimo), ma non per questo navigavano in acque migliori. Nel 1492, i re cattolici li espulsero dalla Spagna.

Il problema dell'unità religiosa non riguardava solo gli ebrei e i *conversos*, ma anche i musulmani e i cosiddetti *moriscos*, ovvero i musulmani che a causa delle continue persecuzioni erano stati indotti a conventirsi al cristianesimo. Consapevoli che la mancanza di unità religiosa danneggiava i loro regni e la loro autorità, i re cattolici decretarono la conversione forzata di tutti i musulmani di Castiglia e Aragona al cristianesimo. Contemporaneamente, all'inizio del XVI secolo l'Inquisizione concentrò i suoi sforzi nella persecuzione dei *moriscos*, che andarono così ad aggiungersi alle vittime del Sant'Uffizio. Già nella seconda metà del secolo, di fronte al fallimento religioso rappresentato dalla Riforma protestante in tutta Europa, l'Inquisizione si pose come obiettivo quello di combattere le nuove forme di eresia: il luteranesimo, l'erasmismo... Qualsiasi affermazione, qualsiasi scritto che suonasse come una critica all'autorità papale, alla struttura della Chiesa o ai sacramenti, poteva provocare l'intervento dell'Inquisizione per eresia, anche se attribuito a cattolici convinti. Tra il 1559 e il 1560 si verificarono due grandi autodafé, a Valladolid e a Siviglia, per reprimere il sorgere di comunità luterane. In realtà, nonostante l'influenza del pensiero protestante, il protestantesimo non mise mai radici nel territorio spagnolo.

L'Inquisizione era incredibilmente efficace, il che, con il passare del tempo e il mutare delle circostanze, rese necessaria la ricerca di nuovi crimini da perseguire per giustificare la sua esistenza. In questa ricerca, l'osservanza delle tradizioni da parte degli stessi cristiani si rivelò l'obiettivo perfetto. Come indica Joseph Pérez, «grazie alla persecuzione dei "vecchi cristiani", che a volte avveniva facendo ricorso a cavilli ed espedienti linguistici – stregoneria, superstizioni, parole equivoche, comportamenti devianti, ecc. – e ovviamente, senza rinunciare alla persecuzione dei giudaizzanti e dei protestanti quando se ne presentava l'occasione, l'Inquisizione trovava il modo di sopravvivere fino agli inizi del XIX secolo». Ma quali erano quei crimini di fede che potevano condurre di fronte ai tribunali dell'Inquisizione i vecchi cristiani?

Streghe, bigami, blasfemi e sodomiti

Come ricorda il professor José Antonio Escudero, «già dal Medioevo le streghe venivano arse al rogo, e l'Inquisizione onorava la tradizione [...] Dal 1520, il Sant'Uffizio decretò che la stregoneria e la magia facevano parte degli editti di fede, anche se tali questioni erano già di competenza di altri tribunali ecclesiastici e laici». Durante il Medioevo, l'Europa fu colpita dalla febbre della caccia alle streghe, alimentata in gran parte dalla diffusione di un testo, opera dei domenicani tedeschi Kramer e Sprenger, nel quale si classificavano le forme di stregoneria e si proponevano delle misure per eliminarla: il *Malleus Maleficarum* («Il martello delle streghe»). Nonostante il furore con cui le streghe furono perseguitate fuori dai confini spagnoli, in Spagna la stregoneria non occupò un ruolo centrale nell'attività dell'Inquisizione. Le streghe erano sì perseguitate, ma raramente condannate a morte, poiché, in generale, gli inquisitori spagnoli si dimostravano piuttosto scettici.

L'accusa di stregoneria soleva ricadere su donne che, nonostante appartenessero a una piccola comunità, vivevano isolate e in condizioni di povertà. L'immaginazione popolare le accusava di possedere poteri demoniaci ottenuti tramite un patto col diavolo. Le streghe celebravano Sabba nei quali potevano avere relazioni sessuali con il demonio, volavano grazie a unguenti fetidi che si applicavano in determinate parti del corpo (per esempio sui genitali), si trasformavano in animali, celebravano le messe nere, prostrandosi dinanzi al demonio e baciandogli le parti intime del corpo... Per accusarle, gli inquisitori dovevano cercare qualche indizio che lasciasse trasparire le loro attività. L'ispezione dell'occhio sinistro della sospettata di stregoneria era il modo più consueto per trovare il simbolo che il diavolo imprimeva ai suoi servitori. L'unico caso che sfuggì alla generale indifferenza per i crimini di stregoneria fu il celebre processo di Logroño del 1610, quello delle streghe di Zugarramurdi, nel quale furono bruciati vive sei delle ventinove accusate.

Simile alla stregoneria, ma più frequente, era il crimine di fattucchieria. Maghi, indovini, astrologi e negromanti furono perseguitati dagli inquisitori, che vedevano nelle loro predizioni sul futuro una violazione del libero arbitrio ed erano convinti che i loro «poteri» derivassero da un patto col diavolo. Il sospetto di un patto, o semplicemente il culto di Satana, aggravavano il delitto, anche se la fattucchieria non era sempre di natura diabolica. Chi offriva i propri servizi per creare irresistibili filtri d'amore, realizzava incantesimi per separare gli amanti e consumare vendette o preparava pozioni con le quali recuperare il vigore sessuale poteva essere oggetto di denuncia da parte dei propri vicini (e dei clienti) ed entrava di conseguenza nel mirino degli inquisitori. Ciò nonostante, come ricorda il professor Escudero, «senza il presunto intervento del demonio, il rischio eretico si attenuava o spariva completamente».

Un altro delitto a cui si interessò l'Inquisizione fu quello delle «parole reprobe», ovvero le blasfemie, affermazioni scandalose o denigratorie della fede. Erano diffusi i casi di denuncia nei confronti di chi ripeteva una barzelletta su san Pietro che circolava tra il XVI e il XVII secolo: dopo aver passato la notte in una locanda, Cristo aveva sorpreso san Pietro a fare l'amore con una locandiera. Alla domanda: «Che cosa stai facendo?», san Pietro aveva risposto: «Moltiplico la specie», al che Cristo aveva replicato: «D'accordo, però fa' in fretta». Il crimine non avrebbe portato al rogo, ma a un bello spavento, sì.

Altra fonte di preoccupazione per l'Inquisizione era il comportamento sessuale. Dal 1574 le relazioni sessuali fuori dal matrimonio furono incluse negli editti di fede, e sostenere che non costituivano peccato era considerato eresia. Si trattava del peccato di fornicazione, ma non era l'unico di questa categoria. Si perseguiva pure la bigamia, la zoofilia e la sodomia, anche se con quest'ultima non si alludeva solo alle relazioni omosessuali o eterosessuali anali (denominate «peccato nefando», ovvero innominabile), bensì, come precisa lo storico Jacques Rossiaud, «la sodomia comprende l'immenso ambito di atti sessuali che non hanno come fine l'attività procreatrice e che la Chiesa denuncia, con maggiore o minore ostilità a seconda delle epoche e delle circostanze: il *coitus interruptus*, la masturbazione, la fellatio, il coito anale, eterosessuale o omosessuale, il *coitus inter femora* (tra i muscoli)». Le fonti tuttavia dimostrano che, fra tutti questi crimini, quello maggiormente condannato dall'Inquisizione fu la bigamia, tanto che si può affermare che nessun'altra trasgressione, salvo l'eresia, fu così duramente castigata; erano frequenti le condanne fino a tre anni di prigionia. Dopotutto si trattava di un crimine fortemente condannato anche in ambito laico e, a differenza degli altri peccati, presupponeva la profanazione di un sacramento: il matrimonio.

Una preoccupazione particolare rappresentavano per l'Inquisizione i sacerdoti accusati di sollecitazione di atti impuri nell'intimità del confessionale. Nonostante il peccato si considerasse grave perché implicava la profanazione di un sacramento, il Sant'Uffizio fu abbastanza indulgente con chi lo professava, perché tale indulgenza era un male minore rispetto ai danni che avrebbe provocato la divulgazione della condanna di tali vizi. Per un'istituzione religiosa la cosa più importante era mantenere l'immagine integerrima dei propri membri, visto che, in caso contrario, la sua autorità poteva essere messa in discussione. Per questa stessa ragione, qualsiasi altro delitto di fede commesso da un membro del clero riceveva un trattamento discreto, per quanto grave fosse, e i processi contro gli ecclesiastici quindi non si svolgevano nei tribunali dell'Inquisizione, bensì di fronte all'istituzione più alta del Sant'Uffizio, il Consiglio dell'Inquisizione.

Conversos, moriscos, luterani, streghe, bigami, blasfemi... l'attività repressiva dell'Inquisizione comprendeva un grande numero di delitti. Si trattava di un tribunale religioso e che, per tanto, si interessava ai crimini di fede; tuttavia, in una società in cui la religione influenzava ogni aspetto della vita, risultava inevitabile una lettura religiosa del comportamento. La paura di essere denunciato al Santo Uffizio portò in molti casi all'autocensura e perfino alla confessione spontanea dei propri crimini di fede nell'intento di ottenere una condanna più indulgente. Il timore dei processi dell'Inquisizione era più che giustificato, e non solo per le loro conseguenze, bensì per ciò che li definiva per antonomasia: il segreto.

Paura, segreti e nessuna tutela: il processo

Il modo di procedere dell'Inquisizione rispondeva a una regolamentazione precisa che si era sviluppata col passare del tempo. Si trattava di un'istituzione fortemente centralizzata, al cui vertice si trovava il Consiglio dell'Inquisizione generale e suprema. Sotto il suo controllo si trovavano i diversi tribunali del distretto, che avevano giurisdizione su determinati territori: in questo modo il Sant'Uffizio riusciva a controllare ed espandere la propria rete in tutti gli angoli del regno. L'attività ordinaria dell'Inquisizione era svolta dai tribunali, mentre il Consiglio era riservato ai casi più gravi e alle procedure di appello. In origine, l'attività dei tribunali era itinerante, però con il tempo si istituirono sedi fisse. Ogni tribunale era costituito da due o tre inquisitori, due segretari, un pubblico ministero, un ufficiale giudiziario, un messaggero, un portiere, un notaio che si occupava dei beni sequestrati o confiscati e un medico. Periodicamente, gli inquisitori dovevano ispezionare i diversi paesi del proprio distretto, ovvero il territorio sul quale il tribunale aveva giurisdizione. Lo scopo della visita era controllare i crimini di fede e giudicarli. I crimini minori venivano giudicati negli stessi paesi in cui erano stati commessi, mentre quelli più gravi (che potevano terminare in un autodafé) erano rimandati al processo nella sede centrale del tribunale.

I tribunali iniziavano sempre con la pubblicazione del cosiddetto «editto di fede» o «editto di grazia», che consisteva nella lettura pubblica nelle chiese di un documento che esortava i fedeli a denunciare qualsiasi comportamento eretico di cui avessero sentito parlare. Venivano elencati tutti i comportamenti che potevano essere indice di eresia, così che chiunque fosse in grado di riconoscere un eretico. Nell'editto di fede (il cui testo in Spagna rimase identico dal 1630) si invitavano i credenti ad autodenunciarsi nel periodo «di grazia» di trenta giorni a loro concesso. Con la confessione volontaria si evitava la pena di morte, ma non le altre pene minori. Inoltre, come ricorda Joseph Pérez, «l'obbligo di denunciare i sospettati di eresia si estendeva a tutti i fedeli, pena la scomunica», e bisogna tenere in considerazione che il crimine di eresia non cadeva mai in prescrizione, neanche con la morte, quindi se veniva dimostrato che un defunto era stato colpevole di eresia in vita, veniva giudicato e i suoi resti venivano esumati e bruciati al rogo.

Nel periodo concesso dall'editto di fede gli inquisitori ricevevano le denunce e cercavano di scartare quelle che sembrano più vendette personali che veri e propri crimini. Le testimonianze di chi denunciava, la cui identità non veniva mai rivelata, si raccoglievano in un documento conosciuto come «sommaria». Dopo la stesura di tale documento, si procedeva alla detenzione dei sospettati; questa procedura prendeva il nome di «clamorosa». Gli imputati venivano condotti immediatamente alle prigioni segrete dell'Inquisizione, dove rimanevano isolati dal resto del mondo. Non veniva mai rivelato loro il motivo della detenzione, alla quale si accompagnava inesorabilmente anche la confisca dei beni per sostenere le spese del carcere.

Dopo un periodo di tempo che poteva variare da qualche settimana a vari mesi, i detenuti, che ancora non sapevano chi li aveva accusati e di che cosa, erano portati dinanzi agli inquisitori per cominciare il processo dell'interrogatorio. Venivano esortati a confessare i loro crimini per tre volte durante diverse sessioni; se non lo facevano, alla fine venivano rivelati i dettagli dell'accusa, preservando, però, l'identità dei delatori. L'unica difesa alla quale l'accusato poteva ricorrere era stilare una lista di nemici che avrebbero avuto interesse a denunciarlo. Se almeno uno coincideva con il denunciante, l'accusa cadeva. Poteva anche citare in causa testimoni disposti a garantire sulla sua rettitudine e moralità, o che potessero dimostrare che le accuse erano prive di fondamento.

Tutto il processo era orientato a ottenere la confessione del detenuto, che a priori veniva considerato colpevole: se non si riusciva a farlo confessare volontariamente, si ricorreva a diversi metodi. Nonostante quello che si crede, l'Inquisizione non fece uso della tortura più assiduamente dei tribunali laici. Entrambi la consideravano una maniera lecita per ottenere la confessione dell'imputato, però il Sant'Uffizio, da tribunale ecclesiastico, non ammetteva l'inflizione di danni che implicassero uno spargimento di sangue o la mutilazione. L'Inquisizione impiegò tre forme di tortura: lo squassamento, la tortura dell'acqua e il cavalletto. La prima consisteva nel legare le mani dell'accusato dietro la schiena e mettergli dei pesi ai piedi per poi sollevarlo con una carrucola e lasciarlo cadere bruscamente. La seconda fu uno dei metodi più usati. Si posizionava l'accusato su una tavola o scala inclinata, di modo che la testa si trovasse più in basso rispetto ai piedi. Gli si inseriva un panno in bocca e su questo si svuotava il contenuto di una brocca d'acqua da un litro circa. La sensazione di asfissia si interrompeva solo quando si toglieva il panno per invitare il detenuto a confessare. La severità del castigo si misurava in base al numero di brocche utilizzate; si arrivava a usarne fino a sei o otto. Per ultimo, il cavalletto era una struttura sulla quale il detenuto era assicurato mediante l'uso di grosse funi che gli cingevano i polsi e le caviglie; le corde venivano strette sempre di più attraverso una leva. Nonostante la disumanità di tali metodi, autori come Gustav Henningsen hanno dimostrato che nel caso dell'Inquisizione spagnola si ricorse alla tortura solo nel dieci per cento dei casi.

Ottenuta o meno la confessione, il tribunale pronunciava il suo verdetto, nel quale si stabiliva il grado di colpevolezza e la pena. In base al grado di colpevolezza, i processati potevano essere considerati eretici penitenti (se si pentivano pubblicamente), eretici impenitenti (se si rifiutavano di rinunciare alla propria eresia) e recidivi (eretici che dopo un primo processo avevano commesso di nuovo il reato di eresia). La pena di morte era riservata solo agli ultimi due casi. A coloro che scampavano la morte, i cosiddetti «riconciliati» ritornati al recinto della Chiesa, il Sant'Uffizio riservava un'ampia gamma di pene. Le pene per eresia includevano una sanzione economica (la confisca totale o parziale dei beni e l'inflizione di multe), una spirituale (l'obbligo di rinunciare pubblicamente all'eresia e di commettere diverse penitenze) e un'altra corporale (esilio, flagellazione pubblica, prigione o lavori forzati). Inoltre, i condannati non erano abilitati a esercitare cariche pubbliche, occupare incarichi ecclesiastici o svolgere determinate professioni (medico, esattore delle tasse, farmacista, chirurgo...). Tutti erano obbligati a indossare un certo indumento per l'intera durata della condanna, il «sambenito» (paramento scapolare), e la prima occasione in cui lo si doveva sfoggiare era proprio la cerimonia che terminava il processo, quando gli eretici impenitenti e i recidivi venivano messi al rogo: l'autodafé.

L'espiazione di fuoco: gli autodafé

Come ricorda Joseph Pérez, «il primo scopo di un processo e di una condanna a morte non era salvare l'anima dell'eretico, bensì garantire il bene pubblico e incutere terrore al popolo; per questo motivo le letture delle sentenze e le rinunce dovevano svolgersi pubblicamente». Serviva a questo l'autodafé, la cerimonia che, soprattutto nella Spagna del XVI e del XVII secolo, raggiunse una solennità e una pomposità ineguagliabili.

I preparativi per l'autodafé cominciavano circa un mese prima della data fissata. La partecipazione delle autorità pubbliche (in alcune occasioni perfino del re), delle corporazioni municipali e la grande affluenza di pubblico rendevano necessaria la costruzione di spalti e di una tribuna per le autorità principali. Inoltre, si doveva erigere una pedana su cui i condannati fossero ben visibili. Alla vigilia si celebrava la processione della Croce Verde (il blasone del Sant'Uffizio), che veniva portata sul punto più alto della pedana, coperta da un panno nero e vegliata da soldati, suore e «familiari» (confidenti) dell'Inquisizione per tutta la notte. All'alba del giorno dopo si svolgeva la processione della Croce Bianca, che partiva dal carcere e arrivava al luogo della cerimonia. Dopo la Croce Bianca, e tra le file di familiari e soldati, sfilavano nel seguente ordine: i membri del clero, le effigi dei condannati che non erano stati arrestati, le bare con i resti di chi era stato giudicato post mortem e i condannati agghindati per l'occasione.

L'abbigliamento consisteva in una mitra di cartone in testa, un cero spento in mano e il sambenito corrispondente alla pena. L'uso di tuniche penitenziali o di una mantellina a due lembi era comune sin dal Medioevo. Si trattava di una specie di mantello aperto sui lati, ricamato con croci rosse e la cui decorazione variava a seconda del crimine commesso e della pena inflitta a chi lo indossava. I riconciliati sfoggiavano sambeniti gialli con le croci rosse di Santiago e fiamme capovolte, simbolo del fatto che erano sfuggiti al rogo. Il sambenito dei recidivi e degli eretici impenitenti era nero, con fiamme verso l'alto e disegni di demoni, draghi o serpenti, come monito dell'inferno che li aspettava. I bigami sfilavano con una corda intorno al collo, che portava un certo numero di nodi a seconda delle frustate che avrebbero ricevuto. Il sambenito non serviva solo a identificare gli eretici nell'autodafé. Nel caso dei riconciliati, questi erano obbligati a indossarlo ogni volta che uscivano in strada durante la condanna. Passato questo periodo, l'indumento si appendeva alla chiesa della loro parrocchia per ricordare pubblicamente l'infamia, che si estendeva ai discendenti del peccatore, così come accadeva con i sambeniti dei condannati a morte.

Sul luogo della cerimonia un sacerdote pronunciava un sermone esortando coloro che non si erano pentiti dei propri errori (e perciò erano condannati a morte) a farlo. Molti si pentivano, perché in questo modo morivano per strangolamento, invece di essere bruciati vivi. Dopo il sermone, si leggevano pubblicamente le sentenze, si intonavano salmi e orazioni, si scopriva la Croce Verde, si assolvevano i riconciliati e con cinismo si consegnavano al braccio secolare i condannati al rogo, visto che la Chiesa non poteva esercitare le pene di morte. Così, dopo parecchie ore, aveva fine l'autodafé. L'esecuzione delle condanne a morte non faceva parte dell'autodafé, era un atto della giustizia reale: erano i funzionari del regno a castigare i pentiti e a condurre al rogo coloro che non avevano abiurato, insieme alle effigi dei latitanti e le ossa degli eretici esumati. Il rogo veniva tenuto acceso fino a che i corpi erano ridotti in cenere e poteva andare avanti per tutta la notte. Per quanto riguarda i riconciliati, le loro pene erano eseguite pubblicamente il giorno dopo e venivano fatti sfilare per le vie principali del posto per essere esposti al pubblico ludibrio.

L'intolleranza e la repressione istituzionalizzata che caratterizzarono l'Inquisizione crearono un clima di oppressione e terrore nei confronti del libero pensiero, che in Spagna si protrasse fino all'inizio del XIX secolo. Attualmente esiste solo l'Inquisizione romana, sotto il nome di Congregazione per la dottrina della fede, ma ha una natura completamente diversa. La paura fu lo strumento di controllo più efficace del Sant'Uffizio. Avvolgendo nel mistero i suoi metodi, consolidò la paura e, grazie a trovate come l'Indice dei libri proibiti, fece sì che nessuno potesse sfuggire al suo controllo. L'Inquisizione fu abolita definitivamente in Spagna nel 1834 e lasciò dietro di sé una scia di persecuzioni che, secondo studiosi come Henningsen, arrivò a quarantanovemila processi fino al 1700 e quasi diecimila condanne a morte durante la sua vigenza. Al di là dei numeri, l'Inquisizione fa parte della storia dell'ignominia, quella che ci ricorda che la possibilità di pensare liberamente è un diritto tanto prezioso quanto difficile da rivendicare.

13

Puritanesimo, isteria e morte: i processi alle streghe di Salem

A Salem, Massachusetts, verso la fine del XVII secolo, ebbe luogo il processo per stregoneria più famoso della storia. Proprio quando le esecuzioni di presunte streghe cominciavano a diminuire in Europa, in quel luogo remoto delle Indie Occidentali britanniche si scatenò una delle cacce alle streghe più spietate di cui ci sia testimonianza. Alcuni episodi circoscritti e sporadici generarono un clima di ansia e paranoia collettiva, che per tre mesi non fece altro che crescere e diffondersi. In quest'atmosfera di sospetto generalizzato che aveva ormai pervaso l'intera regione furono ammesse al processo prove dalla legalità a dir poco dubbia e molti innocenti furono accusati, incarcerati e giustiziati per crimini che non avevano commesso. Nessuno era al sicuro: fu puntato il dito contro uomini e donne di ogni condizione sociale e professionale. Credenze che al giorno d'oggi sembrano puerili e superstizioni frutto della più bieca ignoranza divennero determinanti nei processi per stregoneria, e la legge non bastò a fermare quelle che alla fine si rivelarono per ciò che erano: falsità e ingiustizie.

Ancora oggi gli eventi di Salem sono avvolti dal mistero. Il lavoro incessante di storici, sociologi e antropologi non è riuscito a spiegare una tale follia collettiva. Non conosciamo i motivi che spinsero gli accusatori a denunciare le vittime, né sappiamo perché la psicosi si diffuse in modo così rapido e inarrestabile, o come mai furono considerate determinanti prove che in circostanze normali nessun tribunale avrebbe accettato. La paura del soprannaturale e dei disordini sociali che potevano scatenarsi se non fossero state processate le persone accusate di stregoneria, così come l'approfittare della situazione per regolare conti personali sono alcune possibili cause dell'isteria collettiva che costò la vita a persone innocenti. A distanza di più di tre secoli, le domande su quegli episodi non hanno ancora trovato risposte efficaci.

La convinzione che alcune persone siano dotate di capacità soprannaturali è nata insieme al genere umano. Da tempi remoti come quelli della civiltà mesopotamica ed egizia ci sono pervenute testimonianze che dimostrano come l'essere umano creda nell'esistenza della magia e di poteri che non sono spiegabili razionalmente. Anche nel XVII secolo, il secolo della rivoluzione scientifica e della filosofia razionalista di Cartesio, Pascal e Spinoza, questa credenza nella magia e nella stregoneria è rimasta ben radicata, e pesava sull'Europa come un macigno.

Dalla fine del XIII secolo, la Chiesa cattolica – e in seguito molte chiese protestanti – si impegnò a perseguitare e sterminare chiunque fosse sospettato di essere in contatto con il demonio. I duecento anni tra il 1400 e il 1600 furono particolarmente prolifici dal punto di vista della persecuzione della stregoneria. L'Inquisizione romana e quella spagnola furono solo due delle istituzioni che si dedicarono a garantire che la presenza del maligno non contaminasse il gregge del Signore.

Nei paesi del Nord Europa che a partire dal XVI secolo abbracciarono la Riforma protestante, e in quelli dove le questioni religiose erano in mano alle chiese riformate e ai cosiddetti «signori temporali», l'impegno purificatore non fu da meno. L'Inghilterra e il Sacro Romano Impero fornirono terreno fertile per l'insorgere di vere e proprie cacce alle streghe, anche dopo la Riforma. In parte, l'idea che la stregoneria fosse un crimine religioso e insieme politico (in quanto tradimento nei confronti del signore territoriale a capo di una certa chiesa) contribuì a fomentare la persecuzione. Fu solo nel XVII secolo che in Europa iniziarono a diminuire i processi e le esecuzioni per stregoneria, ma a quel punto l'ossessione di eliminare qualsiasi segno della presenza del demonio aveva attraversato gli oceani e cominciava a manifestarsi nei territori coloniali.

Fomentare l'ansia

Con il termine «New England» si indicavano i territori coloniali del re d'Inghilterra in Nord America. Gli insediamenti in queste zone erano più recenti di quelli spagnoli e portoghesi più a sud, ma il loro sviluppo durante il XVII secolo fu notevole, soprattutto grazie alle migliaia di persone che vi giunsero dall'Europa per iniziare una nuova vita. Alcuni attraversavano l'Atlantico per migliorare le proprie condizioni economiche, ma in quei tempi agitati, molti altri erano in cerca di un luogo dove poter vivere secondo le proprie credenze. Fu questo il caso dei puritani, sudditi inglesi che avevano abbracciato il calvinismo e non potevano praticare liberamente la loro fede nelle chiese britanniche, poiché non accettavano l'autorità della Chiesa d'Inghilterra. Nel 1629 re Carlo I diede loro il permesso di stabilirsi nei territori americani.

Il luogo prescelto fu Massachusetts Bay, dove la presenza europea era molto recente. La necessità di attrarre nuovi abitanti che vincessero la paura dell'ignoto, della natura incontaminata e delle temibili popolazioni indigene rese le autorità più malleabili in materia di fede religiosa. I puritani, però, erano rigidi per quanto riguardava la loro fede e la sua applicazione nella vita di tutti i giorni. In America volevano fondare una nuova società in cui vivere secondo i loro principi e in cui religione e politica procedessero di pari passo. Credevano nella predestinazione (secondo loro Dio aveva deciso all'inizio dei tempi se l'anima di un individuo si sarebbe salvata o sarebbe stata condannata al momento del giudizio universale) e conducevano un'esistenza alla costante e angosciosa ricerca di una perfezione che potesse essere interpretata come segno di predestinazione alla salvezza dell'anima. Le giornate erano scandite da rigide norme relative al lavoro e alla preghiera comunitaria. Tutto questo, unito a un ambiente ostile, rese la vita dei primi puritani nel Nord America una quotidiana lotta per la sopravvivenza.

Le comunità puritane, inoltre, erano basate su ideali profondamente misogini. Le donne dovevano essere docili, obbedienti e attente al marito, che dovevano ascoltare e compiacere senza proferire parola, e la cura della casa e dei figli era di loro esclusiva competenza. A questo si sommavano gli antichi pregiudizi sulla natura imperfetta della donna, che impregnavano la loro concezione di spiritualità: secondo i puritani, la donna era per natura più predisposta a cedere alla tentazione e ai vizi, aveva un'inconsapevole inclinazione alla lussuria e si ostinava a voler acquisire conoscenze che le erano precluse. Per tutti questi motivi le donne non potevano diventare predicatrici. Le dimensioni ridotte dei villaggi, in cui la vita di ognuno si svolgeva sotto gli occhi di tutti e dove le chiacchiere e i pettegolezzi erano all'ordine del giorno, non aiutavano certo le persone a rilassarsi.

In una società di questo tipo non era strano che cominciassero a spuntare le prime accuse di stregoneria. L'episodio più vecchio di cui abbiamo testimonianza ebbe luogo in Massachusetts, a Charlestown, nel 1648: una donna di nome Margaret Jones, accusata di essere una strega, fu giudicata colpevole, condannata a morte e impiccata. In seguito ci furono altri casi simili, tra i quali spicca quello di Boston del 1688, per le similitudini con i fatti di Salem: una donna irlandese di nome Ann Glover fu accusata di gettare incantesimi su una delle figlie della famiglia per cui lavorava, e anche lei fu condannata e impiccata. Un sacerdote locale, il reverendo Cotton Mather, scrisse un libro su questo caso, in cui descriveva nel dettaglio i sintomi manifestati dalle vittime di stregoneria. L'opera, che ebbe grande risonanza e fu molto discussa nel New England, contribuì probabilmente a creare un ambiente spirituale che predisponeva gli abitanti della colonia a credere a storie fantastiche sulla stregoneria.

Come se la tensione non fosse già abbastanza alta, alla fine del XVII secolo scoppiò anche la guerra. Nel 1689 i sovrani d'Inghilterra Maria II e Guglielmo III dichiararono guerra alla Francia nelle colonie del Nord America. Il conflitto, conosciuto come la Guerra di re Guglielmo, devastò importanti regioni nelle zone di New York, Nuova Scozia e Québec, e provocò una vera e propria ondata di rifugiati che fuggivano dalle zone dei combattimenti verso regioni in cui il cibo bastava appena a soddisfare la domanda locale. La colonia di Massachusetts Bay fu una delle più colpite da questi spostamenti di popolazione, e una delle località dove insorsero i problemi più gravi fu un villaggio chiamato Salem.

Giocare con il fuoco

Salem era una piccola località organizzata in due nuclei di popolazione: Salem Town (l'odierna Salem) e Salem Village (oggi Danvers). Il primo nucleo era quello più vicino alla costa, dove risiedevano gli abitanti dediti all'attività portuale e al commercio, di vedute più aperte e tolleranti. Il secondo era un po' più all'interno ed era abitato da fattori che vivevano di un'agricoltura di sussistenza, impregnati di religiosità e timorosi di qualsiasi elemento che potesse turbare il precario equilibrio in cui sopravvivevano. I conflitti tra i due nuclei erano frequenti e con la guerra sorse il problema del sostentamento dei rifugiati che arrivavano in città. Molti esperti attribuiscono a questo clima di tensione la responsabilità dei fatti che seguirono.

Negli ultimi mesi del 1691 la comunità puritana attraversava un periodo di relativa calma. Come accadeva spesso a causa della sua attività pastorale, il reverendo Samuel Parris, parroco locale, dovette assentarsi qualche giorno per occuparsi dei fedeli. La figlia Elizabeth, di nove anni, insieme alla cugina Abigail Williams, di undici, fu affidata a una schiava, Tituba. Non è chiaro se quest'ultima fosse originaria delle Antille o se fosse un'india che aveva trascorso l'infanzia a Barbados, ma sappiamo che aveva passato buona parte della vita in un ambiente culturale ben lontano dalla rigida morale puritana. Durante l'assenza del parroco, probabilmente parlò alle bambine degli anni trascorsi nei Caraibi e raccontò episodi legati alla religione animista antillana (il vudù) in cui rituali misteriosi, esorcismi e magia avevano un ruolo fondamentale.

Nel gennaio del 1692 le due bambine iniziarono a manifestare comportamenti anomali e aberranti, come accessi d'ira, reazioni violente e attacchi di panico; gridavano, piangevano, emettevano strani grugniti; dicevano di avere la sensazione che il loro corpo fosse trapassato da aghi e coltelli, e in chiesa questi episodi si verificavano quando il predicatore leggeva la parola di Dio. L'inquietudine cominciò a impadronirsi non solo del parroco, ma dell'intera comunità. Ben presto altre sei bambine presentarono gli stessi sintomi: sembrava una strana epidemia. Parris, atterrito, si rivolse al medico locale, il dottor William Griggs, per avere una diagnosi sul male che aveva colpito la figlia e la nipote. Griggs, allarmato, disse di non riscontrare alcun fondamento fisico delle loro sofferenze: la causa doveva essere spirituale.

La situazione minacciava di esplodere. Il reverendo decise allora di rivolgersi ai magistrati locali Jonathan Corwin e John Hathorne. Il 29 febbraio 1692 i tre interrogarono insieme le bambine, che accusarono la schiava Tituba di aver causato i loro mali spirituali. Altre due bambine, Ann Putnam ed Elizabeth Hubbard, puntarono il dito contro Sarah Good (un'anziana mendicante dall'aspetto sgradevole e dal carattere iracondo) e Sarah Osborne (una donna anziana costretta a letto, malvista dalla comunità per essersi sposata anni prima con un suo domestico). Entrambe le accusate non frequentavano la chiesa ed erano un bersaglio facile. Tutte e tre le imputate erano inoltre persone con scarse risorse economiche e con poche possibilità di difendersi, soprattutto in un sistema giuridico ben diverso da quello attuale. Nel New England del XVII secolo gli imputati non disponevano di un avvocato, ma dovevano difendersi da soli in tribunale.

Le accusate lo scoprirono presto: il 1° marzo 1692 furono portate davanti ai magistrati nella chiesa locale per il «primo processo», che serviva a verificare l'esistenza di prove sufficienti per un'accusa formale di stregoneria contro le tre donne. Ad assistere c'erano i pastori locali e le bambine con gli strani sintomi. La prima a parlare fu Sarah Good, che negò di essere una strega e giurò di non aver mai praticato la stregoneria. Ciò nonostante, Ann Putnam confermò la propria accusa, sostenuta da Elizabeth Hubbard: entrambe affermavano che l'imputata compariva davanti a loro come uno spettro, con sembianze umane o animali, e che le tormentava perché accettassero di servire il demonio. I giudici accettarono questa testimonianza, definita «prova spettrale», come prova legalmente valida. Il tempo avrebbe poi dimostrato che fu la decisione più nociva di tutta l'istruzione: se la prova spettrale fosse stata rifiutata, sarebbero state risparmiate molte vite.

Sarah Good negò nuovamente le accuse, ma a quel punto le bambine cominciarono a manifestare i sintomi: in preda alle convulsioni, gridavano che lo spettro dell'accusata le stava torturando proprio in quel momento e anche questo episodio divenne una prova a carico dell'anziana imputata. La seconda a comparire in giudizio fu Sarah Osborne, che come la sua compagna di sventure dichiarò sempre la propria innocenza e non ebbe miglior fortuna: le bambine infatti ribadirono le accuse e riproposero la loro macabra coreografia. L'ultima a parlare fu Tituba, che adottò una singolare strategia. Sotto lo sguardo attonito e atterrito dei vicini, la schiava iniziò la propria dichiarazione dicendo: «Il demonio è venuto a me e mi ha chiesto di servirlo». Poi raccontò con insolita vivacità e precisione di animali parlanti, voli notturni e visite spettrali, cosa che scandalizzò e inquietò i devoti puritani.

E ancora dovevano sentire la parte più importante della sua dichiarazione: Tituba affermò senza battere ciglio che le era apparso un uomo alto e misterioso, proveniente da Boston, e le aveva chiesto di firmare con il sangue il libro del diavolo. Lei aveva accettato e aveva visto che il libro conteneva già le firme di altri otto abitanti di Salem.

Era riuscita a leggere i nomi delle altre due imputate, ma non gli altri sei. L'agitazione in sala diventò quasi isteria: c'erano altre sei streghe nella comunità. Gli effetti delle dichiarazioni di Tituba furono devastanti per il villaggio, che in poche ore fu pervaso dal sospetto, dal timore religioso e dalla paranoia collettiva. Chiunque poteva essere un servo del Male e se rimaneva a piede libero, avrebbe potuto convertire alla sua malefica obbedienza chi non aveva una fede abbastanza forte da resistergli.

Le accuse non tardarono a fioccare, ma non riguardavano più solo povere donne. Il dito era puntato contro persone di ogni professione ed estrazione sociale. Una di queste fu la matrona Rebecca Nurse, il cui profilo era ben diverso da quello delle prime tre accusate (che nel frattempo erano state incarcerate in seguito all'udienza). Anziana, malata e sorda, aveva fama di essere una donna rispettabile e onesta, e le accuse nei suoi confronti divisero la comunità. Trentanove persone di Salem Town, forse meno inclini a credere alle superstizioni, firmarono una dichiarazione in cui affermavano che l'imputata era una persona dalla morale integra. Davanti al tribunale, Rebecca Nurse affermò: «Sono innocente come un bambino non ancora nato. Che peccato può aver trovato Dio in me a questo punto della mia vita?». E sfortunatamente, nella primavera del 1692, non fu l'unica a doversi porre questa domanda.

Fantasmi dappertutto

La proliferazione delle accuse fu tale che il 27 marzo 1692 il governatore della colonia di Massachusetts Bay, William Phipps, decise di istituire un tribunale speciale per far fronte alla questione. Gli accusati non erano più solo a Salem, ma erano sospettate di stregoneria, negromanzia e pratiche sataniche di ogni genere anche persone provenienti da altre località. La giurisdizione del nuovo tribunale e corte di cassazione comprendeva le contee di Suffolk, Essex e Middlesex. Mentre avevano inizio le udienze, furono incarcerate preventivamente più di cento persone (uomini e donne), e a volte perfino i loro familiari, anche se del tutto estranei alle accuse. Tra i casi più gravi ci furono quello di Dorothy Good, sorella minore di Sarah, di quattro anni, accusata a sua volta di stregoneria, e quello delle sorelle di

Rebecca Nurse, Sarah Cloyce e Mary Eastey. Gli imputati detenuti furono trasferiti da Salem a Boston.

Il processo ufficiale si aprì il 2 giugno 1692, presieduto dal governatore Phipps con una corte composta da sette giudici e una giuria di dodici membri, con a capo il giudice William Stoughton. La prima a essere giudicata fu Bridget Bishop, che stando alle malelingue era pettegola e promiscua. La realtà però era ben diversa: si trattava di una donna d'affari abile e indipendente, che suscitava le invidie di molti abitanti della colonia. L'imputata proclamò la propria innocenza, ma dovette fare i conti con un grosso ostacolo: in passato era già stata accusata di stregoneria. Corte e giuria non ci pensarono due volte e Bridget Bishop fu condannata a morte e impiccata il 10 giugno, diventando la prima vittima del macabro ciclone che si stava abbattendo sul New England.

La documentazione originale dei processi non si è conservata integralmente (rimane solo quella parziale relativa a centosessanta casi), ma lo studio di carte, giornali e testimonianze ha consentito di stabilire che gli accusati furono più di duecento, di cui cinquantacinque si dichiararono colpevoli. Si trattò sicuramente di una strategia: si mostravano pentiti sperando di ottenere la clemenza del tribunale. Tra giugno e agosto furono impiccate diciannove persone, quattro morirono in prigione e un uomo fu giustiziato tramite schiacciamento. Il tribunale accettò la prova spettrale e le testimonianze di chi dichiarava di essere vittima di stregoneria (non pochi in quel periodo nella colonia) come prove legali. Alcune accuse furono portate avanti nonostante fossero palesemente false. Fu questo il caso del reverendo George Borroughs, che aveva esercitato il ministero prima a Salem e poi nel Maine. Durante la caccia alle streghe fu accusato di dedicarsi a pratiche con l'aiuto del diavolo e per questo fu impiccato mentre recitava ad alta voce le sue preghiere. A quel tempo era un principio universalmente riconosciuto che gli stregoni non potessero pregare. Ma neanche questa estrema prova d'innocenza salvò la vita al reverendo Borroughs.

Durante le ultime esecuzioni, però, il 22 settembre, erano iniziate le prime proteste contro gli eccessi di questa caccia fantasmagorica. Poco dopo la prima esecuzione, Cotton Mather, il rispettato pastore che nel 1688 aveva scritto del caso di Boston, mandò una lettera in cui supplicava il tribunale di non accettare più prove spettrali e testimonianze di apparizioni in sogno o visioni, ma la petizione fu respinta. All'inizio di ottobre, Increase Mather, padre del reverendo Cotton, presidente dell'Harvard College e una delle persone più influenti del New England, nonché a sua volta pastore puritano, denunciò pubblicamente la prova spettrale e chiese alle autorità di escluderla dai processi. Scrisse una lettera in cui affermava: «Meglio lasciarsi sfuggire dieci sospettati di stregoneria piuttosto che condannare un innocente». Nel frattempo le accuse si spingevano sempre più lontano. Giravano voci secondo cui la moglie del governatore e quella dello stesso Increase Mather sarebbero state presto accusate di stregoneria. La popolazione cominciava a dare segni evidenti di stanchezza per quella folle giostra.

Il governatore Phipps accolse la supplica di Increase Mather: sciolse il tribunale speciale, mise fine agli arresti e liberò molti accusati. Passò i casi rimasti al tribunale supremo della magistratura della colonia, il quale bandì la prova spettrale e condannò solo tre dei cinquantasei accusati. Nel maggio 1693 Phipps concesse la grazia a tutti gli accusati di stregoneria ancora in carcere. Ma non finì lì. La società del Massachusetts, come se si fosse appena risvegliata da un incubo, iniziò a chiedersi che cosa aveva fatto e come fosse stato possibile un orrore simile.

In seguito ai processi e alle esecuzioni, molti dei responsabili, come il giudice del tribunale speciale Samuel Sewall, ammisero pubblicamente errori e colpe e si dichiararono pentiti. Il 14 gennaio 1697 fu un giorno dedicato al digiuno e alla preghiera, per invocare il perdono di Dio per i peccati commessi durante i processi. Nel 1711 la colonia del Massachusetts approvò una legge che ristabiliva i diritti e il buon nome degli accusati, e garantiva ai sopravvissuti e alle famiglie dei defunti un risarcimento di 600 sterline. L'unica delle bambine di Salem ad ammettere il proprio errore fu Ann Putnam, che nel 1702, all'età di ventisei anni, si dichiarò pentita davanti a tutti, nella chiesa di Salem, e incolpò il diavolo di averla portata sulla cattiva strada. Solo nel 1957 lo Stato del Massachusetts si scusò ufficialmente e revocò le ultime condanne non ancora annullate.

Dopo più di tre secoli ancora non sappiamo quali furono esattamente le ragioni di questa crudele caccia alle streghe. Sono state proposte teorie di ogni genere per dare una spiegazione. In particolare non è chiaro che cosa abbia spinto le bambine di Salem a muovere le prime accuse: c'è chi sostiene che si sia trattato di un atto irresponsabile tanto puerile quanto criminale e chi pensa che i sintomi fossero dovuti all'ingestione accidentale di un fungo che cresce nei cereali. Alcuni sospettano che le bambine fossero state incoraggiate dai genitori, che perseguivano i propri interessi. Gli accusati di stregoneria infatti perdevano immediatamente ogni diritto, tra cui quello di proprietà, e i loro beni passavano nelle mani della colonia, che li metteva all'asta. Forse dietro le accuse c'erano solo meri interessi economici. O forse furono questioni personali e regolamenti di conti a scatenare una psicosi che quindi sarebbe stata intenzionale. Gli studiosi di storia, sociologia e psicologia, fra gli altri, hanno lavorato duramente per cercare di comprendere un aspetto del genere umano che ancora ci sfugge e ci spaventa; perché ci sono momenti in cui l'irrazionalità prende il sopravvento, causando esplosioni di violenza e morte tanto assurde quanto ingiustificabili.

14
La massoneria: tra Salomone e Lucifero

Che cos'hanno in comune personaggi come Wolfgang Amadeus Mozart, Rudyard Kipling, Franklin D. Roosevelt, Buzz Aldrin, Santiago Ramón y Cajal o Walt Disney? Di primo acchito nulla. Si tratta di uomini appartenuti a epoche, classi sociali e professioni molto diverse che, nel corso della loro vita, condivisero valori che li condussero a essere membri di una delle confraternite più diffuse della Terra... e una delle più misteriose. La massoneria ha rivendicato origini e fondatori fra i più svariati, quali Adamo, Mosè, re Salomone, Zarathustra, Alessandro Magno o Giulio Cesare, ma è accomunata in tutto il mondo da simboli e rituali incredibilmente simili. Negli ultimi secoli ha suscitato allo stesso tempo interesse e soggezione, e si è riusciti a malapena a strappare il velo di ermetismo che la circonda. Un mistero basato sul segreto che tutti i suoi membri si sono impegnati e si impegnano a preservare sin dal momento in cui entrano a far parte dell'associazione.

Rituali criptici, simboli onnipresenti, forme di saluto, appellativi e parole che soltanto gli iniziati alle sue arti possono comprendere. Si tratta di una setta, di una lobby politica, di una confraternita filantropica? Perché i suoi membri mantengono la segretezza? Che cos'hanno da nascondere? Sin dal XVIII secolo i governi, le chiese e l'opinione pubblica hanno cercato d'introdursi nella sua impenetrabile sfera di segreti per cercare di scoprire che cosa sia realmente, e chi ci è riuscito è giunto a conclusioni talmente diverse che il dibattito prosegue ancora oggi, con la stessa forza, passione e attualità di quasi trecento anni fa. Seguire le vicende della massoneria nel corso della storia significa intraprendere un incredibile viaggio, che va dai costruttori medievali di cattedrali ai padri fondatori degli Stati Uniti, dai cenacoli intellettuali dell'Illuminismo alla Sala dei concerti di Stoccolma dove ogni anno si consegnano i premi Nobel... La cosa certa è che oggi, persino più che in altre epoche, la massoneria è presente in tutto il mondo, anche se non la vediamo.

Qualche storico ha definito il Medioevo «l'epoca delle cattedrali», specialmente il periodo compreso tra il XII e il XV secolo. Con la rinascita delle città, grazie all'aumento delle risorse agricole, i grandi prelati della Chiesa iniziarono a desiderare di ampliare le loro sedi. Vescovi e arcivescovi si affannarono a costruire o a rimodernare le loro cattedrali e, per farlo, non esitarono a convocare gli artisti e gli artigiani più abili del continente. Da Toledo a Roskilde, da Parigi a Nicosia, da Vienna a Salisbury furono edificati magnifici templi, nei quali l'arte gotica dava prova di una nuova spiritualità e di una perizia tecnica mai raggiunta prima. Inevitabilmente, la reputazione di muratori, scalpellini e architetti, che prendevano parte alla loro costruzione, crebbe considerevolmente. In molti casi questi professionisti erano contesi dagli ecclesiastici più ricchi e potenti, cosicché iniziarono a spostarsi da una città all'altra per soddisfare la crescente domanda della loro opera.

All'ombra dei lavori per l'edificazione delle cattedrali, che potevano durare secoli, si stabilirono colonie di professionisti la cui vita gravitava intorno all'architettura e alle arti edili: architetti, muratori, scalpellini, scultori, carpentieri... Formavano tutti una comunità chiusa, una grande famiglia che si riuniva in edifici vicini al luogo di lavoro chiamati «logge». Nell'ambiente francese, una delle realtà artistiche più attive durante tutto il Medioevo, i membri di queste comunità erano conosciuti come *maçons* (letteralmente muratori) e richiamavano l'attenzione perché possedevano una cultura propria. Per entrare nella loggia ci si doveva sottomettere a rituali e si dovevano pronunciare giuramenti precisi, gli aderenti avevano una loro terminologia, forme di saluto e segnali di riconoscimento; le conoscenze professionali erano riservate unicamente ai suoi membri, i quali venivano giudicati secondo statuti giuridici esclusivi, nella loggia di appartenenza. Verso il 1350, in Inghilterra questi professionisti della costruzione cominciarono a essere chiamati *free-stone-masons*, denominazione che col tempo diventerà *freemasons* e sarà tradotta nel continente con *franc-maçons* (in francese), *liberi muratori* (in italiano), *francmasones* (in spagnolo)...

Alcune logge arrivarono ad avere una giurisdizione territoriale vastissima. Alla loggia di Strasburgo per esempio si trovarono sottomesse tutte quelle del Sacro Romano Impero, finché la città fu conquistata da Luigi XIV alla fine del XVII secolo. L'epoca d'oro delle cattedrali era passata e la rivoluzione tecnologica del Rinascimento aveva ridimensionato il ruolo dei muratori e degli scalpellini nelle opere di costruzione, ma le logge riuscirono a sopravvivere per vari secoli. Le poche che arrivarono al XVIII secolo erano agonizzanti; i loro membri proseguivano nella loro attività quasi più per mantenere viva una tradizione che per un fine professionale concreto. Di fatto molte di queste logge, come quelle di Vienna e Colonia, all'inizio del nuovo secolo furono sciolte. Ma la ricca eredità della massoneria medievale non sarebbe fiorita nell'Europa continentale, bensì in un territorio cosmopolita, in cui il desiderio di tolleranza e di progresso delle classi colte cercava da tempo un contesto in cui svilupparsi, condividere le inquietudini e guardare al futuro. Quel territorio era la Gran Bretagna.

A maggior gloria del grande architetto dell'universo

All'inizio del XVIII secolo il Regno Unito era una delle grandi potenze europee. Grazie al fiorente commercio marittimo, nelle isole britanniche confluivano persone e merci da tutto il mondo. Dopo decenni di guerre civili vi si era consolidato un sistema politico liberale radicalmente diverso dall'assolutismo del continente. Nel territorio britannico erano sopravvissute inoltre varie associazioni massoniche di origine medievale, soprattutto in Scozia, dove la Grande Loggia di Edimburgo continuava a riunire gli artigiani edili, fedeli alle sue tradizioni. Più a sud, in Inghilterra, dove da decenni l'autorità della massoneria aveva perso forza, la grande quantità di mano d'opera arrivata a Londra per iniziare la ricostruzione della città, dopo lo spaventoso incendio che la devastò nel 1666, fu accolta come una ventata d'aria fresca.

Le logge inglesi che sopravvivevano erano poche. Per riuscirci, alcune iniziarono ad ammettere membri estranei al lavoro della costruzione ma che erano interessati alla sua eredità culturale e ai suoi rituali. Quattro di queste logge, composte esclusivamente da membri che non esercitavano il mestiere di muratori (denominati «adottati»), si riunirono nella capitale britannica il 24 giugno 1717 e fondarono la prima loggia della moderna massoneria. La data scelta non era casuale, poiché le logge medievali avevano avuto come patroni i santi Giovanni (san Giovanni Battista e san Giovanni Evangelista), così come i Santi Quattro Coronati (martiri romani del IV secolo). Nel giorno in cui si festeggiava san Giovanni Battista fondarono la Grande Loggia d'Inghilterra, riprendendo le cerimonie e i rituali tradizionali, ma con intenzioni diverse.

La Grande Loggia era consapevole che per raggiungere i suoi obiettivi doveva mettere a punto e redigere uno statuto, e affidò l'incarico a due pastori protestanti, James Anderson e John Théophilus Désaguliers. A diventare famoso fu il primo, che nel 1723 pubblicò *The Constitutions of the Free-Masons*, conosciuto a partire da quel momento come *Costituzione di Anderson*. Il testo di Anderson rendeva pubbliche le intenzioni della nuova istituzione. Secondo le leggi stabilite, i nuovi massoni non desideravano costruire grandi chiese per onorare Dio, ma avevano come obiettivo il loro perfezionamento personale. L'esercizio della virtù era lo strumento per edificare un tempio interiore che avrebbe migliorato l'umanità e avrebbe reso gloria a Dio, considerato, come dai loro predecessori medievali, il «grande architetto dell'universo». La *Costituzione di Anderson* stabiliva che i moderni massoni dovessero credere in Dio, ma non necessariamente professare la stessa religione, poiché la loggia doveva essere un centro di riunione di uomini uguali, che desideravano stringere vincoli di fraternità con i loro simili indipendentemente dalla professione, il credo religioso o l'ideologia politica. La massoneria moderna era dunque un modo perché uomini colti, con preoccupazioni d'ordine morale, intellettuale e sociale di ogni tipo, potessero riunirsi e tessere legami.

Come per i loro predecessori medievali, si sarebbero mantenuti il giuramento, i riti d'iniziazione, i simboli e un proprio linguaggio, conferendo però loro un nuovo significato spirituale. Uno dei caratteri distintivi della nuova massoneria era che il giuramento solenne, pronunciato dagli affiliati al momento del loro ingresso, includeva il rigoroso impegno a mantenere il segreto. Se nelle logge medievali i membri dovevano impegnarsi alla segretezza circa le conoscenze professionali, che condividevano solo con i lavoranti edili, nella massoneria moderna il segreto era esteso a ogni aspetto dell'associazione, anche all'appartenenza stessa dei suoi membri. Le formule di giuramento che iniziarono a utilizzare prevedevano terribili punizioni per i trasgressori: «Se dovessi venir meno alla mia promessa, accetterò che mi venga strappata la lingua, tagliata la gola, che il mio cuore venga trapassato da parte a parte, che il mio corpo venga bruciato e che le mie ceneri vengano gettate al vento affinché sulla terra non resti più nulla di me, e che l'orrore del mio crimine serva da intimidazione per i traditori che avessero la tentazione di imitarmi», così recitava un testo massonico pubblicato a Berna nel 1740.

Negli anni successivi la massoneria si diffuse rapidamente in Europa e nei territori colonizzati dagli europei. Sembra che l'esercito britannico abbia svolto un ruolo di primo piano nella sua propagazione. Negli anni Venti del 1700 sono state documentate le prime logge nelle colonie britanniche dell'America del Nord, tra i soldati di stanza in quei territori, e la prima loggia fondata dai soldati inglesi a Gibilterra risale al 1729. Quando le autorità vennero a sapere dell'esistenza di queste società, di cui non si conoscevano i membri e le cui riunioni erano segrete, si diffuse una profonda inquietudine. All'epoca ogni riunione che non fosse promossa e autorizzata dai poteri civili o religiosi era considerata una minaccia all'ordine costituito. Le proscrizioni e le persecuzioni non tardarono ad arrivare. La prima risale al 1735: la Repubblica dei Paesi Bassi vietava le confraternite massoniche, esempio presto seguito in altri paesi. Nel 1737, in Francia, Luigi XV impedì le riunioni; nel 1738 fu la volta di Federico I di Svezia; nel 1743, dell'imperatrice Maria Teresa d'Austria; nel 1751, del re Ferdinando VI di Spagna e del suo fratellastro Carlo VII di Napoli... Perfino il sultano di Costantinopoli nel 1748 vietò le logge massoniche in tutto l'Impero ottomano.

Molti di questi monarchi furono aizzati dal fatto che la Chiesa cattolica aveva condannato la nuova associazione. Nel 1738 papa Clemente XII pubblicò la Costituzione apostolica *In eminenti*, con la quale condannava la massoneria. I suoi successori alla cattedra di san Pietro non cambiarono opinione e pronunciarono nuove condanne e scomuniche nel 1751 (Benedetto XIV), nel 1821 (Pio VII), nel 1825 (Leone XII), nel 1869 (Pio IX)... Alle autorità religiose cattoliche non piacque affatto l'apparato rituale di cui si circondava la massoneria, poiché faceva sorgere il sospetto che si trattasse di una corrente eretica che proponeva una religione che deviava dall'ortodossia. La sua segretezza inoltre inquietò la Chiesa tanto quanto le autorità civili. In realtà, le intenzioni e lo spirito che guidavano la massoneria del XVIII secolo erano ben diversi. Come afferma José Antonio Ferrer Benimeli, professore emerito di Storia contemporanea presso l'Università di Saragozza, i massoni non avevano propositi polemici, neanche internamente: «La massoneria del Secolo dei Lumi appare come un'associazione – malgrado le divisioni politiche e religiose del momento – di uomini che credevano in Dio, che rispettavano la morale naturale e che volevano conoscersi, aiutarsi e lavorare insieme, a prescindere dalle differenze sociali e dal diverso credo religioso». Di fatto, la *Costituzione di Anderson* vietava le dispute interne alle logge su questioni religiose o politiche e stabiliva che le loro attività non potessero andare contro la religione o le autorità costituite.

Che cos'era allora a spaventare gli imperatori, i re e i papi? Che cosa giustificò la persecuzione dei massoni in gran parte d'Europa e in America sin dalle sue origini? Probabilmente la risposta si trova in ciò che richiamava l'attenzione all'epoca, e che continua a incuriosirci ancora oggi. La segretezza che avvolge tutto ciò che riguarda le logge, il complicato sistema di rituali e simboli dietro ai quali si nascondono i loro progetti e i loro scopi, il vero significato delle loro azioni. Sebbene ci sia ancora molto da scoprire su queste società, avvicinarsi ai loro riti e simboli può aiutare forse a dissipare alcuni dubbi.

La squadra e il compasso

Una notte del 1752 la loggia massonica di Fredericksburg (Virginia) è riunita in seduta plenaria. L'ordine del giorno è l'ammissione di un nuovo membro. L'aspirante, di appena vent'anni, aspetta fuori dalla sala, disarmato, con gli occhi bendati, il torso nudo e scalzo. È accompagnato da un maestro dell'associazione che funge da padrino. Questi bussa tre volte alla porta. Qualcuno gli apre e il giovane viene guidato dentro la stanza. Subito dopo sente un oggetto appuntito che fa pressione sulla parte sinistra del torace e gli provoca un dolore acuto. Sembra che da un momento all'altro debba procurargli una ferita che potrebbe essere mortale. Con i nervi saldi, l'aspirante resiste impassibile, senza muoversi né lamentarsi. Improvvisamente il dolore cessa e una voce sconosciuta gli chiede il motivo che lo ha condotto fino a lì. Risponde con sicurezza, senza titubanze. Poi lo fanno avanzare di qualche passo. Gli chiedono di mettersi in ginocchio. Adesso sa che cosa deve fare. Allunga la mano verso un tavolo (in realtà si tratta di un altare) e la posa sopra alcuni freddi oggetti metallici. Pronuncia quindi il giuramento che ha imparato a memoria, col quale aderisce solennemente alla loggia e promette di mantenere il segreto su tutto ciò che verrà a sapere lì dentro. Poi gli tolgono la benda. Per prima cosa vede quelli che adesso sono i suoi compagni massoni puntare una spada verso di lui. Si accorge che la sua mano è appoggiata su una squadra e un compasso, posti sopra una Bibbia aperta. Scopre allora chi sono i suoi nuovi fratelli, che gli danno il benvenuto svelandogli la formula di saluto e i simboli segreti che identificano i membri della loggia... A questo rituale d'iniziazione, che potrebbe essere quello di un massone dei nostri giorni, si sottopose il figlio di un coltivatore della Virginia di nome George Washington che, vent'anni dopo, sarebbe stato chiamato a ricoprire uno dei ruoli più importanti della storia.

I riti costituiscono uno dei caratteri distintivi della massoneria e il rito d'iniziazione non è che il primo a cui dovranno sottoporsi i suoi affiliati. Per i massoni è il momento della nascita, l'accesso a una conoscenza riservata a pochi eletti, la prima illuminazione. Superato il rito, l'aspirante entra a far parte della loggia col grado di apprendista, cui seguiranno quelli di compagno e maestro. Questi livelli gerarchici, simili a quelli delle corporazioni medievali, prendono il nome di «gradi» e sono fondamentali. A seconda del ramo massonico di appartenenza della loggia (rami denominati «Riti», con la maiuscola) il numero di gradi può aumentare enormemente. Nel Rito scozzese antico e accettato, quello classico e più influente, ci sono 33 gradi, numero che fa riferimento agli anni di Cristo, ai suoi miracoli, alle volte in cui Dio è nominato nel primo capitolo della Genesi... Per la massoneria i numeri hanno un'importanza fondamentale, perché possiedono un valore simbolico speciale. Rievocando le teorie pitagoriche dell'antica Grecia, il 3, il 5, il 7 e il 9, e le loro combinazioni, sono considerati numeri dotati di un significato particolare e trascendente.

Ogni grado comporta un rito d'iniziazione distinto, un giuramento, simboli e sistemi di riconoscimento specifici. Il raggiungimento di ognuno rappresenta la difficile salita lungo una scala di perfezionamento interiore... L'apprendista deve concentrarsi nel lavoro su se stesso, è una pietra grezza che deve essere lavorata fino a diventare una «pietra cubica» che s'incastri nell'edificio del tempio. Si tratta quindi di un doppio perfezionamento, interiore ed esteriore, personale e sociale. Quando supera il rito d'iniziazione gli viene consegnato un grembiule, che rappresenta il lavoro che deve intraprendere, fatto di pelle d'agnello bianca simbolo d'innocenza, col bordo superiore sollevato per proteggersi poiché non sa ancora lavorare.

Gli vengono inoltre concessi gli emblemi del suo grado: un righello della lunghezza di 24 pollici (70 cm), affinché si comporti rettamente; il martelletto e lo scalpello, simbolo degli insegnamenti e degli esempi della massoneria, di cui avrà bisogno per perfezionarsi.

Quando il massone raggiunge il grado di compagno deve continuare a lavorare con l'ausilio di nuovi strumenti, poiché è il momento della ricerca della conoscenza e della scoperta del mondo. Il suo grembiule adesso ha il bordo abbassato, avendo egli raggiunto la categoria simbolica di muratore qualificato, i suoi utensili sono la squadra, la livella e il filo a piombo. La squadra è simbolo di rettitudine morale (poiché è rigida e consente di tracciare un angolo retto), la livella significa uguaglianza (permette di disegnare una linea orizzontale) e il filo a piombo indica la gerarchia (aiuta a tracciare una linea verticale); i tre elementi conseguono l'equilibrio. Solo quando si arriva al grado di maestro viene raggiunto un livello di perfezione sufficiente a guidare e istruire apprendisti e compagni. Il capomastro dirige gli altri membri della loggia nel lavoro e i suoi simboli sono il martelletto grande (segno di autorità) e il compasso che rappresenta i limiti (serve a tracciare una circonferenza) che il massone non deve oltrepassare nel suo rapporto con gli altri.

Il rito d'iniziazione al grado di maestro è particolarmente significativo, poiché rievoca il mito di Hiram, uno dei massoni più apprezzati. Hiram fu un maestro della città fenicia di Tiro, chiamato dal re Salomone a dirigere i lavori di edificazione del Tempio di Gerusalemme. Hiram, che era particolarmente abile nella lavorazione del bronzo, costruì con questo materiale le due grandi colonne che fiancheggiavano l'entrata del Tempio. Molte logge moderne le ricordano con due colonne simili all'ingresso del salone per le cerimonie. Hiram durante i lavori dirigeva gli operai, organizzati in apprendisti, compagni e maestri. Tre dei suoi discepoli gli chiesero di rivelare la sua conoscenza segreta dell'arte, ma egli si rifiutò. I discepoli allora, contrariati e offesi, lo assassinarono. Portarono via furtivamente il corpo dalla città, lo seppellirono in un posto lontano e piantarono un albero di acacia per riconoscere il luogo. I maestri costruttori del tempio, rattristati dalla sua scomparsa, partirono in gruppi di tre alla ricerca del grande istruttore. Scoprirono l'acacia, scavarono sotto il tronco e trovarono il corpo di Hiram, che miracolosamente resuscitò. Nel rito d'iniziazione al grado di maestro viene ricordato questo martire della massoneria, che simboleggia la nascita del maestro come un uomo rigenerato, il cui lavoro sarà essenziale nella costruzione del nuovo tempio. L'importanza di questo mito è tale che molte logge affermano che il vero fondatore della massoneria fu Hiram o lo stesso re Salomone.

Tra i simboli che le logge assegnano ai propri membri ce ne sono due che sono passati a rappresentare la massoneria nel suo insieme: la squadra e il compasso. Insieme alla Bibbia, sono stati definiti «le tre luci della massoneria»: la loro rappresentazione si trova ovunque nei saloni delle logge massoniche. Gli strumenti di solito appaiono incrociati e con la lettera G nel mezzo, che per alcuni sarebbe l'iniziale di *God* (Dio, in inglese) o di «Geometria», l'arte fondamentale nella costruzione del tempio. Questa raffigurazione è solitamente sovrastata dall'immagine di un occhio circoscritto in un triangolo risplendente, conosciuto come «occhio della Provvidenza», l'antico simbolo cristiano della onniscienza divina collegato a un altro simbolo dell'antico Egitto, l'Occhio di Horus. Le logge massoniche mostrano in generale una grande ammirazione per la civiltà egizia, poiché considerano i suoi monumenti come i più grandi dell'antichità. Anche le piramidi e gli obelischi trovano posto nei rituali massonici.

I membri di ogni loggia hanno una propria forma di saluto e parole d'ordine specifiche, a cui se ne possono aggiungere altre per ogni grado. A ogni livello corrisponde inoltre un'età simbolica. Salvo rare eccezioni, per poter entrare nella massoneria bisogna essere maggiorenni ma, in funzione del grado ricoperto all'interno di una loggia, l'affiliato avrà un'età massonica diversa dalla sua età fisica. Così, nel Rito scozzese antico e accettato, gli apprendisti hanno tre anni; il segretario intimo, dieci; il sublime cavaliere eletto, ventisette; il cavaliere d'Oriente, settanta e via di seguito per ognuno dei 33 gradi. Inoltre alcune logge usano un calendario proprio. Ci sono quelle che seguono il calendario ebreo, mentre altre adottano sistemi molto più sofisticati, con un proprio inizio e una propria fine d'anno, numeri specifici per i mesi, modi di calcolare l'anno in corso... La massoneria è quasi una civiltà a parte. Ciò ha portato molti a chiedersi che cosa si celi realmente dietro lo sfarzo dei suoi riti, il linguaggio ermetico e la complicata simbologia. I principi di rettitudine morale e miglioramento dell'umanità che ispirarono i fondatori della massoneria moderna non sembrano dannosi, ma potrebbero essere una mera apparenza sotto la quale si celano altri piani, altri obiettivi meno elevati.

Il nuovo ordine del mondo

I massoni appaiono in molti dei grandi cambiamenti degli ultimi trecento anni. La *Costituzione di Anderson* chiariva che i membri della massoneria non potevano usare le logge per promuovere polemiche politiche o religiose, e che dovevano dedicarsi ad alimentare la fratellanza universale; ma le logge furono presenti in alcuni momenti cruciali della storia. George Washington non fu l'unico elemento di collegamento fra la massoneria e la Guerra d'indipendenza degli Stati Uniti. Di fatto l'evento che scatenò il conflitto, la «rivolta del tè» di Boston (del 16 dicembre 1773), ebbe come protagonisti i membri della Loggia di Sant'Andrea di quella città, che erano soliti riunirsi nella taverna del Drago Verde e che quel giorno ebbero un ruolo di primo piano, quando l'intero carico di tè arrivato nel porto fu gettato in mare. Lo stesso Washington incoraggiò i suoi generali a entrare nella massoneria per rafforzare la propria lealtà alla causa dei ribelli nordamericani. Si calcola che trentatré dei suoi settantaquattro generali, quasi la metà, fossero massoni. Oltre al primo presidente, molti dei padri fondatori degli Stati Uniti si affiliarono alla massoneria, tra questi Benjamin Franklin, considerato uno degli artefici intellettuali della Rivoluzione americana. Nove dei cinquantasei firmatari della Dichiarazione d'Indipendenza (1776) furono massoni, così come un terzo dei firmatari della Costituzione (1787).

In Europa, invece, sebbene la propaganda si sia dedicata a partire dal XIX secolo a sbandierare l'avversità dei cattolici nei confronti della massoneria, quest'ultima non ebbe un ruolo rilevante nello scoppio della Rivoluzione francese. È stato elaborato un mito secondo cui la massoneria costituì un blocco di potere che lavorò diligentemente e segretamente alla caduta della monarchia borbonica nel 1789. Ma, come afferma lo storico argentino Eduardo R. Callaey, «la Rivoluzione francese non fu solo la rovina dell'antica massoneria, ma anche il suo carnefice [...] Ci furono massoni in ambedue gli schieramenti e molti furono ghigliottinati per mano dei loro stessi fratelli. La massoneria francese era non solo divisa, ma anche poco lucida, quando scoppiò la bufera. La storia dimostra che nella pratica tale unità fu un'utopia e che, in ultima istanza, continuare ad affermare che la massoneria fu l'artefice della rivoluzione è un errore». Tuttavia, uno dei figli della rivoluzione, Napoleone Bonaparte, s'incaricò di riportarla in vita a suo proprio vantaggio. Creò così alcune logge formate fondamentalmente da membri dei suoi eserciti, al cui vertice mise componenti della sua famiglia e la cui missione era estendersi nei territori conquistati per alimentare la lealtà nei confronti dell'imperatore.

Il sistema massone napoleonico cadde dopo la sconfitta di Waterloo, ma durante tutta la prima metà del XIX secolo le logge recuperarono la loro influenza in Europa. I sovrani assoluti, i re insediati sul trono dal Congresso di Vienna, furono violentemente antimassonici. Le persone che si opponevano al loro potere tirannico si organizzarono in società segrete (i carbonari italiani o la Loggia Lautaro ispanoamericana, ad esempio) che in molti casi venivano confuse con le logge massoniche, tra l'altro perché alcuni dei loro membri erano anche massoni. Fu allora che i monarchi e la Chiesa elaborarono il mito di una massoneria rivoluzionaria e demoniaca, nemica del trono e dell'altare, il cui fine ultimo era la distruzione della società e della pace. Il potere di questo mito reazionario è stato immenso e la sua ombra continua a proiettarsi nei secoli. Nel corso della storia i nemici della massoneria sono stati molto diversi. Durante il XX secolo la massoneria fu vietata e perseguitata tanto dai regimi fascisti, quanto da quelli comunisti. Nel 1922 la Terza Internazionale, nel corso del suo terzo congresso tenutosi a Mosca, su proposta di Lenin e Trockij, proclamò l'incompatibilità tra massoneria e comunismo. Tre anni dopo, Mussolini approvò una legge con la quale proibì la massoneria in Italia e, nel 1942, in piena Seconda guerra mondiale, il Terzo Reich affermò che la lotta contro gli ebrei e i massoni era un compito urgente del nazionalsocialismo.

Nei paesi più apertamente democratici la massoneria non dovette subire questa persecuzione e continuò a beneficiare di una presenza pubblica importante. L'esempio più significativo è quello degli Stati Uniti, in cui 17 dei suoi 44 presidenti e 18 dei suoi 47 vicepresidenti sono stati massoni (otto e sei rispettivamente nel XX secolo). La sua influenza è stata tale che nel 1934 il segretario all'Agricoltura, il massone Henry Wallace, propose al suo compagno massone Franklin Delano Roosevelt, all'epoca presidente, d'introdurre il Grande Sigillo degli Stati Uniti sul retro dei biglietti da un dollaro (fino a quel momento c'era soltanto il valore monetario). Dal 1935 questi biglietti riproducono uno dei crittogrammi massonici più celebri. Una delle facce della banconota rappresenta lo scudo della Repubblica sostenuto da un'aquila. L'altra è un vero e proprio rebus: si vede una piramide egizia tronca (a significare che la democrazia non è mai completata). Sulla sua base è iscritta la data MDCCLXXVI (1776, anno dell'indipendenza) e sulla sommità incompiuta un occhio della Provvidenza sovrasta la scena. Sul bordo superiore figura l'iscrizione latina ANNUIT CŒPTIS («La divinità ha acconsentito») e, su quello inferiore, se ne vede un'altra che recita NOVUS ORDO SECLORUM («Un nuovo ordine mondiale»). L'esatta interpretazione di questa immagine e le parole che l'accompagnano ha fatto versare fiumi d'inchiostro. Una spiegazione ufficiosa è che simbolizzerebbe la democrazia statunitense, iniziata con l'indipendenza e ancora da completare, autorizzata da Dio e il cui fine sarebbe in realtà quello di stabilire un nuovo ordine del mondo.

Non sono mancati gli autori che hanno voluto vedere in questa rappresentazione l'esistenza di un piano della massoneria per fondare un nuovo mondo, basato sui suoi principi e sotto il suo governo. Si tratterebbe di una cospirazione massonica per impossessarsi delle leve del potere globale. Sebbene le versioni di questo progetto siano molto diverse, i suoi difensori continuano a addurre come prova l'onnipresenza dei massoni negli ambienti di spicco della società. Non solo presidenti e politici, ma anche industriali, liberi professionisti, scienziati, intellettuali, artisti... Sarebbero stati tutti infiltrati dalla massoneria. Nel corso del XX secolo ci sono stati almeno sette premi Nobel per la pace massoni, data la loro evidente presenza nell'ambito delle relazioni internazionali; che si sappia, altri sei hanno ricevuto lo stesso riconoscimento in categorie diverse (tre per la letteratura, uno per la fisica, la chimica e la medicina). Persino otto dei più importanti astronauti della NASA, autentici eroi delle missioni spaziali, appartengono a differenti logge massoniche. Esiste realmente questa macchinazione o è l'eco di una propaganda ben architettata e diffusa dai nemici della massoneria? Le risposte a questa domanda sono tra le più varie e sicuramente ne saranno date molte altre perché, per quanto sembri incredibile, ancora oggi ciò che ignoriamo della massoneria è molto più di quello che conosciamo.

15

Il caso Booth: dubbi sull'assassinio di Lincoln

Il sedicesimo presidente degli Stati Uniti, Abraham Lincoln, fu assassinato nell'aprile del 1865. Il paese era coinvolto in una sanguinosa guerra civile da più di quattro anni, e solo allora si cominciava a intravedere la fine. Durante un'uscita a teatro nella capitale, il presidente fu colpito da un unico sparo. Morì qualche ora più tardi. L'omicida, il famoso attore John Wilkes Booth, riuscì a scappare dalla scena del crimine e a darsi alla fuga. Immediatamente cominciò una caccia all'uomo che, secondo la versione ufficiale, terminò dodici giorni più tardi. In un'isolata cascina della Virginia, l'assassino fu intrappolato e colpito da un proiettile, mentre i militari cercavano di catturarlo. Il paese accolse la notizia con sollievo: l'uccisione dell'assassino sarebbe servita, almeno in parte, ad alleviare il dolore per la morte del presidente. Questo è ciò che viene scritto sui libri di storia e quello che gli studenti americani hanno studiato per decenni. Tuttavia, un settore sempre più ampio di studiosi mette in dubbio questa versione. Il successo del piano per assassinare il presidente che era stato a capo dell'Unione durante la guerra è praticamente l'unica certezza, tutto il resto è in discussione: fatti e dati disseminati di contraddizioni, numerose discordanze e lacune nei rapporti posteriori al delitto. Quello che fino a poco tempo fa era solo un pettegolezzo, una leggenda della cultura popolare, oggi è un segreto risaputo. John Wilkes Booth potrebbe essere sopravvissuto per decenni dopo la morte di Lincoln ed essersi spento tranquillamente, forse addirittura in territorio americano.

Negli ultimi anni si sono susseguiti libri, teorie e petizioni formali alle autorità perché si potesse accedere ai documenti ufficiali ed eseguire le verifiche che potrebbero mettere fine alle discussioni riguardanti l'assassinio di Lincoln. Finora ogni tentativo è andato a vuoto e continuano a sussistere grandi incertezze. A poco a poco, però, si scoprono dettagli che potrebbero far luce sul primo assassinio di un inquilino della Casa Bianca. Sono stati setacciati minuziosamente la vita dell'omicida, i momenti antecedenti al crimine, la fuga e gli indizi di un'eventuale vita in seguito all'assassinio. Sono le tessere di uno dei rompicapi più affascinanti della storia. Tutto gira intorno a un personaggio che all'epoca era celebre, ma di cui in realtà ignoriamo alcune informazioni fondamentali; un uomo che si trasformò in un mistero nel momento in cui commise uno dei crimini più tristemente celebri al mondo. Un enigma chiamato John Wilkes Booth.

Il 14 aprile 1865, venerdì santo, il Teatro Ford di Washington DC era gremito di persone che assistevano alla rappresentazione serale. Appena cinque giorni prima, il generale dell'esercito confederato, Robert E. Lee, si era arreso al generale Grant ad Appomattox (Virginia). La guerra era finita, l'agonizzante esercito degli Stati confederati d'America (i sudisti) collassava miseramente come un castello di carte. Finalmente la capitale del paese poteva prendere fiato e cominciare a sognare un futuro di pace, che sembrava così vicino da poterlo quasi toccare. Alla rappresentazione avrebbe assistito l'uomo che aveva reso possibile la vittoria del Nord e aveva evitato la disgregazione dell'unità del paese, il presidente Lincoln. Forse anche lui aveva deciso di uscire per godersi qualche ora di respiro tra le sue gravose responsabilità governative, visto che la ricostruzione di un paese non si prospettava meno difficile di quanto fosse stato vincere la guerra. Tuttavia nessuno dei presenti avrebbe mai immaginato che quella che doveva essere una tranquilla rappresentazione teatrale si sarebbe trasformata in uno dei momenti più neri della storia degli Stati Uniti... C'era un assassino a teatro.

La convinzione di essere un eroe

Molti sostenitori della causa sudista non condividevano il clima di ottimismo che regnava a Washington. Credevano che non tutto fosse perduto, che un colpo di fortuna avrebbe potuto cambiare in maniera radicale i rapporti di forza e che così il Sud sarebbe rinato miracolosamente dalle ceneri. John Wilkes Booth era tra quelli che la pensavano così. Era nato in una famiglia di grande tradizione teatrale, dalla quale aveva appreso l'amore per i versi e per il palcoscenico. Questo, unito al suo temperamento vivo e passionale, lo portò a calcare presto le scene, fin dalla giovinezza. Nel 1865 era uno degli attori più celebri del paese, ma la sua indole romantica lo aveva spinto a sostenere la causa della Confederazione, quel vecchio mondo di cavalieri, campi di cotone e onore che la modernità stava spazzando via, e che finì per soccombere nella guerra civile.

Booth non era disposto a darsi per vinto, si considerava un uomo con una missione e aveva intenzione di sacrificarsi per la propria nazione. Gli storici non sono d'accordo sui dettagli, ma oggi si può affermare con sicurezza che Booth frequentasse alcuni circoli sudisti che pianificavano l'assassinio del presidente e di parte del governo, nel tentativo di disseminare il caos nell'Unione. In ogni caso, quando si sparse la notizia che Lincoln si sarebbe recato al Teatro Ford la notte di venerdì santo, Booth pensò che il destino gli avesse concesso un'opportunità. L'attore aveva recitato in numerose occasioni al Ford, sembra perfino che lo stesso Lincoln avesse assistito a una delle sue performance su quel palcoscenico. Conosceva a menadito l'edificio, dal quale poteva entrare e uscire a suo piacimento, essendo un attore e un frequentatore abituale e mantenendo ottimi rapporti con il proprietario, tanto da ricevere lì parte della sua corrispondenza. Ogni dettaglio sembrava incastrarsi alla perfezione con il suo sinistro piano.

Quella sera veniva messa in scena l'opera *Our American Cousin* («Il nostro cugino americano»), del drammaturgo britannico Tom Taylor. Si trattava di una commedia di situazione, nella quale un americano un po' rozzo ma dalle buoni intenzioni veniva introdotto nei saloni aristocratici della Gran Bretagna, durante la sua permanenza nel paese per rivendicare un'eredità. L'opera era stata messa in scena per la prima volta nel 1858 e aveva riscosso un grande successo per la sua comicità. Veniva rappresentata da anni e sembrava l'ideale per distrarre un po' i cittadini di un paese oppresso dalla guerra. Booth non avrebbe interpretato alcun ruolo nell'opera, ma era riuscito a mettere le mani su un copione che sarebbe servito a ben altri scopi... Il presidente e sua moglie Mary arrivarono quando la commedia era già iniziata e furono fatti accomodare nel palco presidenziale. Questo si trovava all'estrema destra della platea, proprio sopra il palcoscenico. Ad accompagnare la coppia, c'erano il maggiore Henry Rathbone e la sua fidanzata Clara Harris. Niente lasciava presagire la tragedia che di lì a poco si sarebbe consumata.

Poco dopo le dieci di sera, Booth entrò nel teatro. Non possedeva un biglietto, ma non ne aveva certo bisogno. Salutò i presenti, che lo conoscevano bene. Nonostante i suoi piani criminali, non si preoccupò di mascherare la propria identità o di entrare nell'edificio di nascosto. Si diresse immediatamente al corridoio che portava al palco presidenziale. A quell'epoca la sicurezza del presidente era molto più blanda di adesso. Lincoln di solito usciva accompagnato da una o due guardie del corpo, però quella sera chi lo aveva scortato se n'era andato poco dopo. Tale coincidenza fu oggetto di grandi controversie. In seguito l'uomo avrebbe affermato che aveva un appuntamento con alcuni conoscenti... Che fosse coinvolto nel piano? Era stato ingannato perché abbandonasse il suo posto? Queste domande non hanno ancora trovato una risposta convincente.

Booth arrivò senza problemi alla porta del palco e poté osservare ciò che accadeva all'interno. Non si sa ancora come, però riuscì ad assicurarsi che nel palco presidenziale non ci fossero scorte attraverso un buco nella porta. Si racconta che Booth avesse fatto il buco quella stessa sera, ma sembra poco probabile che ci fosse riuscito senza attirare l'attenzione. Chi forò la porta e quando sono ancora enigmi irrisolti del caso. Una volta accertatosi di poter procedere indisturbato, l'attore s'intrufolò nel palco senza che nessuno se ne accorgesse; dovette muoversi con estrema prudenza. Aveva imparato la commedia a memoria e aveva scelto il momento esatto nel quale portare a termine la sua missione. Tirò fuori una pistola Derringer dal cappotto e aspettò un istante. Nel momento in cui una scena dell'opera suscitò una sonora risata dalla platea, si udì lo sparo.

Booth sparò un solo colpo alla testa di Lincoln, che gli dava le spalle. Il proiettile penetrò appena sotto l'orecchio sinistro, attraversò il cervello e si fermò dietro l'orecchio destro. Il presidente si accasciò in avanti, incosciente ma ancora vivo. In quel momento il maggiore Rathbone cercò di fermare l'assassino. Booth sperò di sbarazzarsene ferendolo al braccio con un coltello, ma nella colluttazione il militare gli sbarrò il passo verso la porta. Non c'era altra via di uscita se non saltare dal balconcino sul palcoscenico. La successione degli avvenimenti rimane ancora da chiarire. L'omicida saltò da un'altezza di tre metri e mezzo, e sembra che andò a sbattere contro qualcosa nella caduta. Il palco era decorato da due bandiere che dagli estremi si univano al centro della balaustra, alla quale era appeso un quadro di George Washington. Alcuni dicono che Booth fosse inciampato nel ritratto presidenziale, altri che Rathbone fosse riuscito ad afferrarlo per i pantaloni.

Una volta sul palcoscenico, tra la confusione generale, l'assassino riuscì a scappare, gridando la locuzione latina *Sic semper tyrannis* («Così sempre ai tiranni»), la stessa che aveva pronunciato Bruto affondando il pugnale nel corpo di Cesare. Il corpo del presidente giaceva a terra e il suo assassino si dava alla fuga. Da quel momento, gli interrogativi e i dubbi sulla negligenza nella sicurezza del presidente e sul successo dell'attentato avrebbero assillato e pesato sulla coscienza di molte persone, fino al termine della loro vita.

Sempre verso sud

Ebbe inizio immediatamente una delle cacce all'uomo più famose della storia. Booth riuscì a lasciare il teatro attraverso una porta laterale vicina al palcoscenico, fuori dalla quale c'era il suo cavallo ad attenderlo, pronto alla fuga. Qui si presenta una nuova incognita nella successione dei fatti: a un certo punto il fuggitivo si era rotto la gamba; alcuni affermano che dovesse essere successo saltando dal palco, altri pensano che fosse successo montando a cavallo e c'è chi invece è sicuro che fosse accaduto nelle ore successive all'attentato. In ogni caso, Booth non era in grado di camminare, di conseguenza la fuga a cavallo dovette essere parecchio sofferta. La direzione che aveva preso fu chiara fin dall'inizio: si dirigeva verso sud. Cavalcò fuori dalla capitale, attraversò il ponte del cantiere navale e alla frontiera con il Maryland si incontrò con chi lo avrebbe aiutato a fuggire: il suo amico e sostenitore della causa sudista, David Herold.

Continuarono lungo il loro percorso per due ore e dopo ventidue chilometri arrivarono a una delle più famose locande sudiste dell'epoca: la Surratt Tavern. Era mezzanotte quando Herold smontò da cavallo e si procurò armi, munizioni e viveri. Successe tutto molto rapidamente e, nonostante Booth non fosse sceso da cavallo, sembra che avesse conversato con gli avventori del locale, vantandosi di aver sparato a Lincoln qualche ora prima. Ma il dolore alla gamba di Booth li costrinse a procedere sempre più lentamente e con difficoltà. Ci misero quattro ore per percorrere altri ventidue chilometri e a poco a poco capirono che per procedere avrebbero avuto bisogno di aiuto. Nelle vicinanze di Waldorf (Maryland) si fermarono a casa del dottor Samuel Mudd. Ben coscienti dei rischi che correvano, Booth e Herold non rivelarono la propria identità. Il medico prestò le sue cure al ferito con una visita d'urgenza e i due fuggitivi passarono lì la notte.

Nel frattempo, a Washington ci si cominciava a rendere conto che il presidente non sarebbe rimasto in vita a lungo. Dopo un primo esame all'interno del teatro, il ferito fu portato fuori dall'edificio, in cerca di uno studio dove i medici avrebbero potuto svolgere meglio il loro lavoro. Una volta in strada, i soccorritori si accorsero che un uomo faceva segno dalla propria casa, lasciando intendere che lì avrebbero trovato quello che cercavano. Si trattava di Henry Safford, l'unico ospite presente in quel momento nella pensione Petersen, che dopo aver saputo che cos'era successo, nonostante l'assenza dei proprietari, non esitò a prendere l'iniziativa. Superata la perplessità iniziale dei soccorritori, il presidente fu portato in una camera vuota, mentre fuori dall'edificio cominciava a radunarsi una folla in attesa di notizie. La first lady arrivò immediatamente, scortata dal maggiore Rathbone e dalle amiche Elizabeth Dixon e Clara Harris. Rimase nella pensione Petersen per tutta la notte, mentre facevano la loro apparizione membri del governo, militari e medici. Fu dato l'ordine di allontanare la folla per continuare più tranquillamente possibile. I dottori riuscirono solo a sbarazzarsi dei coaguli di sangue che si formavano nella ferita, per evitare che facessero pressione sul cervello impedendo al paziente di respirare. Le emorragie interne ed esterne però non si fermarono per tutta la notte e alle 7.22 di sabato 15 aprile il presidente si spense.

In quel momento catturare l'assassino, a qualsiasi costo, era diventata la priorità di molti membri del governo. Fu fissata una taglia di 100.000 dollari. All'inizio delle operazione di cattura, Booth si stava svegliando a casa del dottor Mudd. Si rasò i baffi e, secondo alcuni testimoni, forse si tinse anche i capelli per mascherare la propria identità. Insieme a Herold riprese la fuga, vagabondando fino al sud del Maryland e cercando di arrivare in Virginia senza essere scoperti. Forse già allora l'assassino del presidente cominciava a rendersi conto che il suo gesto non era stato accolto come un atto di eroismo patriottico e che le conseguenze avrebbero potuto essere peggiori del previsto. Alla fine, il 24 aprile, Booth e Herold si nascosero in una fattoria vicino a Port Royal (Virginia), proprietà di Richard Garrett. Rimasero nell'essiccatoio del tabacco fino alla mattina del 26 aprile; alcuni affermano che furono aiutati da tre soldati confederati.

Intorno alle due del mattino, secondo la versione ufficiale, nell'essiccatoio si trovavano solo Booth e Herold. L'edificio era una specie di granaio costruito con assi di legno che lasciavano entrare l'aria, evitando che le foglie di tabacco si rovinassero per l'umidità. Nell'oscurità, una truppa di soldati dell'Unione si avvicinò all'edificio. Erano i membri del 16° reggimento della cavalleria di New York, capitanata dal tenente Edward Doherty. I due fuggitivi, nonostante l'oscurità, si resero conto di essere circondati. Herold si agitò e propose a Booth di arrendersi. L'attore, lungi da considerare la proposta, lo gettò allo scoperto gridando: «Quest'uomo vuole arrendersi!». Herold fu arrestato immediatamente e Doherty invitò Booth a fare lo stesso. Nel frattempo, uno dei soldati diede fuoco al capannone dalla parte posteriore. In mezzo alla confusione, un altro membro dell'unità, Boston Corbett, sparò all'assassino, ferendolo gravemente al collo. Si aprirono subito le porte dell'edificio e Booth fu portato via qualche secondo prima che esalasse l'ultimo respiro. Così terminava la vita del primo assassino di un presidente degli Stati Uniti. O almeno, questo è quello che hanno sempre voluto far credere all'opinione pubblica in una delle epoche più critiche della giovane repubblica americana.

Troppi interessi in gioco

La morte di Booth rese impossibile trovare una risposta a molti degli interrogativi che circondavano l'assassinio di Lincoln. Quando il suo corpo agonizzante fu portato via dalla fattoria Garrett, l'indagine era ancora agli inizi e la testimonianza dell'assassino avrebbe potuto far luce sulle questioni rimaste irrisolte. Invece la stessa morte di Booth diede presto adito a molti dubbi, dubbi che all'epoca vennero trascurati, ma che oggi rimettono in discussione la versione ufficiale dei fatti.

I problemi iniziarono già alla fattoria. Sembra che Herold, il complice arrestato, non abbia identificato il cadavere dell'amico una volta interrogato dal tenente Doherty e abbia affermato che l'individuo ferito fosse un altro confederato di nome James Boyd. I militari non gli diedero retta e il presunto cadavere di Booth fu portato al cantiere navale di Washington, dove venne caricato sulla corazzata *Montauk*. Sulla stessa nave furono portati tutti i detenuti che sembravano coinvolti nella fuga di Booth. Durante quei primi giorni la pressione dell'opinione pubblica perché il colpevole venisse catturato, vivo o morto, era enorme e pesava sul segretario di Guerra, Edwin Stanton. Alcuni storici hanno considerato la possibilità che vi fosse stata una cospirazione per far passare il cadavere di un'altra persona per quello di Booth e soddisfare così l'opinione pubblica. I militari che si erano occupati della missione nella fattoria Garrett avevano ottenuto grandi ricompense in denaro per la loro impresa e a Stanton avrebbe fatto molto comodo un cadavere da presentare alla stampa.

Identificando il cadavere con quello di un'altra persona, inoltre, Herold non aveva tratto alcun vantaggio. Era stato arrestato e c'era dentro fino al collo; mettere in discussione la morte di Booth non avrebbe emendato le sue colpe. I dubbi riguardavano soprattutto il numero di persone presenti nell'essiccatoio di tabacco: se ci fossero soltanto loro due o se, invece, i fuggitivi fossero stati aiutati da altri sostenitori della causa della Confederazione. L'edificio era rimasto circondato fino al momento in cui Corbett avrebbe ferito il presunto Booth. Da quell'istante, l'attenzione dei soldati si concentrò sulla parte anteriore del granaio. Se all'interno ci fossero state altre persone, avrebbero potuto scappare passando inosservate, approfittando della confusione del momento. La persona segnalata da Herold, James Boyd, viene menzionata negli archivi pubblici statunitensi: Boyd fu un soldato confederato che nel 1864 era stato fatto prigioniero e aveva accettato di giurare fedeltà all'Unione e lavorare per loro come spia. Questo ha indotto a sospettare che il governo avesse qualche responsabilità nel coinvolgimento di Boyd. Poteva essere stato usato come spia per localizzare Booth nella fuga e aver perso la vita nella fattoria Garrett. In questo caso, il governo avrebbe coperto l'errore per evitare lo scandalo di essersi fatti sfuggire l'assassino. C'è chi si spinge ancora più in là e afferma che Stanton avrebbe usato Boyd come capro espiatorio, per salvare la situazione.

I sospetti però si estendono ai giorni successivi alla presunta morte di Booth. Sulla *Montauk* vennero effettuati l'autopsia e il riconoscimento del cadavere. Delle tredici persone presenti, solo tre non erano relazionate con l'esercito o il governo, tra cui un fotografo, incaricato di immortalare il cadavere. Il negativo fu sviluppato nel suo studio in un'unica copia su lastra di vetro e consegnato a un ufficiale dell'esercito, che doveva portarlo a Stanton. Non si hanno più notizie di tale prova, che si sarebbe rivelata definitiva per accertare l'identità del cadavere. Per il riconoscimento non vennero chiamati né i familiari né gli amici di Booth, tantomeno chi era stato in contatto con lui durante le ultime ore di vita e si trovava imprigionato a bordo. L'unica persona affidabile che partecipò all'autopsia fu il dottor John Frederick May, un chirurgo che due anni prima aveva operato Booth alla schiena. May affermò che il corpo che gli avevano presentato sembrava quello di una persona più vecchia di Booth, che i capelli non erano dello stesso colore (Booth aveva i capelli neri e il cadavere li aveva rossicci) e che non ricordava che il suo paziente avesse le lentiggini. Ciò nonostante, confermò l'identificazione basandosi sulla cicatrice dell'operazione che lui stesso aveva effettuato. Attualmente si sospetta che non avesse avuto altra scelta e che lo stessero minacciando con la forza.

Nonostante i dubbi irrisolti, la risoluzione dell'enigma non è una questione impossibile. Nel Museo nazionale della salute e della medicina dell'ospedale militare Walter Reed di Washington, si conservano vari resti di tessuto del cadavere che venne riconosciuto (alcune vertebre e campioni di midollo spinale). Grazie a una moderna analisi del DNA, si potrebbe confrontare il materiale genetico con i resti di uno dei fratelli di Booth, Edwin, sepolto al cimitero di Cambridge (Massachusetts) e chiudere così la questione una volta per tutte. Nel 1994, la famiglia Wood e un gruppo di storici fecero richiesta allo Stato del Massachusetts, per via giudiziale, di poter riesumare i resti di Edwin Booth. Il giudice non accettò la richiesta, affermando che il cattivo stato di conservazione del sepolcro, causato dall'umidità e dal tempo, avrebbe con ogni probabilità reso impossibile il prelevamento di resti attribuibili al cento per cento al cadavere di Edwin. Ciò avrebbe reso la prova del DNA inconcludente. Nel 2010 fu avanzata una proposta simile, che venne rifiutata di nuovo.

Da quel momento si sono susseguite molte teorie sulla vita che avrebbe condotto Booth dopo essere fuggito dalla fattoria Garrett. È stato ipotizzato che, qualche tempo dopo l'assassinio, Booth avrebbe cambiato identità, diventando John B. Wilkes, e che sarebbe riuscito a scappare fino in India, all'epoca colonia inglese, dove sarebbe deceduto nel 1883. Altri affermano che non avrebbe mai lasciato gli Stati Uniti e che, sotto l'identità di John Saint Helen, avrebbe vissuto negli stati del suo amato Sud fino alla morte, avvenuta agli inizi del XX secolo. Ciò che nessuno può mettere in dubbio a questo punto è che la cattura e il riconoscimento di Booth furono eseguiti frettolosamente e che i sospetti sull'identità del cadavere sono più che fondati. Quel che accadde veramente non è chiaro, né si conoscono i motivi per cui risulta impossibile, oggigiorno, realizzare le analisi che chiuderebbero la questione una volta per tutte. All'inizio del XXI secolo questa storia continua a turbare il cuore e la politica americana, e forse proprio per questo non si sono compiuti i passi necessari per un chiarimento definitivo. Un giorno forse ci sarà dato conoscere ciò che successe davvero.

16
Harry Houdini: omicidio?

La notte di Halloween del 1926 morì a Detroit il mago più famoso di tutti i tempi: Harry Houdini. Aveva solo cinquantadue anni e la sua abilità come illusionista ed escapologo aveva fatto di lui uno dei personaggi più famosi dell'epoca. Dal Canada agli Stati Uniti, passando per l'Europa e l'Australia, il mondo intero ammirava attonito l'uomo che sembrava superare costantemente i limiti della natura. Houdini si liberava da casse chiuse con pesanti catene, da camicie di forza, manette e urne piene d'acqua gelata. Eppure la morte lo portò via ben prima di quanto fosse ragionevole immaginare. Forse per questo la notizia del suo decesso fu così difficile da accettare e non tardarono a circolare voci che mettevano in dubbio la versione ufficiale dei fatti, secondo cui Houdini era morto a causa di una peritonite scatenata da un pugno. È possibile però che queste voci non fossero suscitate solo dalla difficoltà di accettare la scomparsa di un uomo che sembrava invulnerabile, forse c'erano motivi ragionevoli per mettere in dubbio le cause del decesso, tanto ragionevoli che uno dei suoi discendenti, un nipote di nome George Hardeen, richiese nel 2007 il permesso giudiziario di riesumare la salma del grande mago. Se il mitico illusionista non morì per cause naturali, che cosa accadde veramente? E soprattutto, chi c'era dietro la sua morte?

Ehrich Weisz (vero nome di Houdini, poi americanizzato in Erik Weiss) nacque a Budapest il 24 marzo 1874. Suo padre, il rabbino Mayer Samuel Weisz, uomo con una solida formazione in legge e una rigida morale, emigrò negli Stati Uniti quando Erik aveva solo due anni, in cerca di un futuro più promettente di quello che poteva offrirgli il suo paese d'origine. Quando nel 1878 Erik, insieme ai fratelli e alla madre, Cecilia Steiner, raggiunse il rabbino Mayer ad Appleton (Wisconsin) iniziò però per la famiglia una lunga fase di spostamenti ben lontana dal sogno di stabilità che li aveva spinti a partire. Nel giro di sedici anni i Weisz si spostarono dal Wisconsin a Milwaukee e a New York, senza che Mayer riuscisse ad affermarsi come rabbino. Incapace di adattarsi al nuovo mondo, il frustrato rabbino finì per lavorare in un negozio di confezioni a New York, dove una volta adolescente avrebbe lavorato anche Erik. A differenza del padre, però, Erik non era disposto a essere solo uno tra le centinaia di immigrati ingurgitati dalla potente nazione americana e non avrebbe tardato a dimostrarlo.

Il figlio anticonformista di un immigrato ungherese

La vita dei Weisz durante i primi anni trascorsi negli Stati Uniti fu – come quella di tanti altri immigrati nella loro situazione – molto dura. Insieme alle ovvie difficoltà culturali che si incontrano in un paese straniero, i Weisz dovettero affrontare la complessa situazione psicologica ed economica dovuta al fatto che il capofamiglia non poteva guadagnarsi da vivere come rabbino. Nonostante questo, o forse proprio per questo, Erik cominciò fin da giovane a dimostrarsi molto abile nell'affrontare le avversità e a farsi strada con le proprie forze. Come ricorda Adam Phillips, autore del libro *La scatola di Houdini*, «Houdini, rifuggendo le tradizioni che il padre – vittima dell'ortodossia del Vecchio Mondo nella frenesia commerciale del Nuovo – non poteva portare avanti, e con le quali nemmeno poteva mantenersi, trovò in se stesso un'utile opportunità: una religione personale basata sull'ingegno e sull'inventiva. Da piccolo vendette giornali, lustrò scarpe e lavorò come ragazzo delle consegne per alleviare la penuria costante in cui viveva la famiglia, ma ciò che veramente lo attraeva era il culto della sfida spettacolare [...] A nove anni fece la prima apparizione come contorsionista e trapezista; si contorceva, si dondolava nell'aria e poi recuperava la forma abituale. Si faceva chiamare [...] Ehrich, Principe dell'Aria».

Solo due anni dopo, appena undicenne, Erik, che all'epoca lavorava come aiutante fabbro, manifestò per la prima volta una delle abilità che l'avrebbero reso famoso. Lo sceriffo locale aveva perso le chiavi delle manette e, non riuscendo ad aprirle nemmeno con una sega, chiese aiuto al giovane aiutante del fabbro. Erik, già affascinato dai trucchi di magia e avido lettore di libri sull'illusionismo e sui maghi famosi, aprì le manette senza alcuno sforzo. Abilità, preparazione e sorpresa: Erik aveva scoperto le tre chiavi del suo successo.

La fase di «Ehrich Principe dell'Aria» non durò a lungo; a quindici anni Erik lavorava già come mago sotto il nome che l'avrebbe consacrato nel mondo dello spettacolo: Harry Houdini. A quanto pare, lo pseudonimo derivava dall'ammirazione di Erik per il famoso prestigiatore francese Jean Eugène Robert-Houdin, i cui libri sulla magia furono essenziali nella formazione di Houdini. Ehrich fu americanizzato in Harry e al cognome del tanto ammirato maestro fu aggiunta la «i» finale. Presto il nome di Harry Houdini divenne noto al pubblico degli spettacoli di vaudeville, che rimaneva affascinato dalle sue doti di illusionista, mentalista ed escapologo. Negli anni Novanta Houdini lavorava già come mago itinerante accompagnato dalla moglie, Wilhelmina Beatrice Rahner, conosciuta a diciott'anni.

La fama di Houdini crebbe al passo con la sua inesauribile capacità di escogitare nuove, incredibili sfide per sorprendere il pubblico. Houdini non si limitava a realizzare i numeri classici dell'illusionismo come nessun altro prima di lui, ma aveva anche una vera ossessione per la presentazione di spettacoli inediti, inverosimili e sempre più complessi, soprattutto per quanto riguardava i numeri di escapologia. Il suo primo numero famoso, battezzato da lui stesso «Metamorfosi», consisteva nel farsi legare e mettere in un sacco che poi la moglie (e aiutante) depositava all'interno di un baule, che veniva chiuso con un lucchetto, legato con una grossa corda e riposto in un armadio. Il mobile era poi nascosto dietro una tenda. A quel punto Beatrice batteva tre colpi con la mano e andava a sua volta dietro la tenda, che si apriva all'istante mostrando al pubblico Houdini libero accanto all'armadio, e Beatrice dentro il baule.

I numeri di Houdini si fecero sempre più complessi e spettacolari, il pubblico stentava a credere ai propri occhi. Il mago, davanti a tutti e senza nascondersi, si liberava da corde, cinture, cinghie o lenzuola bagnate che lo immobilizzavano in un letto d'ospedale; si sfilava da camicie di forza, apriva ceppi e manette. Uno dei suoi numeri più noti era la cosiddetta «Cella della tortura cinese dell'acqua», in cui l'illusionista era introdotto a testa in giù e con le caviglie legate in un armadio a tenuta stagna pieno d'acqua. Dopo poco più di due minuti Houdini compariva bagnato fradicio ma vivo, fuori dalla sua prigione. In molte occasioni i numeri si svolgevano all'esterno dei teatri, perché utilizzava come palcoscenico i luoghi più emblematici di alcune città. Si faceva gettare dentro una cassa chiusa a chiave e sigillata con cinte di ferro nelle acque del porto di New York, per poi uscirne indenne con la stessa facilità con cui si legava a testa in giù appeso a un palazzo di Washington e riusciva a liberarsi dai legacci. Non deve stupire, come afferma Kenneth Silverman, autore di una delle sue biografie, «che l'immagine che molti hanno di Houdini sia quella di un uomo in camicia bianca e pantaloni scuri, che penzola da un palazzo appeso a testa in giù, con le braccia aperte in una posa da crocifissione al contrario».

Per uscire vincitore da tutte queste situazioni, Houdini contava non solo sui trucchi che aveva ideato, ma anche su condizioni fisiche straordinarie, frutto di un rigido allenamento. L'illusionista si sottoponeva ogni giorno a una durissima routine a base di bagni in acqua gelata che duravano ore (durante i quali continuava ad aggiungere nella vasca cubi di ghiaccio), a esercizi per disincastrare e poi risistemare le ossa in modo da potersi liberare, e per ingoiare e rigurgitare chiavi e grimaldelli. Houdini poteva essere orgoglioso della propria forma fisica e, a quanto pare, gli piaceva vantarsene. Eppure alla fine furono proprio le sue condizioni fisiche a tradirlo... o almeno così dissero.

Uno strano incidente e una strana diagnosi

Undici giorni prima di morire, Houdini si trovava in Canada alla McGill University per esibirsi e tenere alcune conferenze. Era il 22 ottobre 1926 quando il famoso escapologo ricevette la visita di tre ammiratori, studenti dell'università. Uno di loro, J. Gordon Whitehead, era un abile pugile e, avendo spesso sentito Houdini vantarsi della propria forma fisica, gli chiese se fosse sicuro di poter incassare qualsiasi colpo all'addome. Quando il mago rispose affermativamente, Whitehead gli chiese di dimostrarlo e lo colpì, ma Houdini, che era seduto e si stava alzando, non ebbe il tempo di prepararsi a incassare. Nei giorni seguenti, i dolori all'addome divennero insopportabili e gli salì la febbre, ma il mago si rifiutava di rivolgersi a un medico perché aveva piena fiducia nel proprio fisico e non era disposto ad annullare gli impegni, anche se più di una volta perse conoscenza durante lo spettacolo. Quando finalmente si recò al Grace Hospital di Detroit, era già troppo tardi. La peritonite causata dalla rottura dell'appendice in seguito al colpo ricevuto gli fu fatale. Houdini morì la notte del 31 ottobre.

Questa è la versione ufficiale dei fatti, di fronte alla quale diversi ricercatori e biografi sollevano dubbi più che leciti. Tanto per cominciare, l'appendice non può infettarsi a causa di un colpo ricevuto; ma forse si può rompere se il processo infiammatorio è già in corso. Inoltre, l'ospedale si rifiutò di fornire informazioni sulla morte del mago e, cosa ancora più strana, non fu eseguita un'autopsia. Anche se l'aneddoto dei tre studenti è stato accertato (hanno anche dovuto rilasciare dichiarazioni perché la vedova di Houdini potesse riscuotere l'assicurazione), alcuni autori come Kenneth Silverman mettono in dubbio il resoconto ufficiale dei fatti: «In nessuna delle dichiarazioni o degli scritti di cui disponiamo, Houdini afferma di essere in grado di incassare forti pugni nello stomaco, anche se questa voce potrebbe essere circolata insieme alle altre numerose dicerie sulla sua persona». Le circostanze che avvolgevano la morte di Houdini erano talmente poco chiare che i sospetti su un possibile omicidio non tardarono a finire sui giornali. E se la mancanza di prove fa sorgere dubbi sulla morte di Houdini, la prima domanda che bisogna porsi è: esisteva qualcuno che avrebbe potuto desiderare e provocare la sua morte?

Se c'è una cosa su cui tutti i biografi sono d'accordo, è che al mago non mancavano i nemici: Houdini era famoso in tutto il mondo e di sicuro il suo successo suscitò l'invidia di molti. Ma una cosa è invidiare qualcuno, un'altra, ben diversa, è considerarlo un nemico di cui desiderare la scomparsa. Non è comunque necessario indagare troppo a fondo nella vita di Houdini per scoprire che c'era chi avrebbe voluto vederlo morto, dato che da anni era guerra aperta tra l'illusionista e un particolare gruppo sociale: gli spiritisti.

Far parlare i morti e... mettere a tacere i vivi?

Lo scontro tra Houdini e quelli che si definivano medium o spiritisti era di dominio pubblico. Anche Houdini aveva flirtato con lo spiritismo nei primi anni di carriera come artista di vaudeville, quando proponeva numeri di mentalismo in cui fingeva di entrare in contatto con i morti, ma come poi confessò lui stesso, aveva abbandonato la pratica perché la riteneva immorale: «Quando osservavo l'assoluta serietà con cui erano recepite le mie parole [...] sentivo che il gioco si spingeva troppo oltre, dato che non mi piaceva affatto l'idea di calpestare i sentimenti più sacri dei miei ammiratori». Il rifiuto dello spiritismo aumentò in seguito alla morte della madre, a cui Houdini era molto legato, nel 1913. La disperazione per la perdita fu tale che il mago si rivolse a una medium per cercare un contatto con la defunta, ma la risposta insoddisfacente che ricevette, unita alla conoscenza della magia, gli fecero capire di essere vittima di un inganno.

Il fatto che Houdini avesse pensato di chiedere l'aiuto di uno spiritista non era così strano all'epoca come si potrebbe pensare, poiché già dalla fine del XIX secolo si assisteva a una fioritura delle correnti di pensiero che credevano nella possibilità di entrare in contatto con l'aldilà. Gli orrori della Prima guerra mondiale (1914-1918) rafforzarono queste correnti, che diventarono molto popolari in Europa e in America. La guerra, senza precedenti in quanto a dimensioni e crudeltà, costò la vita a milioni di persone. Le famiglie che avevano perso uno o più figli erano migliaia, così come le persone alle quali era venuto a mancare un fratello, un marito, un fidanzato o un amico. In una situazione del genere, qualsiasi cosa offrisse un po' di conforto era ben accetta, e se il conforto proveniva dal poter parlare ancora una volta con i propri cari, tanto meglio. Il fenomeno del boom dello spiritismo dopo la Grande Guerra è ancora oggi oggetto di studio per storici, sociologi e psicologi, ma in quegli anni fu un balsamo per l'anima di molte persone; per altre invece, come Houdini, si trattava di una piaga sociale che approfittava del dolore altrui e doveva essere combattuta.

E se c'era qualcuno con la preparazione e le abilità necessarie per smascherare i falsi spiritisti, questo era proprio Houdini. Come scrisse Adam Phillips, «c'erano due cose che Houdini era determinato a dimostrare senza lasciare spazio ai dubbi. La prima era che i morti non si possono resuscitare e quindi non parlano; la seconda era che i medium spiritisti che affermavano di poterlo fare erano impostori e falsi maghi, perché la loro magia utilizzava trucchi sfacciati al servizio di una speranza poco o per nulla realistica. Solo chi disponeva di informazioni privilegiate, insisteva Houdini, solo un mago abile ed esperto poteva scoprire le astuzie su cui si basava questo oltraggio al pubblico, questo inganno deliberato». Houdini impiegò tutte le sue conoscenze per combattere l'attività di medium e spiritisti, e non gli fu difficile smascherare i trucchi usati da questi impostori nelle sedute in cui sostenevano di entrare in contatto con l'aldilà.

L'attività di Houdini in questo senso fu frenetica. Prima di esibirsi in una città, ingaggiava un detective privato e vari aiutanti che individuassero i medium che offrivano i loro servizi nella zona. Poi li invitava ad assistere al suo spettacolo e lì, davanti a tutti, svelava trucchi e bugie. Grandi manifesti pubblicitari invitavano il pubblico ad assistere allo smascheramento di quelli che Houdini chiamava «spiritisti fraudolenti». I suoi spettacoli erano di solito suddivisi in tre parti: una dedicata all'illusionismo, una all'escapologia e infine una pensata interamente per smascherare i finti medium. Trombette nascoste sotto il tavolo per distorcere la voce, guanti riempiti e cuciti alle maniche, in modo da sostituire la mano che il medium utilizzava per scrivere i messaggi che a suo dire gli avrebbero lasciato gli spiriti, e così via. Houdini non risparmiava i dettagli nelle sue famose spiegazioni. Pubblicò anche alcuni libri in merito, come *Houdini: un mago tra gli spiriti*. Nel 1924 tenne una serie di conferenze in giro per gli Stati Uniti, denunciando i metodi e i pericoli dei falsi medium, ed entrò a far parte del comitato di ricerca sullo spiritismo della prestigiosa rivista «Scientific American». Gli unici segreti che non potevano essere rivelati erano i suoi, ma la magia di Houdini giocava con l'illusione dello spettatore e l'unica cosa di valore che metteva a rischio era la vita del mago stesso.

La crociata di Houdini contro gli spiritisti lo portò nel mirino di questo gruppo. Quel mago presuntuoso sembrava determinato a rovinare il loro fruttuoso giro d'affari aprendo gli occhi alle vittime. Non era un problema di concorrenza, dato che Houdini non voleva rubare loro i «clienti», ma una questione di soldi; c'era in gioco parecchio denaro. Molti medium andarono in rovina in seguito alle denunce dell'illusionista e altri temevano di fare la stessa sorte. Nel 1926, l'anno della sua morte, Houdini arrivò a parlare di fronte a due sottocommissioni del Senato e del Congresso degli Stati Uniti, all'interno del dibattito su una legge che avrebbe proibito la pratica della divinazione. Forse qualcuno pensò che fosse giunta l'ora di chiudergli la bocca una volta per tutte. Tra gli spiritisti sembra che in molti non vedessero l'ora di farlo e l'identità di alcuni di loro può essere sorprendente.

Sir Arthur Conan Doyle

Tra la fine del XIX secolo e l'inizio del XX il movimento spiritista non era popolare solo tra le persone meno istruite o di estrazione sociale più umile. Tra i difensori dello spiritismo si contavano artisti e intellettuali di prim'ordine, come per esempio lo scrittore britannico Arthur Conan Doyle, creatore, tra altri personaggi indimenticabili, del detective Sherlock Holmes e del suo aiutante Watson. Doyle aveva perso un figlio durante la Prima guerra mondiale ed era ricorso a un medium di nome Evan Powel per contattarlo nell'aldilà. Come ricorda Adam Phillips, «per Conan Doyle, come per molti suoi contemporanei, lo spiritismo non era magia a buon mercato e opportunista, ma un prezioso avanzamento culturale; più che un'arte, era una vocazione religiosa che alleviava quella che poteva definirsi una comune pena cosmica».

I Doyle e gli Houdini erano amici da quando lo scrittore aveva conosciuto il mago durante un viaggio negli Stati Uniti. Tuttavia, gli attacchi continui di Houdini allo spiritismo (in particolare la critica ai fratelli Davenport, celebri spiritisti, contenuta in uno dei libri che mandò allo scrittore) finirono per deteriorare i loro rapporti. Ognuno conosceva l'opinione dell'altro, ma era fermamente convinto di avere ragione. Doyle fece tutto il possibile per convincere Houdini dell'autenticità dei contatti con gli spiriti invitandolo a sedute con diversi medium, ma le conoscenze di Houdini finivano sempre per smontare le loro teorie. La situazione esasperava lo scrittore, il quale tra l'altro era convinto che anche Houdini avesse poteri soprannaturali, mentre il mago vedeva con chiarezza che Doyle era una persona facile da raggirare. «Siccome non studiò mai gli artifici della magia, guadagnarsi la sua fiducia e trarlo in inganno era la cosa più semplice del mondo» scrisse il mago a proposito di Doyle, secondo il racconto del suo biografo Kenneth Silverman.

Per i più convinti sostenitori dello spiritismo, come Doyle, la difesa di questa pratica era una questione morale, di fede e addirittura religiosa. Inoltre, lo scrittore era uno degli esponenti più in vista del movimento e forse si sentì in dovere di porre fine ai dannosi attacchi di Houdini. C'è anche chi ritiene che nessuno avrebbe potuto ideare un delitto perfetto meglio dell'autore dei crimini impossibili risolti da Sherlock Holmes...

La maggior parte dei biografi di Houdini considerano però molto remota la possibilità che ci fosse Conan Doyle dietro la morte del grande mago. Nel suo caso non c'erano di mezzo interessi economici, ma solo una questione di principi e, secondo questi stessi principi, esisteva una vita dopo la morte: non avrebbe quindi avuto molto senso uccidere qualcuno che poteva continuare a creare problemi anche da morto. Alcuni esperti, come William Kalush e Larry Sloman, nella biografia *La vita segreta di Houdini: la nascita del primo supereroe americano,* alludono alla possibilità che sia stato un gruppo organizzato di spiritisti a porre fine alla vita del mago, forse avvelenandolo. Dopotutto gli spiritisti avevano le loro ragioni per desiderare di mettere a tacere Houdini e, a quanto pare, alcune settimane prima della sua morte anche la moglie Beatrice aveva manifestato sintomi di intossicazione alimentare, che non erano cessati fino a dopo la scomparsa del mago. Potrebbe essersi trattato di un danno collaterale? Può essere, ma non manca nemmeno chi dice che la moglie di Houdini fosse stata tutt'altro che una vittima in questa vicenda.

L'episodio dei tre studenti appare ancora più misterioso se si tiene conto, come hanno rimarcato alcuni autori, che Beatrice diede a ciascuno di loro circa duecento dollari perché al momento di dichiarare non lasciassero trasparire dubbi sul fatto che il decesso del mago era una conseguenza del pugno ricevuto. Per la vedova c'erano in gioco i soldi dell'assicurazione sugli infortuni di Houdini, che non sarebbe servita a niente se la causa della morte fosse stata un'appendicite dovuta a una semplice infezione. Ma è possibile che Beatrice sia arrivata a tanto? Poteva essere lei la responsabile dei disturbi che Houdini lamentava prima di essere colpito dal giovane Whitehead? È stata forse lei a convincere il marito a non rivolgersi a un medico finché non fu troppo tardi, spinta dal desiderio di appropriarsi dei soldi dell'assicurazione? In molti affermano che Beatrice fosse risentita per l'avventura del marito con la vedova dello scrittore Jack London, per cui questa ipotesi merita di essere tenuta in considerazione.

Tra gli spiritisti preoccupati di difendere i propri affari e il rancore di una donna tradita, ci sono elementi più che validi per indagare a fondo su una morte avvenuta in circostanze poco chiare. E c'è un ulteriore elemento da aggiungere al cocktail, non meno sorprendente dei trucchi di Houdini.

Fu Houdini stesso a scrivere: «Ho avuto l'enorme fortuna di conoscere personalmente e conversare con i capi della polizia e i più famosi detective di tutte le maggiori città del mondo». E in effetti, grazie ai suoi famosi numeri di escapologia, Houdini conosceva bene il funzionamento della polizia di alcune delle città più importanti d'Europa e degli Stati Uniti. Sfidando i più innovativi metodi di detenzione e i palazzi meglio sorvegliati, non solo entrò in contatto con i responsabili della sicurezza di diversi paesi, ma ebbe anche accesso a circoli sociali che maneggiavano informazioni di grande valore politico.

I servizi segreti agli inizi del XX secolo avevano poco a che vedere con quelli attuali e capitava spesso che reclutassero figure di spicco del mondo dello spettacolo, che avevano la possibilità di viaggiare ed entrare in contatto con le più alte sfere sociali, diventando occhi e orecchie privilegiati. L'esempio più eclatante di questo tipo di «spia»fu la celebre ballerina Mata Hari, ma non fu certo l'unica.

Houdini non danzava in modo esotico, ma possedeva abilità altrettanto interessanti: parlava diverse lingue, viaggiava spesso in paesi come la Germania o la Russia, era capace di entrare e uscire da qualsiasi luogo, non importa quanto fosse protetto, aveva una forma fisica invidiabile e le porte di tutto mondo gli si aprivano davanti senza destare sospetti. Si trattava di doti non indifferenti per i servizi segreti di una nazione, e forse fu proprio questo il pensiero dell'ispettore inglese William Melville, sovrintendente delle forze speciali di Scotland Yard (il Dipartimento per i servizi segreti e lo spionaggio, forma embrionale dell'MI5), quando conobbe l'incredibile mago durante l'estate del 1900. L'idea di reclutare illusionisti nelle fila dei servizi segreti non era poi così strampalata a quel tempo, anzi, è noto che il primo direttore dei servizi segreti degli Stati Uniti impiegò diversi maghi e addirittura possedeva lui stesso alcune nozioni di magia. Anche Houdini ebbe occasione di conoscere un mago che aveva lavorato come spia, Horatio G. Cook, che a soli diciotto anni era stato reclutato da Lincoln come informatore durante la Guerra di secessione americana.

Come sottolineano William Kalush e Larry Sloman, è quanto meno curioso che Melville avesse annotato sui suoi taccuini di lavoro gli incontri con Houdini e che avesse riportato di aver ricevuto alcune informazioni da un certo «H.H.». È possibile che gli occhi e le orecchie di Houdini interessassero ai servizi segreti inglesi e americani per raccogliere informazioni? Stando ad alcuni esperti, come John McLaughlin, vice direttore della CIA tra il 2000 e il 2004, forse Houdini non fu un vero e proprio agente, ma, come ricorda nell'introduzione alla biografia di Kalush: «Houdini potrebbe aver utilizzato le proprie abilità (e le possibilità che i suoi numeri e la fama gli diedero in tutto il mondo) per aiutare i servizi segreti e di sicurezza del Regno Unito e degli Stati Uniti, soprattutto negli anni appena precedenti alla Prima guerra mondiale».

Le attività di Houdini a sostegno degli interessi del suo paese proseguirono durante la Grande Guerra, quando mise le proprie abilità al servizio dei soldati mandati al fronte. Come riporta Kenneth Silverman, «Houdini scrisse al segretario di guerra Newton D. Baker, offrendosi di insegnare ai soldati come fuggire da navi silurate, alcune tecniche per restare in vita sott'acqua, per districare cavi e tubature rotte e per forzare spessi chiavistelli. All'Hippodrome Theatre di New York fu allestita una sala in cui, dietro appuntamento telefonico, gli ufficiali potevano portare i loro uomini a lezione durante l'intervallo tra un'esibizione e l'altra. Secondo la rivista «Billboard», orde di reclute invadevano ogni giorno il corso intensivo tenuto da Houdini, che insegnava loro anche come liberarsi dalle manette dei tedeschi, nel caso fossero stati fatti prigionieri». Potrebbe esserci un legame tra la sua morte e queste attività, o le informazioni che raccoglieva durante i suoi viaggi?

A quasi un secolo di distanza, la morte di Houdini è ancora circondata da domande senza risposta. Di certo non morì per un errore durante uno dei suoi numeri di escapologia, come fece credere alla maggior parte del pubblico il film sulla sua vita interpretato da Tony Curtis nel 1953, ma senza un referto medico e soprattutto senza un'autopsia è difficile fidarsi ciecamente della versione ufficiale, secondo cui la morte sopraggiunse per una peritonite causata da un pugno. Intorno a Houdini giravano troppi interessi: spiritisti e medium che si sentivano minacciati dalle sue attività, una donna forse tradita e desiderosa di riscuotere l'assicurazione, e addirittura interessi politici. Quale fu la vera causa del decesso di Houdini? Ancora oggi la sua sparizione definitiva è difficile da decifrare tanto quanto i suoi affascinanti numeri di escapologia.

17

Rasputin, lo stregone degli zar

Quando si guarda al passato per cercare di capire la tragica fine della dinastia Romanov, che regnò in Russia per tre secoli, subito riemerge, a rendere il compito difficile, la temibile ombra di una leggenda. Grigorij Rasputin, il sinistro protetto di Nicola II e della sua sposa, la zarina Alessandra, rappresenta ancora oggi un mistero tanto per il pubblico in generale quanto per gli studiosi che si sono interessati alla sua figura. Presunto monaco, mistico e guaritore, si credeva fosse il depositario di capacità sovrannaturali che lo avvicinavano a Dio... o al diavolo. Le origini oscure, il gusto per il potere, lo scandaloso comportamento pubblico, l'uso spudorato dell'influenza che aveva sulla coppia imperiale lo trascinarono nell'occhio del ciclone poco dopo il suo arrivo nella capitale. Se qualcosa richiama l'attenzione in quest'uomo, è la rapidità con cui si fece strada nella Russia degli inizi del XX secolo, avvalendosi di virtù più che discutibili, che però risultarono molto apprezzate ed efficaci nell'alta società dell'epoca.

Nel frattempo la gente del popolo lo aveva soprannominato «il Monaco pazzo» o «il Tenebroso», e la sua fama di bevitore, lascivo, stregone e demoniaco cominciava a diffondersi in ogni angolo dell'impero. Il complicato fluire della politica d'inizio secolo e la delicata situazione della Russia in quel contesto fecero sì che il prestigio della corona venisse messo in discussione. La presenza a corte di un così oscuro personaggio non contribuì propriamente a migliorare la situazione. Ebbe allora inizio una spirale di eventi che avrebbe avuto un fatale epilogo per tutti i suoi protagonisti. Rasputin fu una leggenda già in vita, la quantità di storie e dicerie che circolarono su di lui fu tale che la morte violenta non fece altro che consacrarne la fama e rafforzarne il mito, in modo da sopravvivere oltre la sua morte. Molti hanno tentato di penetrare in questo groviglio per scoprire la verità su di lui, chi fu realmente, che cosa c'era di vero in tutto ciò che si diceva sul suo conto, quali furono le ragioni delle incredibili peripezie che dovette affrontare, per riuscire così a fare così un po' di luce su alcuni avvenimenti che segnarono profondamente il XX secolo e che in qualche modo continuano a influire sulla nostra vita.

San Pietroburgo, splendida e monumentale capitale dell'Impero russo, era, per il mondo degli inizi del XX secolo, l'immagine tangibile del potere degli zar. Grandiosa, sofisticata ed esotica; i suoi palazzi, le chiese, i teatri e i quartieri erano l'invidia di molte capitali europee. Costruiti con pietre nobili e metalli dorati, facevano sì che la città risplendesse come un gioiello sulla costa del Golfo di Finlandia e riuscisse a lasciare a bocca aperta coloro che la visitavano. Il messaggio che trasmetteva era chiaro: la Russia era una potenza al tempo stesso temuta e ammirata in tutto il pianeta... Le sue fondamenta però erano deboli; San Pietroburgo rappresentava la facciata di un impero con i piedi d'argilla. Il suo lusso e splendore in realtà erano apparenti, realtà vuote come le uova che il geniale gioielliere Carl Fabergé fabbricò con metalli raffinati e pietre preziose su incarico degli zar, che le utilizzavano quale omaggio pasquale per gli altri membri della famiglia imperiale. I Romanov, la dinastia ascesa al trono nel 1613, si vantavano di avere sottratto il loro impero alla barbarie asiatica e di averlo trasformato nella potenza europea che, un secolo prima, era stata decisiva nella sconfitta di Napoleone e di cui tutti i paesi che in quel momento avevano voce in capitolo sulla scena internazionale erano obbligati a tenere conto.

Le basi di questo immenso potere, però, non erano tanto solide come apparivano. Il ritardo economico e sociale, la scarsa presenza di spinte modernizzatrici che in Occidente fiorivano da decenni e l'agitazione politica promossa da gruppi favorevoli all'apertura della Russia ne avevano aumentato i problemi interni. Da quasi un secolo i collettivi rivoluzionari clandestini appartenenti a ideologie diverse avevano puntato la loro attenzione sull'uso della violenza come mezzo per ottenere quei cambiamenti di cui il paese aveva tanto bisogno, e alcuni di questi presero di mira la monarchia. Il risultato più tangibile si verificò nel 1881 quando il gruppo Narodnaja Volja («Volontà del popolo») perpetrò con successo un attentato contro Alessandro II, che morì a causa di una bomba lanciata sulla sua carrozza. Il successore, lo zar Alessandro III, fece sì che la politica russa si chiudesse sempre più su se stessa, mettendo in atto una dura repressione contro tutti coloro che desideravano porre fine all'assolutismo, favorevoli o meno alla monarchia. Fu l'ideatore della temuta Okhrana, la polizia politica zarista, a partire dalla quale instaurò uno stato di stampo poliziesco. Alla morte di questo paladino del tradizionalismo, nel 1894 gli successe il figlio, il ventiseienne Nicola II, che presto sarebbe stato messo a dura prova da una serie di rovesci personali e politici che avrebbero richiesto le virtù e le qualità migliori che si potessero pretendere da un monarca. Nel momento in cui salì al trono, il giovane zar non sospettava che la persona che avrebbe lasciato un segno indelebile sul suo regno conduceva da vari decenni un'esistenza precaria in un angolo remoto della Siberia.

Tra delinquenza e santità

Agli inizi del XX secolo la Russia, nonostante fosse una potenza mondiale, era un paese arretrato nel quale la maggior parte della popolazione viveva miseramente nelle campagne praticando un'agricoltura e sistemi di allevamento primitivi, in piccole comunità di paese dove di fatto nessuno, a eccezione del parroco locale, sapeva leggere o scrivere, oltre a non essere mai uscito dalla regione in vita sua. Pokrovskoe, dove nacque Grigorij Efimovič, era un villaggio della Siberia occidentale con queste caratteristiche. Per anni la sua data di nascita fu un'incognita, oggi però la maggior parte degli studiosi indica il 1869 come l'anno più esatto. Della sua vita prima dell'arrivo nella capitale si sa molto poco, confusione alimentata dalle diverse versioni che egli stesso offrì a quanti lo avvicinarono, quando il successo fece di lui un personaggio famoso. Si sa che nacque in una famiglia dedita all'allevamento e che la sua infanzia fu segnata dalla morte del fratello maggiore, avvenuta nell'estate del 1877. In un giorno di sole, andarono insieme a fare il bagno al fiume del villaggio, quando accidentalmente suo fratello fu trascinato via con violenza dalla corrente. Riuscirono a salvarlo, ma poco dopo morì di polmonite e, a causa dello spavento, il carattere di Grigorij cambiò. Da quel momento divenne un ragazzo cupo e sgradevole. Forse per una beffa del destino, Rasputin sin da piccolo si distinse perché richiamava l'attenzione negativamente.

Con l'adolescenza questa tendenza aumentò, dato che il bambino si trasformò in un giovane con una facilità inconsueta a mettersi nei guai. Cominciarono allora ad affiorare due problemi che non lo avrebbero mai abbandonato. Il primo era la particolare impressione che suscitava in coloro che lo circondavano. Nella comunità si diffuse la voce che il giovane Grigorij potesse addomesticare gli animali e persino guarire i malati, e la sua capacità istintiva d'intuire lo stato d'animo dei più diede origine alla diceria che fosse capace di leggere il pensiero. Queste qualità in seguito gli sarebbero state estremamente utili... L'adolescente Grigorij inoltre dimostrò una stupefacente precocità sessuale. In quell'epoca iniziò a corteggiare molte donne, cambiava continuamente fidanzata e cominciò a essere perseguitato da problemi di sottane. Se con gli altri uomini dimostrava un'innata capacità d'impressionare e lasciarli incantati, con le donne quest'abilità aumentava in maniera esponenziale.

Ma il giovane campagnolo aveva anche i suoi punti deboli e poteva soccombere davanti a rivali che sapessero manipolarlo. Una di questi fu Praskovia Fedorovna Dubrovina, una donna di quattro anni più grande che riuscì a resistere per mesi al suo impetuoso corteggiamento, finché non lo vide gettarsi ai suoi piedi. La Dubrovina accettò di consegnarsi a Grigorij a condizione di sposarsi. E alla fine lo fecero. Sebbene Rasputin sin dal principio non avesse rinunciato alla sua turbolenta vita sessuale, ebbero tre figli, rimasero sposati per tutta la vita e la moglie provò per lui sempre una grande stima. I suoi compaesani non erano però dello stesso avviso. Grigorij già da tempo compiva azioni delittuose e alla sua fama di libertino si aggiunse quella di ladro, vandalo e alcolizzato. Fu allora che gli attribuirono il soprannome di *rasputnij* («dissoluto»), da cui in seguito sarebbe derivato il nome di Rasputin, che lui stesso adotterà come proprio. Per ragioni che non conosciamo, questa condotta deviata si interruppe con un pellegrinaggio al monastero di Verchotur'e, negli Urali, dove rimase tre mesi. In quel luogo subì una profonda trasformazione: rinunciò all'alcol e ai piaceri della carne, imparò sommariamente a leggere e a scrivere e divenne un uomo riservato e profondamente religioso. La scintilla che innescò questo cambiamento radicale sembra essere stata l'incontro con uno dei monaci del monastero, padre Makarij, uno *starets* (una specie di santo e guida spirituale della comunità monastica) conosciuto in tutta la regione per i suoi poteri spirituali, che richiamava centinaia di fedeli da luoghi lontani. Molti hanno immaginato che Makarij apprezzasse le eccezionali doti spirituali della pecorella smarrita di Pokrovskoe e avesse lavorato duramente per risvegliarne la vocazione. Rasputin però non arrivò mai a essere ordinato sacerdote o monaco, nonostante il suo nuovo atteggiamento e quello che egli stesso ogni tanto lasciava intendere, così come l'aspetto che aveva adottato, avrebbero potuto far credere il contrario.

Quando, dopo il pellegrinaggio, fece ritorno nel suo borgo rurale, tutti rimasero stupiti davanti al nuovo Grigorij, che non restò a lungo accanto alla famiglia nella comunità d'origine. Sembra che poco dopo si fosse trasformato in uno *strannik*, uno dei pellegrini vagabondi, talvolta sacerdoti, che erano soliti spostarsi per tutta la Russia visitando monasteri e vivendo di elemosina. Lo stesso Rasputin successivamente affermò che, durante questa parentesi, ebbe una visione della Vergine e si recò in pellegrinaggio in Grecia e a Gerusalemme, ma non ci sono prove che confermino questi viaggi. Periodicamente ricompariva nel suo villaggio, dove ogni volta appariva sempre più cambiato, dato che sembrava investito di una strana autorità spirituale e di un dono per la predicazione che impressionavano tutti. A questo si aggiunse il perfezionamento della sua capacità innata di dominare le persone, migliorata grazie alla pratica della meditazione, alla preghiera e allo studio, oltre che al contatto costante con estranei.

Grigorij continuò la sua vita errabonda per anni prima di decidere di partire per nuovi orizzonti. Il mondo, a suo avviso, era troppo grande e conteneva in sé troppe opportunità per accontentarsi di un piccolo villaggio siberiano. Era un uomo ambizioso e aveva sperimentato timidamente ciò che le sue abilità potevano fruttargli. Se voleva perfezionarle e approfittare al massimo dei vantaggi che potevano procurargli, doveva spostarsi a centinaia di chilometri da casa, a San Pietroburgo, sede del potere e della ricchezza.

Fingere, affascinare, prosperare

Nel 1903 Rasputin arrivò per la prima volta nella capitale dell'impero. Non si hanno molte informazioni sui suoi primi spostamenti in città né si sa come sia riuscito un campagnolo come lui a farsi largo nella movimentata vita cittadina del cuore dell'impero. Sembra però che frequentasse gli ambienti religiosi e che pregasse in templi di varia importanza, dove richiamò l'attenzione di alcune alte cariche della Chiesa ortodossa russa. Agli inizi ebbe fra i suoi protettori l'archimandrita Teofane e il vescovo Ermogene, i quali furono impressionati dall'aspetto imponente e dalla spiritualità salda, profonda e semplice del nuovo arrivato. Erano entrambi membri della gerarchia ecclesiastica vicini alla corte e facevano quindi parte di una cerchia a partire dalla quale era facile farsi strada nella *crème* della società di San Pietroburgo.

Rasputin non tardò molto a partecipare alle riunioni dell'aristocrazia di sangue e degli affari... e fu oggetto di autentica ammirazione. Uno dei motivi del suo rapido trionfo fu la febbre esoterica che pervase in quel periodo l'alta società. Come ricorda lo storico britannico Orlando Figes, specializzato in storia della Russia, «la corte e i circoli sociali di San Pietroburgo erano interessati a forme di religione alternative. Nei salotti dell'aristocrazia e nei cenacoli delle classi medie era diffusa una forte curiosità per lo spiritismo e la teosofia, l'occulto e il soprannaturale. Le sessioni di spiritismo e le tavole *ouija* erano di moda». In quel contesto l'uomo di campagna, profondamente devoto con capacità paranormali di guarigione e chiaroveggenza, appariva dotato di un affascinante esotismo.

Nonostante incominciasse a introdursi in ambienti selettivi, Rasputin non cambiò il suo aspetto sgradevole. Era solito presentarsi con abiti scadenti e cenciosi, spiccava per la scarsa igiene, era maleodorante, i capelli e la barba lunga erano sempre arruffati e sporchi. Questi particolari però non sembravano affatto disturbare la nobiltà russa, fra le più raffinate d'Europa (poliglotta, sofisticata e ricercata in materia di gusti e maniere), anzi, tutto il contrario. Tra i nobili, Rasputin trovò il terreno ideale per mettere in pratica il suo seducente magnetismo, le sue capacità empatiche e di dominio, che aveva nel tempo coltivato. Pare che la notevole impressione suscitata in chiunque gli venisse presentato dipendesse soprattutto dal suo modo di guardarli; possedeva occhi chiari e penetranti di cui era capace di servirsi con estrema abilità. Molti affermavano che fosse in grado di utilizzare l'ipnosi e di controllare la volontà delle persone solo con lo sguardo.

Fu così che il campagnolo di Pokrovskoe fece strada, coltivò l'immagine di peccatore pentito, di uomo intriso della profonda saggezza spirituale del mondo rurale, depositario di devastanti conoscenze e verità al limite del paganesimo, alle quali i cittadini non avevano accesso nel loro ambiente abituale. Probabilmente fu proprio questa immagine che indusse a collegarlo, sin dal principio, alla setta illegale dei Chlysty, un gruppo religioso che confondeva fede e sesso (poiché credevano che il peccato fosse la strada che portava al perdono) e celebravano riti in cui la danza frenetica si alternava alla flagellazione, per finire in molti casi con pratiche sessuali di gruppo. Sembra che questa setta abbia avuto origine nelle campagne, ma non vi sono prove sufficienti per affermare con certezza che Rasputin vi appartenesse. Senza dubbio, però, il fatto di identificarsi con la saggezza spirituale dell'antica Russia rappresentò uno dei suoi migliori biglietti da visita. Le gerarchie ecclesiastiche e perfino gli zar avevano dimostrato spesso interesse per gli uomini appartenenti al mondo contadino, in cui vedevano personificati il vero carattere del popolo russo e dai quali potevano imparare come migliorare la propria influenza sul popolo stesso, soprattutto sulle masse urbane.

Rasputin impiegò ancora qualche mese prima di scalare la cima sociale e politica dell'impero, dal momento che conobbe la coppia imperiale solo nel 1905. Introdotto da Teofane, sembra che la sua presenza a corte sia risultata ancora più scioccante che alle riunioni degli aristocratici. Il campagnolo mostrò sin da subito un atteggiamento informale e schietto con i monarchi, che chiamava *batiuška-Tsar* e *matiuška-Tsarina* («papà zar» e «mamma zarina»), indifferente a ogni protocollo ed etichetta. Ciò nonostante, l'impressione che fece agli zar non dovette essere peggiore di quella che suscitò nell'alta società, dato che Rasputin poco a poco riuscì ad accedere alla loro cerchia più ristretta. Come ricorda lo storico francese Marc Ferro, riuscì a conquistarsi un piccolo spazio che gli permise di entrare in contatto con la famiglia imperiale: «Nominato *lampadnik* imperiale, Rasputin doveva occuparsi delle lampade sempre accese davanti alle sante icone. Cosa, questa, che gli consentiva di stare permanentemente nel palazzo, dove incontrava l'imperatore, grande appassionato di icone, che gli affidò il compito d'illuminare la sua preziosissima collezione».

È probabile che gli zar avessero sentito parlare dell'uomo santo che si era presentato a San Pietroburgo alcuni mesi prima, soprattutto la zarina. Era una donna estremamente devota, circondata da una combriccola di dame dell'aristocrazia, molte delle quali si erano già inchinate davanti al fascino di Rasputin. Nella capitale la sua fortuna con le donne non diminuì, dando seguito a un'incessante e tumultuosa vita amorosa. Fra le dame di compagnia della zarina si distingueva Anna Vyrubova, un'aristocratica a cui Alessandra si era avvicinata poco dopo essere arrivata in Russia per sposare Nicola e che diventò sua confidente e amica. Ma al di là dell'influenza esercitata dall'ambiente a loro più vicino, tanto l'imperatrice quanto il marito ebbero presto un altro motivo per riporre la propria fiducia nel siberiano, che molti già consideravano uno *starets*. Un motivo che era necessario nascondere al paese e fonte di costante preoccupazione per la coppia. Il dolore di due genitori e il segreto di Stato fornirono a Rasputin la spinta decisiva per occupare una posizione ineguagliabile nella Russia dei primi anni del XX secolo.

La corte dei miracoli

La zarina Alessandra, tedesca di nascita, era nipote della regina Vittoria d'Inghilterra e, sposandosi, con la sua discendenza aveva portato con sé una dote inaspettata: il gene dell'emofilia. Questa malattia incurabile impedisce un corretto funzionamento del processo di coagulazione del sangue. La regina Vittoria era portatrice di questo difetto genetico e la sua politica tesa a stringere legami di parentela con sovrani di tutta Europa contribuì alla diffusione fra gli altri regnanti di questo male, considerato una vera e propria maledizione della famiglia reale britannica. La malattia colpisce i figli maschi; le donne non la sviluppano ma, se sono portatrici del gene, possono trasmetterla. Gli zar, che si erano sposati nel 1894, tra il 1895 e il 1901 ebbero quattro figlie, e nel 1904 nacque il tanto desiderato erede maschio, lo zarevič Alessio. Con sommo dolore dei genitori, il bambino nacque affetto da questa malattia e i medici li informarono che le possibilità di ereditare la corona erano ridotte al minimo. A mano a mano che il bambino cresceva, aumentava pure l'ansia dei familiari. Le ferite e i tagli che non si cicatrizzavano erano costantemente tenuti sotto controllo con bendaggi e lacci emostatici, ma ciò che realmente preoccupava era tutto ciò che poteva provocare emorragie interne, con conseguenti febbri e forti dolori per il bambino... Se non si interveniva rapidamente, potevano risultare letali.

Dopo che Rasputin fece il suo ingresso a corte, lo zarevič ebbe una crisi emorragica. Il presunto monaco venne a sapere che il bambino era malato, ma non di quale malattia si trattasse, poiché su di essa veniva mantenuto il segreto più assoluto. Riuscì a farsi strada fino alla camera da letto del piccolo, che durante la convalescenza era accudito personalmente dall'imperatrice, e chiese a quest'ultima di permettergli di alleviarne il dolore. La madre, afflitta, acconsentì. Ebbe luogo allora la prima delle misteriose guarigioni del piccolo Alessio per mano di Rasputin. Sono stati versati fiumi d'inchiostro su quale potesse essere il segreto che rendeva efficaci le pratiche del monaco, ma senza giungere a una valida conclusione: alcuni ricordano la sua capacità di tranquillizzare i bambini e addomesticare gli animali, altri lo attribuiscono alle sue doti ipnotiche, che gli avrebbero permesso di migliorare le condizioni del malato o di farlo sprofondare in uno stato di letargia in cui le sofferenze erano più sopportabili.

Fatto sta che alcuni dei suoi interventi furono considerati autentici miracoli. Una delle circostanze più note si verificò nel 1912 quando lo zarevič cadde malamente durante un soggiorno della famiglia imperiale a Spała (Polonia). I medici credevano che la morte del bambino fosse questione di ore, così la zarina, disperata, telegrafò a Pokrovskoe, dove si trovava Rasputin. Lui le ripose con un altro telegramma in cui affermava che Dio aveva ascoltato le sue preghiere e visto le sue lacrime, e che suo figlio non sarebbe morto. Qualche ora dopo, il bambino era visibilmente migliorato e nel giro di poco superò la crisi. Nonostante l'attenzione che storici e scienziati hanno prestato a queste guarigioni, nessuno ha potuto scoprirne la vera natura: da una parte sono troppo numerose per essere frutto di coincidenze o della fortuna, dall'altra sembrano così indimostrabili da un punto di vista scientifico da risultare difficilmente riconducibili alle capacità o alle pratiche del siberiano.

Grazie a questi episodi la posizione di Rasputin a corte divenne inattaccabile, ma non tutti videro di buon occhio la sua vicinanza agli zar. La Russia viveva uno dei momenti più difficili degli ultimi decenni. Nel 1905 l'impero aveva subito un'umiliante sconfitta nella guerra contro il Giappone, che evidenziò le carenze di fondo di quello che era considerato un gigante della politica internazionale. All'interno del paese la disfatta servì da stimolo perché scoppiasse una rivoluzione nella quale tutti gli oppositori, dal movimento operaio fino alle classi medie liberali, si sarebbero uniti per esigere riforme progressiste. Nicola II, lungi dal rendersi conto della gravità dei problemi, cercò di disperdere il malcontento generale con riforme cosmetiche e la convocazione di una Duma (Parlamento), il cui significato politico si preoccupò subito di sminuire. Il malumore politico si diffuse in tutto l'impero e i nemici dello zar trovarono in Rasputin lo strumento ideale per attaccare la monarchia. La vita dissoluta e i frequenti scandali di cui si rendeva protagonista in pubblico erano pane quotidiano in tutta la città. Il monaco inoltre non si limitava a godere del favore esplicito dei sovrani, ma ostentava la sua influenza e se ne serviva per ottenere favori e benefici personali. All'epoca tutti coloro che pretendevano qualcosa dall'amministrazione o dalla politica andavano da lui, con la speranza di conquistarselo per ottenere una delle sue raccomandazioni, che apriva qualsiasi porta e facilitava qualsiasi attività. Come ricorda il professor Ferro, «l'anticamera di Rasputin era diventata una specie di sala d'attesa dove accorrevano postulanti di ogni rango...».

Il siberiano amava il potere e faceva sfoggio in pubblico dell'influenza che esercitava sulla corte e della sua capacità di ottenere quello che desiderava. Tutto ciò durante le lunghe giornate trascorse in compagnia di prostitute, di baldoria in baldoria, ubriacandosi in locali pubblici dove si divertiva a offendere i presenti con i suoi commenti e atteggiamenti. La situazione degenerò in maniera inarrestabile e, a mano a mano che la reputazione di Rasputin scemava, diminuiva anche quella degli zar, che però non sembravano preoccuparsene. Lo *starets* cominciò a perdere il favore di chi un tempo lo aveva appoggiato: l'archimandrita Teofane, che cercò di rivelare alla zarina il comportamento riprovevole del suo protetto, nel 1910 fu esiliato da San Pietroburgo e l'anno seguente fu la volta del vescovo Ermogene e del monaco Iliodoro, entrambi reclusi in un monastero dopo aver convocato Rasputin per ammonirlo ed esortarlo al pentimento. Quando nell'estate del 1914 scoppiò la Prima guerra mondiale, il contesto bellico non fece che aggravare la situazione interna della Russia e quindi aumentare il numero degli oppositori al regime. Rasputin però non mutò la propria condotta. Uno degli episodi peggiori accadde nel 1915 quando in un famoso ristorante, lo Yar, arrivò ubriaco in compagnia di due donne che corteggiò in pubblico, vantandosi ad alta voce della sua onnipotente influenza sull'imperatrice e, per concludere, abbassandosi i pantaloni e brandendo il pene davanti ai presenti. Fu arrestato dalla forza pubblica, ma la mattina seguente arrivò dal palazzo l'ordine di rimetterlo in libertà.

Già da tempo, inoltre, circolavano accuse di corruzione nei confronti degli stessi zar, a cui poi si aggiunse quella di tradimento. Quando nel 1915 lo zar abbandonò la capitale per andare al fronte alla guida del suo esercito, lasciando la moglie a capo degli Affari interni, l'influenza di Rasputin crebbe notevolmente al punto da poter nominare lui stesso i ministri: la perdita di credibilità della monarchia raggiunse livelli allarmanti. Come afferma il professor Figes, «in molti ambienti si sosteneva che la zarina e Rasputin lavorassero per i tedeschi; che avessero una linea diretta con Berlino e che Nicola avvertisse regolarmente suo cugino, il kaiser Guglielmo, degli spostamenti delle sue truppe [...] Si dava altrettanto credito alle voci sui diversi scandali sessuali che interessavano la zarina [...] Di lei si diceva che fosse di facili costumi, l'amante di Rasputin e l'amante lesbica di Anna Vyrubova, la sua dama di compagnia, della quale si rumoreggiava che dividesse il letto con Rasputin e con lo zar. Nessuna di queste indiscrezioni era attendibile [...] Il problema di questi pettegolezzi non era la loro veridicità, ma il fatto che avessero il potere di mobilitare un pubblico in collera con la dinastia. Durante una crisi rivoluzionaria le sensazioni e le credenze contano più dei fatti concreti». La preoccupazione della minoranza che ancora sosteneva la monarchia fece scattare tutti gli allarmi. I pochi uomini di peso che continuavano ad appoggiare lo zar si sentirono costretti ad agire... e finirono col farlo.

C'erano stati altri tentativi di far fuori Rasputin, ma l'obiettivo alla fine fu raggiunto da un gruppo di potenti cospiratori capeggiati dal principe Feliks Jusupov (sposato con una nipote dello zar) e dai granduchi Dimitrij e Nicola (il primo anch'egli nipote dello zar). Oltre a motivazioni puramente politiche, alcuni studiosi ne hanno individuato alcune di natura passionale. Era noto che Jusupov, nonostante il matrimonio, fosse omosessuale e sembra che a un certo punto pure lui avesse ceduto al fascino di Rasputin, anche se vi sono opinioni divergenti circa la possibilità di rapporti con persone del suo stesso sesso. Comunque sia, la notte del 16 dicembre 1916 Jusupov invitò Rasputin a recarsi nel suo palazzo, dove continuavano a tenersi grandi feste nonostante la guerra e la carestia. L'invitato arrivò dopo mezzanotte, quando da ore i congiurati stavano mettendo a punto il loro piano. Il padrone di casa lo pregò di scendere in una cantina dove gli aveva preparato uno spuntino. Mentre chiacchieravano animatamente, la vittima ingerì una grande quantità di vino avvelenato e vari pasticcini a cui era stato aggiunto del cianuro. La dose di veleno assunta era sufficiente ad ammazzare più persone, anche se sembrava non fargli nessun effetto. Dopo aver trattenuto Rasputin per un'ora, Jusupov si assentò un momento per consultarsi con i suoi complici, che si trovavano al piano di sopra.

Con grande stupore di tutti, il veleno non sembrava sortire l'effetto desiderato per cui furono costretti a prendere misure drastiche. Jusupov scese di nuovo con un revolver nascosto sotto i vestiti e, dopo essere entrato nella sala, chiese al suo ospite di guardare attentamente un crocefisso situato sopra un comò. Appena Rasputin si apprestò a farlo, intorpidito per la grande quantità di vino che aveva ingerito, uno sparo nel costato lo fece cadere a terra. Dopo essersi assicurato che fosse immobile, l'assassino salì nuovamente di corsa le scale per informare i compagni, i quali ricevuta la notizia, subito festeggiarono. Presto però udirono alcuni rumori provenienti dall'esterno. La vittima si stava trascinando piegata in due, nel tentativo di raggiungere l'uscita che dal cortile conduceva alla strada. Puriškevič, un politico conservatore coinvolto nel complotto, gli sparò altri due colpi. Persino nella morte, Rasputin dimostrò di essere un uomo fuori dal comune. I congiurati presero il suo cadavere, lo trasportarono di nascosto fino a un ponte e lo gettarono nel fiume Neva. Fu ritrovato alcuni giorni dopo quando il suo assassinio era stato oggetto di festeggiamenti unanimemente in tutto l'impero. Soltanto la zarina e la sua piccola corte di bigotte sembrarono piangerne la perdita. La sua fu la morte di un uomo singolarmente dotato, con straordinarie capacità che seppe utilizzare a proprio vantaggio, ma i cui difetti, uniti al disprezzo per gli oppositori politici, finirono con il costargli la vita. Ripugnante ma al tempo stesso affascinante, mistico ma lussurioso, rassicurante ma folle, le sue molteplici contraddizioni gli aprirono le porte di ambienti molto diversi fra loro. Parecchi aspetti delle sue peripezie ancora oggi non hanno trovato una spiegazione soddisfacente, pertanto la sua figura continua, e sicuramente continuerà, a rappresentare un indecifrabile mistero.

18

La fine dei Romanov

Il 19 luglio 1918 il giornale russo «Izvestia» sorprese il popolo con una notizia inattesa: Nicola Romanov, che fino all'anno prima era stato l'onnipotente zar, era morto. Di sua moglie e dei suoi figli si diceva soltanto che erano stati trasferiti in un luogo sicuro. La notizia non provocò grandi sconvolgimenti, dato che il popolo era troppo impegnato a sopravvivere alla terribile guerra civile, scoppiata nove mesi prima con l'ascesa al potere dei bolscevichi. Dopo l'abdicazione si era saputo poco dell'ex imperatore e della sua famiglia, che da anni ormai aveva perso reputazione e prestigio. Negli anni che seguirono la morte di Nicola, il silenzio intorno alle vicende legate alla sua famiglia fu assoluto. Solo alla fine degli anni Venti iniziarono a circolare alcune sporadiche testimonianze, che sostenevano che tutti i membri della famiglia avessero perso la vita durante il caos della rivoluzione. Già allora però circolava voce che alcuni di essi fossero riusciti a sfuggire al terrore bolscevico e a stabilirsi in Europa occidentale. In quel periodo cominciarono a farsi vive molte donne che affermavano di essere figlie del defunto zar. Ciò che successe alla famiglia imperiale russa e se davvero alcuni membri sopravvissero sono stati due dei grandi interrogativi del XX secolo, per ragioni non facili da spiegare. Ci sono voluti decenni per trovare i resti della famiglia, e quelli di alcuni membri mancano ancora all'appello. Tutto ciò ha alimentato il dibattito sul tema, che è tuttora acceso. Alcuni affermano che la morte di tutti i Romanov sia più che certa e che l'insistenza di certe teorie circa la sopravvivenza di alcuni membri della famiglia abbia solo un fine commerciale. Altri assicurano che non sono mai stati recuperati tutti i pezzi del puzzle e che, fino a quando non si avranno altre notizie, non si può escludere che prima o poi qualche presunto discendente torni a farsi vivo. Il tempo ha riacceso il clamore che non si era scatenato all'epoca, tanto che nel Duemila la chiesa ortodossa proclamò Nicola II, sua moglie e i fi-

gli martiri e santi, a dimostrazione della devozione che la monarchia suscita ancora oggi in una parte della popolazione russa. Addentrarsi nel labirinto di avvenimenti, indizi e voci che circonda uno degli episodi meno conosciuti e più discussi della Rivoluzione russa significa compiere un viaggio affascinante in uno dei misteri che maggiormente hanno avvinto l'umanità negli ultimi cento anni.

Era il 15 marzo 1917 e il terzo inverno che i russi passavano in piena guerra mondiale volgeva al termine. A bordo di un treno che dal fronte orientale lo riportava alla capitale dell'Impero russo, Nicola II si vide costretto ad abdicare, dopo aver regnato per più di ventidue anni fra continue difficoltà e complicazioni. Il suo unico figlio maschio era affetto da una malattia incurabile che gli impediva di ereditare la corona. Per questa ragione lo zar decise di cedere i diritti di successione al fratello, il granduca Michele. Michele era sempre stato più liberale di lui e questo avrebbe facilitato i rapporti con l'opposizione al regime zarista, all'epoca unanime. Il granduca Michele, però, cosciente della situazione, il giorno dopo rinunciò all'incarico che il fratello gli aveva affidato. La Russia rimaneva così ufficialmente senza un re per la prima volta dopo secoli. Poco dopo divenne una repubblica e cessò di interessarsi alle sorti della dinastia che aveva tenuto le redini del paese per tre secoli: la dinastia di Pietro I il Grande, di Caterina II la Grande, e di Alessandro I, colui che aveva sconfitto Napoleone Bonaparte. Una questione non da poco. Quello che fino a poco tempo prima era stato il secondo impero più grande al mondo (dopo quello britannico), temuto e adulato in parti uguali dalle grandi potenze mondiali, era nei guai fino al collo. Durante il regno di Nicola II, i problemi si erano aggravati e le opzioni politiche si erano radicalizzate, ma lo zar non sembrava essersene reso conto né dava l'impressione di essere in grado di gestire la situazione. Tutti questi problemi si acuirono fino a raggiungere livelli critici dopo lo scoppio della Prima guerra mondiale nell'agosto del 1914 e, ancora una volta, l'ultimo Romanov non giocò bene le sue carte. Le tensioni interne ed esterne alimentarono la Rivoluzione di Febbraio, divampata nel 1917, che lo costrinse ad abdicare, in uno dei momenti più bui della sua vita. A quel punto il futuro si prospettava incerto per l'ex monarca e i suoi familiari, ma come già era successo in passato, la famiglia imperiale non sembrava rendersene conto.

Da Pietrogrado a Tobol'sk

Dopo l'abdicazione dello zar Nicola e la rinuncia di suo fratello, la Duma elesse immediatamente un governo provvisorio e approvò le riforme democratizzanti che lo zar non aveva mai preso neanche in considerazione. La commissione, presidiata dal principe L'vov, cercò di risolvere il problema della famiglia reale. Mantenerli a Pietrogrado (il nuovo nome di San Pietroburgo, ribattezzata così dopo lo scoppio della guerra perché la denominazione originaria suonava troppo germanica) era molto pericoloso. Era in atto una vera e propria rivoluzione e il governo cercava di restare a galla in una situazione di agitazione sociale in cui le assemblee di operai (chiamate «soviet») sorte nelle città avevano sempre più voce in capitolo. Il soviet più grande, quello di Pietrogrado, si era arrogato l'iniziativa nel nuovo scenario politico, mettendo in discussione la legittimità della Duma e del suo governo. Il clima teso suggeriva di allontanare i Romanov da Pietrogrado, e per questo motivo furono messi agli arresti domiciliari nella residenza imperiale di Carskoe Selo, uno dei palazzi che i predecessori della dinastia avevano costruito poco lontano dalla capitale.

Nicola e il resto della famiglia si trasferirono lì. Con lui c'era sua moglie, l'ex zarina Alessandra, la donna alla quale era stato legato in maniera indissolubile fin dall'inizio del suo regno, e che era stata la causa principale della sua impopolarità agli occhi dei sudditi. Alessandra si era sposata con Nicola poco dopo la sua ascesa al trono nel 1894. Nonostante fosse di origine tedesca, figlia del granduca di Assia-Darmstadt, era stata educata alla corte della nonna materna (la regina Vittoria del Regno Unito) e aveva acquisito una formazione degna dell'aristocrazia britannica. La zarina e suo marito si parlavano e si scrivevano in inglese, e Alessandra non arrivò mai a padroneggiare la lingua russa. Il suo carattere deciso e il desiderio di condurre una vita privata insieme al marito secondo i canoni britannici, che imponevano la necessità di difendere lo spazio della famiglia, non si adattavano affatto al tradizionale assolutismo autocratico degli zar, che li obbligava a una vita di corte costantemente esposta allo sguardo dei sudditi. Il trauma del cambiamento non tardò a manifestarsi e la timidezza della nuova arrivata di fronte agli alti dignitari di corte le procurò la reputazione di donna fredda e altezzosa. Negli ambienti aristocratici pietroburghesi divenne immediatamente impopolare. Le voci sul disprezzo che suscitava in Russia arrivarono alle orecchie di sua nonna, che le scriveva da Londra incitandola a lavorare duramente per conquistarsi il favore del popolo. Alessandra però si trovava a proprio agio nel suo isolamento, che la proteggeva da un contesto che avvertiva estraneo e nel quale non desiderava integrarsi. Una volta scrisse alla regina Vittoria: «Cara nonna, la Russia non è l'Inghilterra. Qui non dobbiamo conquistare il favore della gente. Il popolo russo venera i suoi zar come divinità dispensatrici di felicità e fortuna». È solo uno degli esempi della sua alienazione totale nei confronti della società governata dal marito, un allontanamento che si sarebbe accentuato con il passare del tempo.

La coppia imperiale ebbe quattro figlie, le granduchesse Olga (nata nel 1895), Tatiana (1897), Maria (1899) e Anastasia (1901). Nicola era sempre più impaziente di avere un erede maschio e la sua sposa, oppressa dall'ansia, cominciò a manifestare i primi sintomi di una religiosità esagerata e ingenua. Si chiudeva per ore a pregare e non esitava ad affidarsi alle cure del dottor Philippe, un ciarlatano di origine francese che si spacciava per medico e che le aveva assicurato la possibilità di dare alla luce un erede maschio. Philippe sarebbe poi caduto in disgrazia dopo una gravidanza isterica della zarina. Gli zar attesero fino al 1904 quando nacque il tanto atteso erede, lo zarevič Alessio. L'allegria della coppia non durò a lungo, infatti presto si scoprì che l'erede soffriva di emofilia. La malattia si era manifestata frequentemente tra i discendenti della regina Vittoria, causando la morte di uno degli zii della zarina, di uno dei fratelli e di tre nipoti. Non c'era dubbio: era stata Alessandra a trasmettere la malattia al bambino e il senso di colpa che ne derivò la fece sprofondare sempre di più in un'esasperata religiosità.

Fu allora che nella sua vita si introdusse l'uomo che chiamava «il nostro amico», il sinistro Rasputin. Usando metodi decisamente ambigui, il monaco riuscì ad attenuare i terribili sintomi che lo zarevič manifestava nelle sue ricorrenti emorragie, guadagnandosi così il favore assoluto di Alessandra. Nell'agosto del 1915 lo zar decise di condurre di persona le operazioni militari sul fronte orientale della Prima guerra mondiale, lasciando le redini del governo alla moglie e facendo sì che il monaco siberiano, che nutriva brame di potere, esercitasse un'influenza sempre più ampia sulle decisioni dell'impero. Alcuni membri delle classi nobili più vicine alla monarchia, disperati di fronte all'inesorabile declino e preoccupati per il clima rivoluzionario, decisero di assassinarlo nel dicembre del 1916.

A quell'epoca Alessandra, soprannominata con disprezzo «la tedesca» dal popolo, era diventata oggetto di pettegolezzi popolari: amante di Rasputin, spia del nemico e responsabile di tutte le disgrazie che la guerra aveva procurato allo sfortunato impero. Rimane ancora da accertare il suo comportamento durante i mesi che passò a capo del governo. Già in precedenza aveva consigliato al marito di ricorrere alle maniere forti e di non cedere alle pretese dei settori più avanzati della società russa, i quali da decenni ribadivano la necessità di cambiamenti e di riforme perché l'impero riuscisse innanzitutto a sopravvivere e poi a mantenere il suo status di potenza internazionale. Quando si ritrovò a far fronte in prima persona alle questioni interne e alla guerra, invece di preoccuparsi di cercare soluzioni ai gravi problemi della Russia, la zarina incominciò a vantarsi di essere la prima donna in grado di trattare con i ministri dall'epoca di Caterina II la Grande, sottovalutando il crescente scontento popolare.

La sua pessima gestione aveva peggiorato l'immagine del marito, che era già considerato un incompetente, se non un tiranno. Dopo l'abdicazione la famiglia non poté quindi rimanere nella capitale e fu dunque trasferita a Carskoe Selo. Se non si considera la limitata libertà di movimento, i membri della famiglia imperiale non se la passavano tanto male. Sollevato dagli oneri dello Stato, l'ex zar trascorreva il tempo con la famiglia e sembrava addirittura godere di uno stile di vita agiato e borghese, allietato da attività come la lettura, il giardinaggio, lo sport e la preghiera. Il nuovo primo ministro, Aleksandr Kerenskij, fece visita alla residenza più volte e commentò: «Tutti coloro che lo avevano osservato nella sua prigionia concordavano all'unanimità sul fatto che, in generale, Nicola II sembrava essere di buon umore e sapeva trarre vantaggio dal nuovo stile di vita. Era come se si fosse tolto un enorme peso dalle spalle e si sentisse enormemente sollevato». Insieme alla moglie e ai figli godeva di vari comfort e dell'assistenza di numerosi membri della servitù. Nicola e la sua famiglia erano rinchiusi in una prigione d'oro, ignari delle minacce che incombevano su di loro.

All'inizio Kerenskij aveva pensato di mandare Nicola Romanov (il nuovo nome ufficiale dello zar) in esilio, approfittando del fatto che dopo l'abdicazione suo cugino, re Giorgio V del Regno Unito, gli aveva offerto asilo. Ma fu costretto a cambiare idea per le difficoltà a organizzare il trasferimento in pieno conflitto bellico, unite alla testarda opposizione del soviet di Pietrogrado e al fatto che il monarca britannico aveva ritirato l'offerta poco dopo per ragioni politiche. Era già successo che alcuni gruppi fuori controllo avessero cercato di prendere d'assalto la residenza dei monarchi deposti e la tensione crescente rendeva impossibile garantire l'incolumità della famiglia reale. Per questo motivo, ad agosto, Kerenskij decise di trasferire i prigionieri a Tobol'sk, l'isolato capoluogo della Siberia occidentale. Lì avrebbero potuto continuare la loro tranquilla esistenza senza il rischio di scontri, fino a quando non si fosse deciso che cosa fare di loro. I sette membri della famiglia e il loro nutrito seguito cominciarono a fare i preparativi, senza sapere se il futuro riservava loro un'oasi di pace come quella in cui avevano vissuto nei mesi precedenti.

Una mattina di luglio negli Urali

Una volta a Tobol'sk, Nicola II e la sua famiglia furono sistemati nella vecchia casa del governatore, grande e ricca di ogni comfort. Oltre alla famiglia, vi trovarono alloggio due maggiordomi, sei camerieri, dieci servitori, tre cuochi, quattro aiuto cuochi, un vinaio, un'infermiera, un portinaio, un barbiere e due cani. Le spese per mantenere la famiglia reale erano una preoccupazione non da poco per il governo, che non le divulgava per timore di suscitare proteste. I Romanov non avvertivano il peso della guerra come il resto della popolazione. I mesi trascorsi in Siberia furono di fatto tranquilli, nonostante la situazione del paese stesse sempre più precipitando. La Rivoluzione d'Ottobre del 1917 mise fine all'autorità del governo provvisorio e portò al potere i bolscevichi, capeggiati da un Lenin nel pieno delle sue forze, che aveva fondato la propria propaganda politica sul motto «Pace, pane e tutto il potere ai soviet». Lenin formò un nuovo governo, chiamato Consiglio dei commissari del popolo, tra i cui membri si distingueva Lev Trockij, che sarebbe stato uno dei principali responsabili del colpo di stato rivoluzionario. Le prime dichiarazioni della nuova commissione illustravano gli obiettivi dei provvedimenti immediati: ottenere la pace con la Germania, con l'Impero austro-ungarico e con i suoi alleati (le cosiddette «potenze centrali» della Prima guerra mondiale); avviare la riforma agraria e mettere l'industria nelle mani del proletariato.

La pace che il popolo aspettava da tanto tempo non durò a lungo. Mentre Trockij negoziava con le potenze centrali (negoziazioni che culminarono con il Trattato di Brest-Litovsk, il 3 marzo 1918), in Russia le forze che si opponevano ai bolscevichi si organizzavano con l'appoggio degli Stati Uniti, della Gran Bretagna, della Francia e del Giappone. In questo contesto nei primi mesi del 1918 scoppiò una cruenta guerra civile tra il governo bolscevico e i cosiddetti «russi bianchi», una coalizione di forze di diversa matrice politica che si erano unite nell'obiettivo comune di contrastare i bolscevichi. Fu una guerra crudele e violenta, e il terrore rivoluzionario diventò uno degli strumenti che i bolscevichi avrebbero utilizzato per eliminare il nemico. Questo peggioramento della situazione generale ebbe delle conseguenze anche sulla prigionia dei Romanov. La libertà di movimento nella residenza di Tobol'sk fu sempre più limitata, il comportamento delle guardie si fece sempre più ostile nei loro confronti ed essi non ricevevano da mangiare più dello stretto necessario. L'ex zar e la sua famiglia si affannavano a mantenere il proprio stile di vita, senza sapere che intorno a loro venivano orditi piani e cospirazioni per decidere una volta per tutte del futuro dei Romanov.

Già sin dall'inizio della guerra civile i bolscevichi avevano ben chiaro che non volevano fare di Nicola II un simbolo per i reazionari, né da vivo, né da morto. D'altra parte, nel nucleo centrale del partito prendeva piede il progetto di Trockij di far trasferire l'ex zar a Mosca, dichiarata di nuovo capitale, per farlo giudicare in un grande processo pubblico analogo a quello a cui era stato sottoposto Luigi XVI durante la Rivoluzione francese. Sarebbe stata l'occasione perché espiasse pubblicamente tutto il male che aveva causato al paese negli ultimi decenni. Gli altri settori del partito però non erano affatto d'accordo: preferivano la soluzione più drastica della condanna a morte per tutta la famiglia reale. Le voci che insistevano sui complotti e sulle missioni speciali dei russi bianchi per riscattare i Romanov, che sembravano confermate dalla loro intensa attività militare in Siberia nei primi mesi di quell'anno, erano motivo di grande inquietudine. Nell'aprile del 1918 il soviet degli Urali, che funzionava indipendentemente da quello di Mosca, decise per conto proprio di giustiziare la famiglia imperiale. Contemporaneamente il commissario Vasilij Jakovlev, incaricato della custodia dei prigionieri, ricevette l'ordine di trasferirli a Mosca per il processo di Nicola Romanov. Si spostarono prima i coniugi imperiali, perché lo zarevič Alessio era costretto a riposo a causa dell'aggravarsi dell'emofilia, accudito da Eugene Botkin, il fedele medico della famiglia imperiale che li aveva seguiti nell'esilio in Siberia.

Jakovlev sospettava che il soviet degli Urali volesse assassinare i suoi prigionieri e per questa ragione non era convinto che convenisse dirigersi a Mosca passando per Ekaterinburg, città ubicata strategicamente sul percorso, ma sotto il controllo del suddetto soviet. Dopo qualche esitazione decise però di passare per quella città, dove arrivarono il 30 aprile. Il destino della famiglia imperiale era deciso. Nicola e Alessandra furono sistemati in una casa che era stata confiscata il giorno prima a un commerciante locale in pensione, Nikolaj Ipat'ev. Il 30 maggio i cinque figli e i pochi membri della servitù rimasti fedeli alla famiglia imperiale raggiunsero Nicola e Alessandra. Le condizioni di vita nella nuova dimora peggiorarono drasticamente. Intorno alla casa fu costruita una cancellata per impedire il contatto con il mondo esterno, i movimenti della famiglia erano costantemente sotto controllo, i vigilanti li trattavano con sgarbo e a volte addirittura in maniera umiliante, appropriandosi dei loro averi. Nonostante tutto, sembra che la famiglia reale non temesse per la propria incolumità. Era inspiegabilmente convinta che li stessero portando a Mosca perché Nicola firmasse di suo pugno il Trattato di Brest-Litovsk. L'idea non faceva che dimostrare il loro strano atteggiamento nei confronti della realtà politica del paese: pensavano che i bolscevichi volessero umiliare l'ex zar obbligandolo a firmare il trattato, come se la sua firma potesse valere a qualcosa. Fino alla fine rimasero ignari di quanto poco, in realtà, contassero le loro stesse vite.

Il 4 luglio i timori di Jakovlev si rivelarono fondati: il commissario locale della Čeka (i servizi segreti dei bolscevichi), Jakov Jurovskij, fu incaricato di vigilare i prigionieri con l'approvazione del soviet degli Urali. Qualche giorno dopo, nella notte tra il 16 e il 17 luglio, verso l'una e mezzo, Jurovskij si introdusse nella residenza accompagnato da undici uomini armati. Svegliò il dottor Botkin, intimandogli di farlo con tutti gli altri abitanti della casa. Venne spiegato loro che la situazione in città era incerta a causa della vicinanza delle truppe controrivoluzionarie (cosa che era vera) e che di conseguenza dovevano essere trasferiti nel seminterrato per questioni di sicurezza. Verso le due del mattino furono obbligati a scendere la scala; Nicola teneva in braccio il figlio maschio, ancora convalescente. Nel seminterrato, chiese due sedie per Alessandra e Alessio, che furono loro concesse. Poi Jurovskij entrò con un plotone di undici uomini, che fece fuoco sulla famiglia reale. La situazione era molto confusa, visto che la stanza era piccola e che i prigionieri cercarono di schivare i proiettili. Nicola e Alessandra morirono all'istante; le altre vittime gridavano e correvano per la stanza. Quando la sparatoria cessò, mostravano segni di vita solo Anastasia, a cui fu dato il colpo di grazia con una baionetta, e Alessio, che ricevette due colpi alla testa.

I corpi furono caricati su un camion e trasportati fino ai pozzi di una miniera lì vicino, che però si rivelarono troppo poco profondi per nascondere i cadaveri. Tornarono a recuperarli qualche giorno dopo, per trasferirli in un bosco nelle vicinanze, dove furono spruzzati di acido solforico per renderli irriconoscibili e messi in una fossa... Fu la fine di una delle dinastie regnanti più potenti della storia. Da allora, salvo per la notizia pubblicata a Mosca due giorni più tardi, non si seppe più nulla della sorte della famiglia imperiale. Si venne a sapere che l'ultimo zar era stato fucilato, ma che cosa ne fosse stato del resto della famiglia rimase a lungo un mistero avvolto nel silenzio, un mistero sul quale poco a poco si è cominciato a fare luce.

La buia notte dei Romanov

All'inizio degli anni Venti in Europa, dopo la fine della Prima guerra mondiale (1918), circolavano varie voci sulla sorte della famiglia imperiale. I pochi sopravvissuti della dinastia Romanov che erano riusciti a fuggire si erano rifugiati nelle capitali europee, soprattutto a Copenhagen. Dopo essere sfuggita alla Rivoluzione, si era trasferita lì la zarina Maria, vedova di Alessandro III e madre di Nicola II. Fino alla morte, avvenuta nel 1928, la zarina Maria si rifiutò di accettare la scomparsa del figlio, della nuora e dei nipoti, sostenendo che non c'erano prove che dimostrassero che le voci sul loro assassinio fossero vere. Man mano, però, cominciarono a circolare informazioni che non lasciavano spazio alla speranza.

Nikolaj Sokolov era un esiliato russo che fu costretto ad abbandonare il proprio paese durante la guerra civile e a trasferirsi insieme alla famiglia nel piccolo villaggio francese di Salbris. Visse di stenti con l'aiuto dei vicini, fino alla morte, nel 1924. Nel poco tempo trascorso in Francia, Sokolov si impegnò con tutte le sue forze a terminare il libro che stava scrivendo da anni, pubblicato nel 1926 con il titolo *Inchiesta giudiziaria sull'assassinio della famiglia imperiale russa*. Il saggio si basava sulla perizia relativa alla fine dei Romanov, che i russi bianchi avviarono una volta occupata Ekaterinburg, qualche giorno dopo l'assassinio. Sokolov fu l'ultimo responsabile di questo difficile compito, fino a quando dovette abbandonare la città nel 1919 a causa dell'implacabile avanzata dei bolscevichi. La pubblicazione del libro sette anni dopo ebbe un grande impatto perché si trattava della prima testimonianza documentata della morte dell'ex zar e della sua famiglia, nonostante all'inizio i Romanov in esilio si fossero rifiutati di riconoscerne la validità.

Prima che l'opera fosse pubblicata si era già parlato della possibilità che alcuni dei prigionieri di Ekaterinburg fossero sopravvissuti e sfuggiti all'assedio comunista. L'idea, che eccitava la stampa e l'opinione pubblica internazionali, si diffuse a macchia d'olio durante gli anni Venti, grazie all'apparizione di decine di persone che dichiaravano di essere figli dello zar. Tutti furono bollati come impostori dai Romanov sopravvissuti, ma alcuni esiliati russi arrivarono ad appoggiare la causa di qualcuno di loro. Il caso più celebre fu senza dubbio quello di Anna Anderson.

Nel febbraio del 1920 una giovane fu salvata dal suicidio in un canale di Berlino da un poliziotto. La ragazza fu sottratta alla morte, ma soffriva di amnesia e fu quindi internata in un ospedale psichiatrico, dove un'altra paziente la identificò come una delle grandi duchesse Romanov scomparse. Poco dopo, la giovane, che dapprima adottò il nome di Anna Čajkovskij, cominciò a sostenere di essere la duchessa Anastasia. Secondo il suo racconto, sarebbe riuscita a sopravvivere all'esecuzione della famiglia grazie a uno dei carnefici che, pentitosi, l'aveva nascosta dopo essersi reso conto che era ancora viva. Successivamente sarebbe scappata dalla Russia. La notizia del fiabesco racconto della ragazza si diffuse e vari membri della corte si recarono all'ospedale per riconoscerla. La maggior parte, come il precettore dei principi, lo svizzero Pierre Gilliard, l'accusò di essere un'impostora, ma Anna riuscì a ottenere abbastanza attenzione perché alcuni esiliati russi decidessero di appoggiarla.

Quando la giovane abbandonò l'ospedale, cambiò il suo nome in Anna Anderson e dedicò tutta la vita a raccogliere fondi e donazioni per dimostrare che non mentiva e che era l'autentica Anastasia Romanov. Si trasferì negli Stati Uniti, dove si sposò con un suo sostenitore, lo storico Jack Manahan, e iniziò un contenzioso in Germania volto a dimostrare la propria identità. Il processo si protrasse fino al 1970 quando le sue dichiarazioni furono rigettate definitivamente. Già in precedenza, nel 1927, un'inchiesta privata incaricata dai familiari dei Romanov assassinati aveva stabilito la vera identità della Anderson: il suo nome era Franziska Schanzkowska ed era una donna polacca appartenente alla classe operaia con precedenti psichiatrici. La Anderson non smise mai di lottare, fino a quando morì di cancro nel 1984 senza essere riuscita a dimostrare la veridicità delle proprie dichiarazioni. Ma la stampa, la letteratura e il cinema avevano già ripetuto e arricchito la sua storia, diffondendola in ogni angolo del pianeta.

Nel frattempo l'assassinio della famiglia imperiale era stato confermato negli anni Trenta dai primi bolscevichi fuggiti dal paese a causa delle purghe staliniste dell'Unione sovietica. Il regime sovietico fu costretto finalmente a riconoscere l'assassinio e a presentare una versione ufficiale dei fatti, in cui l'iniziativa veniva attribuita in toto al soviet degli Urali, che aveva operato alle spalle di quello di Mosca. In ogni caso, per decenni ci si dovette accontentare di versioni contraddittorie e di voci senza fondamento, in buona parte a causa dell'assoluto silenzio del regime sovietico sulla questione. Si trattava di un argomento scomodo, che non aveva ricevuto una soluzione soddisfacente e di cui si desiderava cancellare ogni traccia. Per questo motivo, nel 1977, le autorità di Mosca decisero di abbattere la casa di Ipat'ev, sotto la supervisione del rappresentante regionale del Partito comunista, Boris Yeltsin. Ma gli interrogativi sul destino finale degli zar continuarono a turbare la coscienza dei russi. La risposta non si trovava molto lontano. Nel maggio del 1979 lo scrittore Alexander Avdonin e il geologo Geli Riabov riuscirono a terminare il lavoro che avevano iniziato da tempo. Clandestinamente si erano addentrati nei dintorni di Sverdlovsk (il nuovo nome di Ekaterinburg durante il regime sovietico) alla ricerca di indizi sul possibile luogo di sepoltura dei cadaveri della famiglia imperiale. Fu allora che, in una zona boscosa, trovarono una fossa comune con i resti di varie persone di età diverse. Fin dal principio si convinsero che si trattava dei condannati a morte del 1918, ma l'ostilità delle autorità li costrinse a tacere.

Nel 1991 fu finalmente autorizzata l'esumazione dei corpi nella fossa, di cui i media erano venuti a conoscenza poco tempo prima. Per accertare che si trattasse dei resti della famiglia Romanov, il governo russo ricorse al Servizio scientifico forense britannico, presso il quale la squadra diretta dal dottor Peter Gill realizzò le analisi del DNA dei corpi ritrovati. Come elemento di riferimento si prese un campione del materiale genetico del principe Filippo, duca di Edimburgo e marito della regina Elisabetta II di Inghilterra, che discendeva direttamente da una sorella della zarina Alessandra. Nell'ottobre del 1994 i risultati furono presentati al pubblico in una affollatissima conferenza stampa internazionale. L'analisi non lasciava dubbi: nella fossa si trovavano i corpi dello zar Nicola II, della zarina Alessandra e di tre figlie (Olga, Tatiana e Maria). Per completare lo studio fu confrontato anche il DNA di Anna Anderson, rilevato a partire dai campioni di tessuto tumorale che erano stati conservati dopo la cremazione del cadavere. Il materiale genetico della Anderson non corrispondeva né a quello dei cadaveri né a quello del duca di Edimburgo. Il tempo e la scienza diedero finalmente ragione a quelli che avevano visto in Anna Anderson un'impostora opportunista.

Ma il mistero che aveva intrigato l'Europa per decenni non era stato risolto. I corpi dello zarevič e di Anastasia non erano stati ritrovati nella fossa. Le indagini negli archivi aperti dopo la caduta del regime sovietico hanno indotto alcuni studiosi ad affermare che nel 1918 i carnefici della famiglia imperiale avevano cercato di distruggere tutti i cadaveri tramite cremazione, ma che la mancanza di tempo e la complicata situazione militare della città non glielo avevano permesso. Si giunse quindi alla conclusione che i corpi che non erano stati ritrovati, al contrario degli altri, fossero stati distrutti con successo. Chi tuttora sostiene che qualche membro della famiglia sia sopravvissuto alla tragedia ha come unica argomentazione il mancato ritrovamento di due cadaveri, mentre la maggior parte degli storici non ha dubbi: l'assassinio era stato portato a termine e aveva messo fine alla vita dei Romanov. In Russia la memoria delle vittime di questo fatto atroce si è fatta ogni giorno più viva. Nel 1997 si procedette a una solenne cerimonia di sepoltura dei resti della famiglia imperiale nella cattedrale dei santi Pietro e Paolo a San Pietroburgo. Nel Duemila la Chiesa ortodossa russa li canonizzò e nel 2003 venne costruita una cattedrale sul terreno dove sorgeva la casa nella quale furono assassinati. Nel resto del mondo, indubbiamente, il mistero continua ad avvolgere la storia dei familiari dell'ultimo zar e tutto ciò che riguarda la loro vita e la loro morte suscita ancora oggi lo stesso fervore di un secolo fa. E certamente continuerà a farlo per molti altri decenni.

19

Destinazione sconosciuta: il mistero del saccheggio nazista

Capita che i giornali di tutto il mondo ci sorprendano con notizie sul ritrovamento di tesori in luoghi insospettabili. Continuano a comparire in casseforti dimenticate, sale d'asta internazionali, case private e musei nazionali, dopo essere stati ben nascosti per decenni. Sono quel che resta del formidabile bottino che il Terzo Reich mise insieme depredando l'Europa in lungo e in largo durante la Seconda guerra mondiale. Per alimentare la straordinaria macchina da guerra messa in moto da Hitler, i vertici del Partito nazista idearono un piano per il furto sistematico di titoli finanziari e beni preziosi. Oltre alle necessità economiche di una potenza in guerra, la smisurata megalomania del Führer e l'insaziabile avidità di chi lo circondava portarono all'elaborazione di un altro piano, più personale e inquietante. Collezionisti, galleristi, mercanti d'arte e musei dei territori occupati furono svaligiati per soddisfare l'io malato del leader nazista, la cui brama di ricchezze non conobbe limiti. Durante i quasi sei anni di guerra, ingenti quantità di pezzi d'arte furono spedite in Germania. Le destinazioni principali erano le residenze dei magnati del Reich o i depositi dove erano custoditi in attesa dell'enorme museo che Hitler intendeva costruire.

Quando la fine della guerra era vicina e la sconfitta si profilava sempre più nitida all'orizzonte, le autorità tedesche si ingegnarono per nascondere e far uscire dal paese tutto ciò che avevano rubato. Enormi quantità d'oro, titoli finanziari, quadri, mobili e gioielli passarono attraverso paesi neutrali come Svizzera, Spagna o Portogallo per raggiungere una destinazione sconosciuta. Negli ultimi mesi della guerra e durante il dopoguerra, i vincitori si diedero da fare per recuperare i beni rubati e restituirli ai proprietari originali, ma ci riuscirono solo in parte. Ancora oggi risuonano gli echi di questa terribile storia, in cui i legittimi proprietari degli oggetti rubati e gli eredi lottano per riavere ciò che era loro e per essere riconosciuti come vit-

time del nazismo. Da parte loro i governi sembrano incapaci di agire e non sono ancora stati in grado di fornire una risposta coerente a una delle più importanti sfide morali del XXI secolo: sollevare il velo di silenzio che ricopre il saccheggio nazista e restituire il bottino a chi lo possedeva prima del 1939. Perché alcuni beni non sono ancora stati ritrovati e dove sono nascosti? Sono domande che non trovano risposta ormai da troppo tempo, accantonate da chi ancora spera di lucrare su uno dei peggiori incubi vissuti dall'umanità nel XX secolo.

All'inizio di novembre del 2013 i più importanti quotidiani internazionali riportarono una notizia incredibile: la polizia tedesca aveva rinvenuto in casa di un ottantenne di nome Cornelius Gurlitt una vasta collezione di opere d'arte dei grandi maestri a cavallo tra il XIX e il XX secolo. L'anziano aveva incuriosito i doganieri qualche mese prima quando era stato sorpreso con diciotto banconote da cinquecento euro nel portafogli, dopo un breve soggiorno in Svizzera. Erano iniziate allora le indagini, basate sul sospetto che Gurlitt si guadagnasse da vivere con il contrabbando su piccola scala tra la Germania e la Svizzera, ma ciò che i poliziotti trovarono nel suo appartamento nel quartiere Schwabing di Monaco li lasciò a bocca aperta. Le camere erano piene di quadri impilati con cura: circa 1500 opere di maestri del XIX secolo come Gustave Courbet, Pierre-Auguste Renoir, Henri de Toulouse-Lautrec e maestri delle avanguardie dei primi anni del XX secolo come Pablo Picasso, Henri Matisse, Emil Nolde, Max Beckmann, Otto Dix, Marc Chagall e Oskar Kokoschka. Un vero e proprio museo segreto.

Le indagini che seguirono rivelarono un intreccio degno di un romanzo: il padre dell'imputato, Hildebrand Gurlitt, era stato un mercante d'arte che aveva avuto problemi al momento dell'ascesa al potere di Hitler perché discendeva da antenati ebrei. Era però riuscito a ritagliarsi un posto nel traffico illegale di opere d'arte con la Svizzera per ottenere fondi per finanziare la guerra e si era così guadagnato la benevolenza del regime. Alla fine del conflitto, il mercante dichiarò che la sua attività economica era andata in perdita a causa della guerra ed era rimasta danneggiata in particolare dai bombardamenti di Dresda, ma oggi sappiamo che non era vero. Sessant'anni dopo la sua morte, il figlio mandava avanti l'attività familiare con le opere rubate: le portava illegalmente in Svizzera, dove ancora trovava acquirenti sul mercato nero. Quando la polizia scoprì il museo nascosto nel suo appartamento, gli investigatori non credettero ai loro occhi: c'erano opere d'arte scomparse da decenni (come la famosa *Donna seduta* di Matisse, del 1920, sottratta alla collezione parigina di Paul Rosenberg) e altre addirittura mai catalogate. Sembra una storia incredibile, invece purtroppo è molto più comune di quanto si immagini.

Oro per il Reich...

Christoph Meili era un cittadino svizzero che all'inizio del 1997 si guadagnava da vivere come guardia di sicurezza presso la sede dell'onnipotente Union Bank of Switzerland. Durante una ronda notturna sorprese alcuni dipendenti della banca che distruggevano di nascosto vecchi documenti. Riferì l'episodio ai suoi superiori che gli dissero di non dar peso alla cosa. L'agente però fu incuriosito da quella che gli sembrava un'irregolarità e qualche giorno più tardi, per confermare i sospetti sorti fin dal primo momento, si portò a casa parte della documentazione. Qualche ora dopo i giornali di tutto il mondo raccontavano come una delle principali banche del mondo avesse cercato di distruggere le prove del fatto che aveva custodito l'oro proveniente dalla Germania nazista. La notizia smentiva le autorità svizzere, che avevano dichiarato che il paese non aveva mai protetto le fortune dei nazisti e che l'oro entrato in Svizzera durante la Seconda guerra mondiale non proveniva da furti o saccheggi. La rivelazione di per sé era già esplosiva, ma come spesso accade, si mise a piovere sul bagnato. Nei mesi precedenti era trapelata la notizia che nella Federal Reserve Bank di New York fossero ancora conservati settanta milioni di dollari in lingotti d'oro, appartenuti ai nazisti e mai restituiti ai legittimi proprietari dopo la guerra. Ma perché la questione faceva ancora tanto scalpore a distanza di cinquant'anni? La risposta è in una storia di dolore, paura, umiliazione e, in molti casi, di morte.

Negli anni Trenta in seguito all'ascesa al potere di Hitler, la Germania si preparava a rientrare sulla scena politica internazionale. Il leader del Partito nazista aveva piani espansionistici ben definiti in Europa e mise in moto un ambizioso programma segreto di riarmo, venendo meno agli accordi del Trattato di Versailles tra la Germania e i vincitori della Prima guerra mondiale. Per portare avanti i loro obiettivi bellici, i nazisti avevano bisogno di ingenti risorse e cercarono di ottenerle come sapevano fare meglio: attraverso la violenza. La vittima designata era ancora una volta la comunità già accusata ingiustamente di essere responsabile di tutti i mali della Germania: quella ebraica. Prendeva così forma la politica repressiva e antisemita dei nazisti, basata su un'ideologia razzista e xenofoba. L'esazione forzata ai danni degli ebrei divenne la norma in Germania, dove oltre alle misure per discriminare e isolare le persone di origine ebraica dal resto della società fu loro imposto, nel 1938, il pagamento di un «tributo espiatorio». Si trattava semplicemente della legalizzazione di ciò che era già una pratica comune: l'irruzione nelle case e nei negozi delle famiglie ebree e il furto di qualsiasi oggetto di valore. È stato calcolato che prima dello scoppio della guerra, i tedeschi si si siano appropriati illegalmente di un milione di dollari in beni personali e conti in banca appartenenti a membri della comunità ebraica.

Non era comunque sufficiente per realizzare i piani di Hitler, che estese la politica di saccheggio a tutti i paesi su cui riusciva a mettere le mani. Quando nuovi territori entravano a far parte dell'orbita tedesca, i nazisti cercavano sistematicamente di impadronirsi delle riserve d'oro delle banche centrali di quei paesi. Secondo il docente di Storia economica Pablo Martín-Aceña, «l'avidità dimostrata dal Terzo Reich nell'accumulare il prezioso metallo fu illimitata e senza l'oro i nazisti non avrebbero potuto sostenere una guerra tanto lunga e sanguinosa. Il Führer, grande megalomane del XX secolo, fondò sui lucenti lingotti impilati nelle camere blindate della Reichsbank (la Banca centrale tedesca) il suo potere militare e le ansie di conquista territoriale». Già prima della guerra, l'incorporazione dell'Austria e di parte della Cecoslovacchia portarono rispettivamente nelle casse del Reich 102 e 44 milioni di dollari in oro. Dall'inizio del conflitto, nel settembre del 1939, il meccanismo dilagò nel continente. Ai Paesi Bassi furono rubati 163 milioni di dollari, al Belgio 223 milioni, e la lista continuava ad allungarsi. Tutto ciò che si poteva ottenere dai territori occupati serviva ad alimentare l'insaziabile macchina da guerra del Reich. Come indica Martín-Aceña, «i nazisti si impadronirono delle risorse di Austria, Cecoslovacchia, Ungheria, Belgio, Olanda, Lussemburgo, Italia, Jugoslavia, Albania e Grecia, e cercarono di mettere le mani, senza successo, su quelle di Polonia, Francia, Norvegia e Danimarca».

In Europa orientale questa politica acquisì tinte ancora più fosche: qui le comunità ebraiche, molto numerose, furono oggetto di persecuzione e saccheggio sistematici. Esistevano addirittura squadroni delle SS specializzati nel localizzare questi gruppi e spogliarli di ogni ricchezza. Per quanto modesto fosse un quartiere ebraico, per quanto piccolo fosse un villaggio, la sua sinagoga poteva comunque contenere oggetti preziosi; candelabri, custodie dei rotoli della Torah e altri oggetti di culto erano solitamente realizzati in oro o argento. Nel 1942 la persecuzione degli ebrei entrò nella sua fase peggiore, quella che i nazisti chiamarono «soluzione finale», una politica di sterminio sistematico degli ebrei nei campi di concentramento come Sobibór, Treblinka e Auschwitz-Birkenau. Fu l'inizio del crimine più macabro della storia dell'umanità, da cui i nazisti cercarono anche di trarre benefici economici. Alle vittime dell'Olocausto furono sottratti tutti gli oggetti di valore: anelli, fedi nuziali, ciondoli e addirittura le otturazioni d'oro, che erano strappate ai cadaveri recuperati dalle camere a gas.

Tutto l'oro rubato veniva trasportato in Germania, nelle sedi della Reichsbank, dove era fuso in lingotti conservati con il sigillo dell'aquila e della svastica con una data falsa, precedente l'inizio della guerra. Così facendo occultavano la provenienza dell'oro, utilizzato per ottenere finanziamenti da parte dei paesi neutrali. Svizzera, Portogallo e Svezia ricevettero durante la guerra quantità imprecisate di oro tedesco come pagamento per materie prime o, nel caso della Svizzera, per la concessione di crediti per il finanziamento delle campagne militari. È questa la ragione per cui molti hanno accusato il piccolo paese alpino, tradizionalmente orgoglioso della propria politica di neutralità internazionale, di essere stato un alleato finanziario del Terzo Reich. Nonostante le risposte evasive e negative delle autorità elvetiche al termine della guerra, l'ombra del sospetto continua ad aleggiare sul paese. Si è perfino arrivati a pensare che alla fine del conflitto le alte sfere tedesche potrebbero aver approfittato dei contatti in Svizzera per nascondere le loro ricchezze prima del crollo della Germania. La fine della guerra era sempre più vicina e restavano ben pochi dubbi su chi l'avrebbe vinta. L'attività delle autorità naziste negli ultimi mesi del conflitto fu frenetica.

Nella primavera del 1945 la Germania andava inesorabilmente incontro alla sconfitta. L'avanzata degli Alleati da est (l'Armata Rossa) e da ovest (britannici e statunitensi) sembrava inarrestabile. Il 4 aprile le truppe americane, che marciavano rapide verso la Germania centrale, occuparono il piccolo villaggio di Merkers-Kieselbach, in Turingia. Ben presto alle orecchie dei capi dell'esercito americano giunsero alcune voci da cui si intuiva che nelle settimane precedenti in quella cittadina era accaduto qualcosa di importante. Qualche ora dopo gli abitanti del luogo, interrogati, riferirono che alcune autorità inviate da Berlino avevano lavorato in una cava di sale poco lontana e, stando a quel che si diceva, i tedeschi avevano nascosto lì parte delle loro ricchezze. Una volta informate le alte sfere e l'intelligence militare, fu chiuso ai civili l'accesso alla cava e, dopo aver aggiustato l'impianto elettrico, si organizzò la prima discesa nei pozzi di sale. Era la mattina del 7 aprile. Ai soldati bastarono poche ore per rendersi conto di aver trovato il tesoro più spettacolare della storia. Nei pozzi era stata sepolta, in un tentativo disperato di nasconderla agli occhi del mondo, buona parte delle riserve d'oro della Reichsbank.

Dopo diversi giorni di conteggio frenetico, le prime notizie parlavano di 110 tonnellate d'oro in lingotti, 126 milioni di dollari in monete d'oro e altri milioni in cartamoneta; oggetti d'oro non ancora fusi (orologi, gioielli, ornamenti, oggetti di culto, otturazioni delle vittime dell'Olocausto) e opere d'arte dal valore inestimabile. I soldati rimasero attoniti non solo per lo spettacolo dell'oro che usciva lucente da migliaia di sacchi, casse e pacchi, insieme a quadri famosi e capolavori provenienti da grandi musei a centinaia chilometri di distanza, ma anche per l'interrogativo che serpeggiò tra i presenti: come erano giunti fin lì i quadri? Anche la loro, come quella dell'oro rubato, è una storia sconvolgente e terribile. Un altro esempio di tirannia, persecuzione, saccheggio e morte.

... e arte per il Führer

Così come i depositi dimenticati in cui i nazisti avevano custodito l'oro, anche le opere d'arte rubate sono ricomparse tardi e un po' per volta. All'inizio del 1997, mentre Meili scopriva a Zurigo la documentazione che dimostrava la presenza di oro nazista nelle banche svizzere, dall'altra parte del mondo scoppiava uno scandalo legato ai furti dei tedeschi. Nell'asta invernale della casa Sotheby's di New York fu messo in vendita un pezzo unico: il *Ritratto di giovane uomo con cappello rosso*, una delle poche opere del pittore rinascimentale fiorentino Sandro Botticelli ancora appartenente a privati. Il lotto fu venduto per un prezzo astronomico, suscitando forti ripercussioni mediatiche e artistiche fino a quando la stampa riportò che l'opera era appartenuta a una collezione rubata dei nazisti.

Le indagini successive dimostrarono che il quadro proveniva dalla collezione sottratta al banchiere olandese Friedrich Gutmann, appartenente a una famiglia ebrea di origine tedesca, anche se lui e la moglie Louise erano stati battezzati. All'inizio della Seconda guerra mondiale Gutmann cercò di mettere in salvo la propria collezione, ma ci riuscì solo in parte. Quando i nazisti invasero i Paesi Bassi, iniziarono a fare pressioni su di lui perché vendesse la collezione a un prezzo irrisorio. La paura e le intimidazioni finirono per minare la volontà del banchiere, che acconsentì alla vendita, ma questo non bastò a salvarlo: due anni dopo la coppia fu deportata nel campo di Theresienstadt, dove Friedrich incontrò la morte. Louise invece morì dopo essere stata trasferita ad Auschwitz. I loro eredi cercarono per decenni le opere della collezione e naturalmente la notizia della vendita all'asta destò la loro attenzione.

Il caso del Botticelli di Gutmann è tutt'altro che isolato. Nello stesso periodo spuntarono sui giornali un'*Odalisca* di Matisse proveniente dall'Art Museum di Seattle, il *Paesaggio con comignoli* di Degas dell'Art Institute di Chicago e *Rue Saint-Honoré, pomeriggio, effetto della pioggia*, un Pissarro del Museo Thyssen-Bornemisza di Madrid. Si sospetta che provengano tutti da collezioni rubate dai tedeschi durante la Seconda guerra mondiale, nel contesto di un'operazione studiata nel dettaglio per impadronirsi dei capolavori dell'arte europea. Il vero scopo di questa operazione era soddisfare l'ego smisurato e l'io malato del Führer e di alcuni dei suoi più stretti collaboratori. Durante l'adolescenza e la giovinezza Hitler sognava di dedicarsi all'arte o all'architettura. I suoi biografi concordano sul fatto che fosse un ragazzo dotato e intelligente, ma anche instabile e pigro, e senza la costanza necessaria per arrivare al successo. Quando poi si trasferì a Linz per gli studi secondari, finì per abbandonarli e condurre un'esistenza da bohémien e disadattato, frequentando centri culturali, caffè e gallerie d'arte. A Vienna, dove tentò il test d'ammissione all'Accademia di Belle arti, una delle più esclusive e prestigiose d'Europa, fu bocciato due volte per mancanza di preparazione e originalità. Negli anni trascorsi nella capitale austriaca, così come in quelli trascorsi a Monaco nel periodo precedente al Prima guerra mondiale, si guadagnò da vivere con grandi difficoltà, dedicandosi tra le altre cose a dipingere paesaggi che vendeva per le strade. Dalla frustrazione di un giovane indolente sarebbe nata la voracità senza limiti del dittatore a capo del più esteso saccheggio artistico della storia.

Il furto sistematico e pianificato era parte integrante della politica nazista. Hitler e i suoi più stretti collaboratori, soprattutto Hermann Goering, suo braccio destro e comandante in capo della Luftwaffe (la forza aerea del Reich), furono i principali promotori e ideologi dell'operazione e, fin da quando salirono al potere, utilizzarono l'arte come strumento cruciale di un immenso apparato propagandistico pensato per sostenere il regime tra i tedeschi. Venne quindi ridefinito ciò che era intellettualmente e artisticamente accettabile in Germania e tutte le opere che non rispettavano le nuove norme furono censurate e perseguitate. Si affermò un gusto artistico ufficiale, che esaltava gli artisti «patrioti» e penalizzava le opere di molti grandi maestri della fine del XIX secolo e degli inizi del XX, considerate corrotte e disprezzabili. Tutto ciò che si distaccava dalla tradizione artistica accademica, dal Rinascimento fino alla metà del XIX secolo, era considerato una deviazione. Nacque così l'«arte degenerata», ripudiata dai tedeschi e oggetto di persecuzione.

Gli autori di quest'arte che risiedevano in Germania furono privati del lavoro e condannati all'inattività o all'esilio; le loro opere furono ritirate dai musei e vendute. Il 30 giugno 1936 si celebrò a Lucerna (Svizzera) una delle aste d'arte più discusse del secolo. Le autorità del Reich avevano epurato le collezioni dei musei pubblici tedeschi e gran parte dell'«arte degenerata» fu messa in vendita. Quadri di Van Gogh, Picasso, Matisse, Braque, Klee, Kokoschka e altri maestri vennero messe sul mercato, fra le polemiche internazionali per la partecipazione di istituzioni e magnati, dato che i ricavati dell'asta sarebbero serviti a sostenere il nazismo. In ultima istanza l'elaborazione di un canone artistico ufficiale obbediva al gusto personale dei grandi gerarchi del partito, che fecero un uso privato del patrimonio artistico tedesco. L'esempio più eclatante fu quello di Goering, che approfittò dell'influenza che aveva su Hitler e del suo immenso potere per decorare Carinhall (la sua stravagante residenza privata appena fuori Berlino) con quadri provenienti dalle grandi gallerie del paese.

A mano a mano che il Reich si espandeva e la guerra si avvicinava i nazisti elaborarono un piano dettagliato per impossessarsi dei tesori artistici europei. Prima delle conquiste venivano stesi gli elenchi delle opere d'arte di cui bisognava appropriarsi. I collezionisti e i mercanti di origine ebraica furono i primi a finire nel mirino e l'obiettivo più ambito erano i grandi centri culturali del momento, in particolare Parigi. Come ricorda il giornalista Héctor Feliciano, che ha studiato in profondità il saccheggio artistico nazista, «già nei primi giorni di occupazione della capitale francese, nel giugno del 1940, i nazisti, seguendo una lista di nomi stabilita in precedenza da intenditori d'arte tedeschi, puntarono verso una decina di importanti gallerie appartenenti a ebrei francesi, per sequestrarle e confiscarne il prezioso contenuto». Iniziavano con le pressioni e la coercizione e, quando non funzionava, se ne appropriavano con la forza.

L'assedio non faceva distinzioni di classe sociale e prestigio politico. Paul Rosenberg era uno dei mercanti d'arte più importanti del mondo nel periodo tra le due guerre. La sua ampia ed elegante galleria parigina era piena di capolavori del XIX e XX secolo. A prescindere che fossero gradite o meno alle autorità del Reich, le opere d'arte furono tutte portate in Germania, poi quelle che rispondevano al gusto ufficiale vi rimasero, le altre finirono in Svizzera, vendute grazie al fiorente mercato dell'arte rubata che si era sviluppato durante la guerra. Anche il ramo francese della potente famiglia Rothschild, vertice dell'aristocrazia finanziaria mondiale, fu vittima del saccheggio artistico. Gli eredi del barone Alphonse de Rothschild, che era morto all'inizio del secolo e aveva portato all'apice il potere e la ricchezza del ramo francese della famiglia, avevano continuato ad arricchire la sua collezione con i capolavori di pittori del passato: *L'astronomo* di Vermeer, *Ritratto della marchesa di Pompadour* di Boucher e tanti altri, custoditi con cura dai Rothschild, che li avevano pagati una fortuna, finirono appesi nelle case dei dirigenti del Reich o immagazzinati in Germania. Hitler aveva chiesto al suo architetto di fiducia Albert Speer, anche lui membro del Partito nazista, di progettare un'ambiziosa ristrutturazione della città austriaca di Linz. Il punto focale del progetto era il Führermuseum, un immenso museo che avrebbe accolto i capolavori dell'arte che i nazisti consideravano degni di ammirazione.

Il progetto non avrebbe mai visto la luce, ma le truppe tedesche saccheggiarono comunque collezioni private, gallerie e musei di tutta l'Europa occupata per soddisfare i desideri di Hitler. Il furto del patrimonio artistico fu parte integrante della loro strategia di guerra. Come riporta Feliciano, «i nazisti, sul piano ideologico e reale, davano al saccheggio artistico e culturale lo stesso valore delle vittorie militari o delle conquiste territoriali [...] Il saccheggio avvenuto durante la Seconda guerra mondiale ci consente di capire con esattezza la vera ragione per cui il potere degli aggressori – anche in casi più recenti, come Bosnia, Afghanistan o Iraq – risieda, in buona parte, nel furto e nella distruzione del patrimonio culturale del nemico». La maggioranza dell'opinione pubblica tedesca, ben lontana dal condannare questo bottino di guerra, accolse con gioia l'ingresso nel paese di tali capolavori. Miguel Martorell Linares, professore di Storia politica e sociale dell'UNED, ricorda come in Germania «molti amanti dell'arte, come discepoli di Faust, fecero un patto col diavolo per accrescere le proprie collezioni con pezzi altrimenti inaccessibili, mentre storici ed esperti poterono studiare le opere dei grandi maestri senza uscire dal paese. Al tempo stesso mercanti e contrabbandieri colsero l'occasione per concludere affari decisamente vantaggiosi. Questi ultimi, inoltre, contribuirono a disperdere il bottino». E nonostante la Germania fosse uscita sconfitta dalla Seconda guerra mondiale, il bottino in molti casi risultò disperso.

Un'ingiustizia irreversibile?

Dopo la fine della guerra, gli alleati tentarono di recuperare e restituire il patrimonio artistico rubato. Il ritrovamento di opere d'arte e dell'oro della Reichsbank nella cava di Merkers non fu un caso isolato. Furono localizzati altri depositi in cui i nazisti avevano nascosto il bottino. Uno dei più spettacolari si trovava in Austria, nella località di Altaussee. Ancora una volta fu in una cava che ricomparvero molte opere immagazzinate in vista della costruzione del Führermuseum di Linz: quadri, sculture, mobili, libri e documenti antichi. La maggior parte arrivava da lontano, come la *Madonna di Bruges* di Michelangelo, proveniente dalla cittadina belga da cui deriva il titolo dell'opera, e alcuni causarono una enorme sorpresa, come le tavole del polittico dell'*Agnello mistico* della cattedrale di Gand, capolavoro dell'arte fiamminga del XV secolo, opera dei fratelli Van Eyck. Fu chiaro fin da subito che ai vincitori spettava un lavoro immenso: contare le opere, verificarne lo stato di conservazione, inventariarle, scoprirne l'origine e cercarne i legittimi proprietari.

Gli alleati non furono colti alla sprovvista: nel 1943 il presidente Franklin D. Roosevelt aveva promosso la creazione di una commissione (nota come Commissione Roberts) incaricata di stabilire un piano d'azione per salvaguardare il patrimonio artistico europeo a rischio. La commissione, con l'aiuto di vari gruppi di esperti, stilò elenchi delle opere d'arte che erano in pericolo o che potevano essere state rubate. L'obiettivo era metterle a disposizione delle truppe in procinto di sbarcare in Europa per la grande controffensiva ai danni della Germania. In seguito la commissione lanciò il programma «Monumenti, belle arti e archivi», che si sarebbe servito di personale sul territorio per organizzare azioni di recupero e gestione iniziale del materiale rubato. Si trattava dei famosi *Monuments men*, che entrarono in azione durante l'ultimo anno di guerra e, secondo alcune stime, resero possibile la restituzione di più di cinque milioni di opere d'arte. L'importanza del loro operato li incoraggiò a rimanere in Europa per sei anni dopo la fine del conflitto, per aiutare le autorità alleate nella restituzione del patrimonio rubato.

Alla fine, però, gli alleati decisero che la strada più semplice era restituire le opere ai governi dei vari paesi di provenienza, che si sarebbero poi incaricati di rintracciare i proprietari originali. Purtroppo questa procedura fu spesso incompleta o inadeguata. In alcuni casi, come per i collezionisti di origine ebraica, fu difficile trovare gli eredi legali; molte famiglie erano scomparse nei campi di sterminio. In altri, per quanto possa sembrare scioccante, gli eredi si decisero solo anni dopo a reclamare ciò che era loro, o addirittura non lo fecero mai. Alcuni paesi, come la Francia, sono stati accusati inoltre di non impegnarsi abbastanza per portare a termine la restituzione delle opere rubate. Per questo molte di esse finirono nei musei pubblici dei paesi a cui erano state restituite. Altre invece non riapparvero mai. Si pensa che alcune siano andate distrutte durante la guerra e che altre siano state disperse in giro per il mondo attraverso il mercato nero. Nel 1945 gli alleati stimarono che il valore delle opere entrate in Svizzera durante il conflitto per essere vendute era compreso tra i 29 e i 46 milioni di dollari. Un gran numero di esperti pensa che ancora oggi buona parte della refurtiva dei nazisti sia occultata in collezioni europee, americane e giapponesi. In un luogo segreto, al riparo da ogni sguardo che non sia quello di chi le possiede, sono ancora nascoste opere che un tempo appartenevano alle vittime del nazismo, a cui furono sottratte nel mezzo della spirale di follia e violenza che devastò il mondo. Nessuno sa quando i media diffonderanno la notizia del ritrovamento di qualche opera scomparsa; ciò che si sa è che il lavoro per restituire la refurtiva ai legittimi proprietari non è ancora terminato. Essa rappresenta senza dubbio una ferita ancora aperta e con ogni probabilità dovrà trascorrere ancora molto tempo perché si rimargini.

20

Il segreto sotto le tuniche: il Ku Klux Klan

Il 20 gennaio 2009 in tutto il mondo milioni di persone seguirono in televisione un avvenimento storico: Barack Hussein Obama prestava giuramento come presidente degli Stati Uniti. Era la prima persona di colore a farlo. Per quanti quel giorno affollavano i dintorni della Casa Bianca, come per tanti altri che seguivano la cerimonia dai luoghi più distanti del pianeta, era il trionfo dell'uguaglianza, della libertà e del riconoscimento dei diritti umani. Per una minoranza tanto indegna quanto radicata nella storia degli Stati Uniti, ciò che stava accadendo si avvicinava piuttosto all'Apocalisse.

Il Ku Klux Klan è considerato dalle forze di sicurezza statunitensi l'organizzazione terroristica più antica del paese. La sua violenta retorica, le tuniche bianche e le croci infuocate sono tristemente note in tutto il mondo. La storia del Klan è quella della sofferenza delle migliaia di vittime di un'organizzazione che ha fatto dell'odio razziale e della supremazia dei bianchi la propria bandiera. La tortura, l'assassinio, l'intimidazione sono stati per decenni il marchio distintivo del Ku Klux Klan... eppure l'organizzazione continua a esistere ed è considerata legale. Ma che cosa c'è dietro il Ku Klux Klan? E, soprattutto, come si spiega la sua incredibile capacità di sopravvivere? Per molto tempo questi interrogativi non hanno trovato risposta, finché il lavoro di investigatori specializzati, le informazioni di infiltrati e le testimonianze di membri del Klan pentiti hanno permesso di svelare i segreti dell'organizzazione e di conoscerne la vera storia.

Nel 1776 gli Stati Uniti stupirono per la prima volta il mondo proclamando l'indipendenza dalla Gran Bretagna, con un documento che, a partire da allora, sarebbe diventato un punto di riferimento per le idee di libertà e uguaglianza: la Dichiarazione d'indipendenza. In quel documento la nuova nazione stabiliva l'uguaglianza degli uomini con una semplice affermazione: «Tutti gli uomini sono creati uguali». Ma fra la teoria e la realtà, come è noto, c'era una differenza abissale, almeno per quanto riguardava una parte importante della popolazione di colore dell'ex colonia britannica. Si sarebbe dovuta aspettare la Guerra di secessione, il conflitto civile che lacerò il paese tra il 1861 e il 1865, perché i diritti degli afroamericani venissero riconosciuti, sebbene non tutti sembrassero disposti a farlo...

Fantasmi a cavallo: il primo Ku Klux Klan

Per decenni l'origine del Ku Klux Klan è stata accuratamente tenuta nascosta. La mancanza d'informazioni favorì la diffusione di ogni tipo di teoria sulla nascita dell'organizzazione, da quelle che la collegavano a una rete segreta di trafficanti d'oppio cinesi fino ad altre che affermavano che fosse stata creata da prigionieri di guerra originari del Sud degli Stati Uniti durante la Guerra di secessione. Quel che è certo è che il Ku Klux Klan fu creato nel 1865 a Pulaski, una piccola località del Tennessee, uno Stato del Sud, da sei giovani ex soldati confederati incapaci di accettare le conseguenze della guerra.

Dopo la vittoria del Nord gli stati del Sud non solo dovettero affrontare la sconfitta e i problemi collegati alla ricostruzione del dopoguerra, ma si videro anche costretti a rivedere il proprio modello sociale ed economico basato in buona misura, fino a quel momento, sulla schiavitù della popolazione di colore. Il nuovo governo federale della nazione abolì la schiavitù e riconobbe i diritti politici degli ex schiavi, cosa che presto si tradusse nella presenza di uomini di colore in cariche ufficiali e alla testa di notevoli fortune. Per molti di coloro che durante la guerra avevano lottato contro queste idee e in difesa del modello sudista, era un grave affronto ai propri valori e alle proprie tradizioni. Il proliferare degli speculatori del Nord, inoltre, ansiosi di approfittare della rovina degli ex proprietari di schiavi, creò un terreno propizio al sorgere di gruppi razzisti.

Così, nel dicembre del 1865, i sei ex soldati degli Stati confederati d'America decisero di costituire una società segreta con lo scopo di lottare per quelli che secondo loro erano i valori della società dei bianchi del Sud e quindi contro il riconoscimento dei diritti della popolazione di colore. Intenzionati a dare un nome altisonante al club e approfittando della formazione universitaria di alcuni di loro, pensarono di utilizzare il termine greco *kuklos* (circolo) e quello gaelico *clann* (famiglia) per battezzare il gruppo. Nacque così il Ku Klux Klan, che fu circondato da un grande sfarzo a sottolinearne il carattere misterioso, gerarchico e rituale. Cosicché il capo dell'organizzazione veniva chiamato Gran Ciclope, mentre il suo aiutante era il Gran Mago; il cosiddetto Gran Turco era incaricato di accogliere i nuovi candidati. A sua volta chi svolgeva la funzione di segretario era conosciuto come il Grande Scriba, l'incaricato della corrispondenza era il Grande Falco e chi stava di guardia era il Lictor. Tutti i nuovi membri dovevano passare attraverso una cerimonia d'iniziazione, a cui arrivavano con gli occhi bendati e nel corso della quale dovevano pronunciare vari tipi di giuramenti, dopodiché venivano condotti a un altare e «incoronati».

I membri del Klan iniziarono presto a organizzare incursioni notturne a cavallo negli accampamenti all'aperto, dove dopo la guerra vivevano molte famiglie di neri, con l'obiettivo di intimorirle e persuaderle a non esercitare i loro diritti. Per raggiungere lo scopo non facevano ricorso soltanto alla violenza, ma si servivano soprattutto della paura, poiché oltre a essere abbigliati con cappucci a punta, maschere grottesche e tuniche, ricorrevano ad alcuni trucchi per far credere alle vittime di essere i fantasmi di soldati confederati. Uno consisteva nell'uso di un tubo di gomma, collegato a un otre nascosto sotto la tunica, che permetteva di fingere di bere enormi quantità d'acqua e affermare poi di avere tanta sete perché non avevano bevuto niente dalla morte avvenuta in una famosa battaglia. In questo modo terrorizzavano le vittime e minacciavano di ritornare se non avessero fatto ciò che gli veniva richiesto.

A imitazione delle pattuglie notturne del Tennessee cominciarono presto a proliferare in molte città vicine altri gruppi fuori controllo. Come ricorda il Southern Poverty Law Center, istituto specializzato nello studio del Klan, «centinaia di cittadini bianchi dell'ovest del Tennessee, dell'Alabama del Nord e di parte della Georgia e del Mississippi si unirono in quel periodo al Klan». I loro attacchi non erano rivolti solo contro la popolazione di colore, ma anche contro chi cercava di aiutare i nuovi cittadini a esercitare e conoscere i propri diritti. Molte donne, che si erano spostate dal Nord per andare a lavorare come maestre e insegnare a leggere e a scrivere agli ex schiavi, furono picchiate, catturate e persino violentate dai membri di queste pattuglie. L'aumento incontrollato di azioni violente condusse i membri del Klan a cercare di organizzarsi; così, nel 1867, a Nashville si tenne una riunione segreta nella quale diversi rappresentanti dell'Impero Invisibile, altro nome con cui era conosciuta l'organizzazione, prospettarono la possibilità di creare un'unica forza clandestina insieme a tutti gli altri gruppi. L'idea non ebbe successo, ma durante la riunione di Nashville il Klan assunse quella che sarebbe diventata la sua vera fisionomia. Fu organizzata una catena di comando e, scegliendo come obiettivo la lotta contro la politica di ricostruzione del governo federale, fu adottata la filosofia ufficiale della supremazia dei bianchi quale credo fondamentale dell'organizzazione.

Le azioni violente del Klan si moltiplicarono a tal punto che nel 1868 trovarono eco nei giornali di tutto il paese. L'appoggio di buona parte della popolazione del Sud favorì l'impunità dei suoi membri, sempre più numerosi e pericolosi. L'organizzazione aveva sostenitori nei gruppi sociali più influenti, inclusi sacerdoti, magistrati, funzionari e politici, cosicché verso la fine degli anni Sessanta la situazione degenerò. Alla fine Washington reagì e, il 28 aprile 1871, il presidente Ulysses S. Grant approvò una dura legge contro il Klan. La norma toglieva alle autorità del Sud la giurisdizione per i reati di aggressione, furto e omicidio e autorizzava il presidente a introdurre la legge marziale e a sospendere il diritto di *habeas corpus* nei casi in cui fosse stato necessario. La legge fu tanto controversa quanto efficace e permise l'arresto di centinaia di membri del Klan, che in quel decennio a poco a poco si dissolse nelle stesse ombre dalle quali era sorto. Il retaggio dell'organizzazione però rimase vivo nella politica di segregazione razziale introdotta nel Sud, in attesa di essere recuperato. Un decennio dopo avrebbe fatto la sua comparsa un'invenzione straordinaria, simbolo della modernità e dei nuovi tempi, il cinema, che avrebbe risvegliato dal letargo la belva addormentata.

La nascita di una nazione

Agli inizi del XX secolo gli echi della Guerra di secessione e le sue conseguenze sembravano lontani. I cambiamenti associati al nuovo secolo però contribuirono a creare ancora un contesto favorevole all'emergere di gruppi razzisti. Il prodigioso sviluppo industriale ed economico degli Stati Uniti trasformò il paese in un polo d'attrazione per milioni d'immigrati, che iniziarono a essere visti con fastidio da parte della popolazione statunitense. Circa ventitré milioni d'immigrati arrivarono negli Stati Uniti dalla Gran Bretagna, la Germania, l'Italia, la Russia e l'Ungheria e tra loro erano presenti molti ebrei e cattolici. Si trattava di persone con abitudini e culture diverse, disposte a lavorare duramente per guadagnarsi la propria parte di sogno americano, quindi non mancò chi percepì la differenza come un'aggressione e vide negli immigrati degli usurpatori di quello che spettava solo agli americani, purché bianchi, s'intende...

La società sempre più industrializzata e urbanizzata degli inizi del XX secolo trovò una delle sue espressioni più caratteristiche nello sviluppo dell'industria cinematografica. I mezzi di comunicazione di massa cominciarono a svolgere un ruolo determinante nella creazione dell'opinione pubblica e in tal senso il cinema, col suo linguaggio visivo semplice e diretto, risultò di enorme efficacia. Nel 1915 esordì negli Stati Uniti una pellicola diretta da D.W. Griffith, *Nascita di una nazione,* basata su due romanzi di Thomas Dixon, *The Clansman* (*L'uomo del Klan*) e *The Leopard's Spots* (*Le macchie del Leopardo*). Considerata una delle grandi opere del cinema muto, narra la storia di due famiglie di bianchi del Nord e del Sud dopo la Guerra di secessione. La pellicola, dichiaratamente razzista, presentava i neri in modo grottesco ed elogiava il ruolo del Klan come elemento di unione nazionale sotto il vessillo della supremazia dei bianchi, attribuendogli una funzione determinante nel lavoro di ricostruzione del dopoguerra. La proiezione, accompagnata in parecchi luoghi da incidenti, sollevò una smisurata polemica tra chi la considerò un'opera maestra del cinema, chi un'inaccettabile argomentazione razzista e chi una fonte d'ispirazione.

Fra questi ultimi c'era l'ex ministro metodista William J. Simmons che, deciso a emulare gli «eroi» rappresentati nella pellicola, radunò un gruppo di persone con idee affini nelle vicinanze di Stone Mountain (Atlanta). Il risultato della riunione fu la ricostituzione del Ku Klux Klan. In questa tappa della sua esistenza, il Klan assunse però ulteriori tratti distintivi. Così, sebbene Simmons e compagni avessero adottato i titoli e le insegne che apparivano in *Nascita di una nazione,* la nuova organizzazione si diede come obiettivo quello di difendere il paese non solo dai neri, ma anche da altri gruppi sociali che considerava altrettanto indegni: immigrati, indigenti, cattolici, ebrei, comunisti... Simmons inoltre ricorse ai romanzi di Dixon per recuperare informazioni sulle origini dell'organizzazione e sulle sue tradizioni, alle quali il nuovo Klan aggiunse l'uso delle croci infuocate descritte in *The Clansman*.

La nuova organizzazione iniziò progressivamente a fare seguaci. Nel 1920 crebbe in maniera esponenziale grazie all'associazione di Simmons con i pubblicitari Edward Young Clarke ed Elizabeth Tyler. Verso la metà degli anni Venti il Klan contava nelle sue fila circa sei milioni di membri distribuiti in tutto il paese. Il numero di azioni violente si moltiplicò in modo straordinario e l'organizzazione acquisì un peso crescente nella vita della nazione. In molti Stati l'appoggio del Klan era indispensabile per accedere a incarichi di responsabilità pubblica e la presenza dei suoi membri in istituzioni fondamentali come il Congresso, il Senato o la Corte Suprema divenne cosa abituale. La rapida diffusione del Klan e la sua vicinanza al potere politico ed economico furono però anche fonte di problemi nell'organizzazione. I contrasti all'interno fra gruppi diversi iniziarono ad aumentare. Clarke e la Tyler furono accusati di malversazione e addirittura detenuti in un bordello. Le accuse di delitti di stampo economico coinvolsero altri membri del Klan, che a poco a poco vide intaccata la propria immagine moralista. Anche così, però, l'organizzazione sembrava avere forti agganci ai quali aggrapparsi per continuare a sopravvivere e ci riuscì con successo fino all'inizio degli anni Quaranta.

La Seconda guerra mondiale (1939-1945) comportò uno sconvolgimento in tutto il pianeta che non risparmiò neanche il Klan. Negli anni in cui il fascismo e le ideologie razziste e xenofobe erano in auge, prima della guerra, il Ku Klux Klan cercò di unirsi al German-American Volksbund, un'organizzazione nazista americana creata nel 1936. Dopo la fine del conflitto, dal quale gli Stati Uniti uscirono come leader del mondo occidentale democratico, la vicinanza col nazismo contribuì a screditare il Klan. D'altro canto i problemi economici dell'organizzazione erano sempre più gravi e, quando nel 1944 l'agenzia tributaria pretese dal Klan il pagamento di 625.000 dollari, l'organizzazione smise di esistere ufficialmente. La nuova coscienza sociale dopo la guerra fu sul punto di distruggere il Klan, ma l'organizzazione seppe sfruttare proprio quei cambiamenti sociali per risorgere dalle sue ceneri.

Sicari col cappuccio

Il 17 maggio 1954 la corte suprema degli Stati Uniti decretò che le leggi che introducevano la segregazione razziale nelle scuole del paese erano incostituzionali. La decisione arrivava in un momento in cui la società occidentale era stata scossa alle fondamenta dal dramma umano della Seconda guerra mondiale, dall'Olocausto degli ebrei per mano dei nazisti e dallo sconvolgente processo di Norimberga, dove furono giudicati i responsabili e i collaboratori del Terzo Reich. Il razzismo e la disuguaglianza difesi dallo Stato erano diventati intollerabili per i difensori della democrazia, disgustati dalla guerra. Così l'esistenza di scuole, mezzi di trasporto, ristoranti e quartieri separati per bianchi e neri negli Stati Uniti divenne l'obiettivo da abbattere per le migliaia di attivisti che entrarono a far parte del cosiddetto «movimento per i diritti civili».

Durante la seconda metà degli anni Cinquanta e Sessanta il movimento per i diritti civili assunse un ruolo da protagonista nella vita sociale statunitense. In modo pacifico, tranne rare occasioni, il movimento portò avanti ogni tipo di protesta e iniziativa civica per mettere fine alle situazioni di disuguaglianza che colpivano importanti settori della cittadinanza. La lotta per il pieno riconoscimento dei diritti degli afroamericani fu l'aspetto più evidente della sua attività. Sotto la guida di Martin Luther King buona parte della popolazione di colore scese in piazza per combattere in nome dei propri diritti e migliaia di bianchi si unirono alla loro lotta. La segregazione razziale era particolarmente dura negli Stati del Sud del paese, così quando arrivò anche lì l'eco della voce di Luther King e i membri del movimento per i diritti civili iniziarono a organizzarsi perché l'uguaglianza non fosse soltanto una rivendicazione, chi non era favorevole al cambiamento decise che era giunto il momento di farsi sentire.

Gli antichi gruppi del Klan si risvegliarono e iniziarono a reclutare seguaci con i quali intraprendere una nuova crociata. Diedero inizio a una cruenta campagna di violenza e intimidazione rivolta contro i difensori dei diritti civili. Chiunque appoggiasse il diritto degli afroamericani al voto, ad accedere agli istituti di educazione superiore o a dividere lo stesso spazio pubblico dei bianchi poteva diventare un bersaglio del Klan. La sua presenza e le azioni violente raggiunsero una dimensione tale che l'impunità sembrava essere cosa acquisita. Così rievoca la sua infanzia lo storico afroamericano Julian Bond, collaboratore del Southern Poverty Law Center: «Crebbi nelle inquietudini razziali degli anni Cinquanta [...] Il Ku Klux Klan era un potere assolutamente riconoscibile in molti dei luoghi dove andavamo a organizzare i registri degli aventi diritto al voto e le proteste contro la segregazione». Le visite intimidatorie e le croci bruciate di fronte alle case degli attivisti del movimento per i diritti civili erano abituali, così come le sparatorie e gli assassinii. Se le attività del Klan alla fine degli anni Cinquanta e all'inizio degli anni Sessanta erano così frequenti e di questo tenore, perché le autorità sembravano guardare da un'altra parte?

Negli Stati del Sud dove le leggi di segregazione razziale trovavano maggiore sostegno sociale, buona parte dei cittadini vedeva con una certa simpatia le azioni del Klan e in pochi erano disposti a denunciarle. La stessa simpatia circolava fra i rappresentanti della polizia e della giustizia e, cosa ancora più grave, nella più importante organizzazione per la sicurezza nazionale: l'FBI. In piena Guerra fredda la persecuzione del comunismo e dei suoi simpatizzanti divenne un'autentica ossessione per i servizi d'intelligence statunitensi. La cosiddetta «caccia alle streghe» della prima metà degli anni Cinquanta aveva ormai perso di intensità, ma qualunque persona o organizzazione che per le sue attività o la sua ideologia potesse essere considerata vicina al comunismo non era vista di buon occhio da organismi come l'FBI. Alcuni dei suoi membri più importanti, come il direttore Edgar Hoover, pensavano che alla guida del movimento per i diritti civili ci fossero simpatizzanti del comunismo e quindi, pur senza condividere l'ideologia del Klan, si mostrarono più che indulgenti verso le loro azioni. In qualche modo per una parte considerevole dell'FBI e delle autorità del paese, le attività del Klan, nella misura in cui erano rivolte contro presunti comunisti, potevano essere lette come atti di patriottismo.

La gravità delle azioni violente del Klan (che fino al 1964 sembravano essere fuori controllo), unita alle pressioni degli attivisti del movimento per i diritti civili e di molti componenti delle forze di sicurezza, finì tuttavia col provocare la reazione delle autorità nordamericane. Così, verso la metà degli anni Sessanta, l'FBI decise di applicare un programma di controspionaggio conosciuto come COINTELPRO (Counter Intelligence Program) per mettere un freno agli attentati compiuti dal Ku Klux Klan. Il programma era stato ideato nel 1956, in piena Guerra fredda, come strumento per controllare i movimenti del Partito comunista. L'applicazione del COINTELPRO permise di ottenere informazioni dirette sulle attività dei diversi gruppi del Klan mediante la creazione di una rete di agenti infiltrati. Il successo del programma ebbe come prima conseguenza l'aumento della tensione all'interno dello stesso Klan, poiché i gruppi si accusavano a vicenda di avere informatori fra loro, indebolendo la coesione dell'organizzazione e la sua capacità di articolare azioni e politiche comuni. La presenza di spie, che si spacciavano per membri convinti del Klan, consentì inoltre di sventare alcuni delitti e di risolverne altri. Fu così per il caso dell'assassinio nel 1965 di Viola Liuzzo, un'attivista del movimento per i diritti civili di Detroit che aveva viaggiato fino in Alabama per aiutare a organizzare i registri degli aventi diritto al voto. Liuzzo fu uccisa dagli spari dei membri del Klan mentre viaggiava con la sua macchina da Selma a Montgomery. La presenza di Gary Thomas Rowe, informatore dell'FBI, nella macchina degli aggressori permise di identificarli immediatamente e di arrestarli il giorno successivo al delitto.

Il progressivo cambiamento di atteggiamento dell'FBI di fronte alle azioni violente del Klan e l'impiego di agenti segreti indebolirono considerevolmente l'organizzazione razzista. Il successo del movimento per i diritti civili nella lotta contro la politica di segregazione razziale comportò a sua volta una diminuzione dell'attività del Klan, di modo che, sebbene il Ku Klux Klan continuasse a esistere, la sua presenza nella vita pubblica nei decenni successivi diminuì o, per la precisione, diminuì il suo aspetto più violento. I crimini commessi dal Klan durante gli anni della lotta per i diritti civili furono, nonostante tutto, moltissimi e la risposta delle autorità governative insufficiente. Consapevole di ciò, il 27 febbraio 2007 il direttore dell'FBI, Robert Mueller, annunciò la riapertura di circa un centinaio di casi di omicidi commessi dal Klan negli anni Cinquanta e Sessanta, che erano rimasti irrisolti. Dopo il picco di violenza di quegli anni, però, il Klan seppe ancora una volta reinventarsi per continuare a esistere e lo fece molto abilmente, come fa tuttora.

Il Klan del XXI secolo

La società nordamericana degli ultimi tre decenni del XX secolo presentava grandi differenze rispetto a quella che, negli anni Cinquanta, aveva visto nascere fenomeni quali la caccia alle streghe e il movimento per i diritti civili. Esperienze traumatiche come la guerra del Vietnam, unite alla progressiva diffusione in ambito pubblico di argomenti a favore della tolleranza, della multiculturalità, dell'uguaglianza e della non violenza come caratteri distintivi della democrazia occidentale, emarginarono il discorso tradizionale del Ku Klux Klan. Le esortazioni dirette alla violenza, facendo appello al solo colore della pelle del presunto nemico, riuscivano a raggiungere soltanto una piccola parte della società, cosicché il Klan non esitò a adottare una nuova strategia, a cui continua a fare ricorso.

Verso la fine del secolo scorso nei suoi messaggi cominciò quindi a imporsi una retorica apparentemente meno violenta, nella quale la difesa della supremazia dei bianchi non si serviva più di termini come «negri», «cattolici» o «ebrei», ma di altri quali «crimine», «droghe», «discriminazione positiva»... L'organizzazione tornava così a dare prova delle sue doti di opportunismo. A partire da quel momento il Klan si è dedicato a una riflessione centrata su temi che sono fonte di preoccupazione sociale. Se ad esempio i mezzi di comunicazione parlano d'immigrazione o di matrimonio omosessuale, il Klan sfrutta il dibattito per attribuirsi un determinato ruolo nella questione e riuscire a riscuotere consensi. Come in passato i problemi sociali non rappresentano per il Klan difficoltà a cui far fronte, ma opportunità per crescere. Questa nuova strategia ha permesso all'organizzazione di attrarre persone delle classi medie, più o meno conservatrici e insoddisfatte, che hanno finito col convincersi che, in determinate situazioni, la violenza sia l'ultima risorsa disponibile.

Il Klan inoltre ha saputo sfruttare tutti i mezzi alla sua portata per reclutare nuovi seguaci. Insieme all'utilizzo di strategie tradizionali, come l'avvicinare persone sole o che vivono situazioni difficili offrendo loro l'«affratellamento» con un grande gruppo definito come una «famiglia», non si è lasciato sfuggire le opportunità offerte da strumenti come internet per pubblicizzare il suo messaggio. I social network e la partecipazione sul web di gruppi che sostengono la supremazia dei bianchi sono uno dei volti dell'attuale Klan, che ha inoltre cominciato a stringere alleanze con altre organizzazioni aventi gli stessi obiettivi, come Christian Identity, il National Socialist Movement o la National Alliance. L'organizzazione continua a dimostrare la consueta abilità nel combinare presenza pubblica e segretezza, per cui è del tutto normale vedere in una strada un cartello su cui si legge che è stata riparata grazie a fondi elargiti dal Klan (permettendo così all'organizzazione di sottolineare il suo patriottismo e di farsi pubblicità in modo positivo) oppure l'uso di codici segreti d'identificazione tra i membri. Una stretta di mani in cui queste si girano di novanta gradi verso sinistra e verso destra, o in cui l'indice e il medio si separano per stringere il polso, indicano l'appartenenza al Klan. Le lettere KIGY (*Klansman, I greet you*) vengono utilizzate come saluto, mentre AKIA è il modo di farsi riconoscere come membro del Klan (*A Klansman I am*) e, per quanto possa sembrare romanzesca, la retorica di cariche quali Grande Mago e Mago Imperiale dei Cavalieri Bianchi continua ad avere lo stesso valore.

Il Southern Poverty Law Center calcola che attualmente il Ku Klux Klan conta nelle sue fila tra i cinque e gli ottomila membri presenti in tutto il paese. I suoi gruppi continuano a prepararsi per quella che definiscono una «guerra razziale», uno scontro violento il cui scopo è l'istituzione di uno Stato etnico bianco. Le azioni violente di cui talvolta si rende protagonista sono perseguite, ma il Klan continua a essere un'organizzazione legale, che proclama pubblicamente il proprio messaggio razzista e che sa approfittare delle difficoltà generate dalla crisi per diffonderlo. Per quanto risulti paradossale le sue azioni si trincerano dietro quella stessa libertà che pretendono di distruggere, la libertà di espressione, di pensiero e opinione che negli Stati Uniti è consacrata dal primo emendamento della Costituzione. Dalla sua creazione, nel 1865, il Ku Klux Klan ha vissuto momenti di maggiore o minore vitalità, ma è indubbiamente riuscito a sopravvivere. Guardando la sua storia e la sua capacità di adattamento, non sembra assurdo pensare che una sua evoluzione nel XXI secolo possa essere tanto inaspettata quanto inquietante.

21
La morte di Marilyn Monroe

È passato poco più di mezzo secolo dalla morte di una delle più grandi icone della storia del cinema: Marilyn Monroe. La bionda platinata più sensuale e famosa di tutti i tempi aveva solo trentasei anni, quando la sua stella cessò di brillare così inaspettatamente. La sua morte colse di sorpresa il mondo intero e allo stesso tempo consacrò l'attrice al raro e inarrivabile status di «mito». Marilyn prendeva tranquillanti da anni e beveva un po' troppo. Forse per questo motivo la diagnosi ufficiale di suicidio per overdose da barbiturici quadrava così bene. Eppure niente di quello che riguarda la sua morte può essere giustificato da una spiegazione così semplice. Sin dal principio, la storia del suicidio convinse ben poche persone e non tardarono a farsi sentire le opinioni di giornalisti, investigatori e amici dell'attrice, che rifiutavano tale ipotesi. Le contraddizioni e le lacune emerse dall'autopsia e dalle indagini ufficiali non fecero che aumentare i sospetti sul possibile omicidio di Marilyn. Dietro la sua morte potrebbero nascondersi una cospirazione dei servizi segreti americani o un assassinio politico. A vent'anni dalla scomparsa di Marilyn Monroe, i sospetti e gli indizi che li alimentavano portarono la procura di Los Angeles ad aprire una nuova inchiesta. La conclusione fu la stessa, però alcune delle domande più spinose rimangono ancora in attesa di risposta. Che cosa accadde la notte del 4 agosto del 1962 al numero 12305 della Fifth Helena Drive di Brentwood, dove viveva la star? Più di cinquant'anni dopo, questa domanda ha ancora troppe possibili risposte.

Un'alba maledetta

Alle 4.25 del mattino del 5 agosto 1962, suonò il telefono della centrale di Los Angeles ovest. Jack Clemmons, l'ispettore di guardia, rispose all'apparecchio. All'altro capo del telefono Ralph Greenson, lo psichiatra di Marilyn Monroe, lo informava del ritrovamento del corpo senza vita dell'attrice nella sua camera da letto. Tutto sembrava indicare un suicidio. Clemmons non poteva credere alle sue orecchie: Marilyn Monroe, la donna più amata del mondo... morta. Immediatamente si diresse alla residenza di Brentwood, insieme ad altri due agenti. Al suo arrivo si trovò davanti agli occhi una scena degna del miglior melodramma di Hollywood. Marilyn giaceva inerte sul suo letto, completamente nuda e con una mano aperta appoggiata sul telefono. In casa, la polizia fu accolta da tre persone: Eunice K. Murray, la governante e infermiera dell'attrice, Hyman Engelberg, il suo medico privato, e il dottor Greenson.

Secondo quanto riportato dalla signora Murray a Clemmons, Marilyn si era comportata in maniera normale durante il suo ultimo giorno di vita. Nonostante fosse sabato si era svegliata un po' più presto del solito, perché la sera prima aveva cenato con il suo amico e agente stampa Pat Newcomb, che era rimasto a dormire da lei. Marilyn e Pat avevano discusso al mattino: secondo la governante, il signor Newcomb aveva tolto a Marilyn le pastiglie che usava per dormire. Non riuscendo ad addormentarsi, Marilyn, avvolta in una vestaglia blu, era scesa a far colazione con il succo d'arancia preparatole dalla signora Murray. Sembrava di ottimo umore. Come faceva spesso, aveva trascorso il resto della giornata in casa in vestaglia. Nel pomeriggio aveva ricevuto la visita del dottor Greenson, che era rimasto con lei un paio d'ore. Sembrava tutto normale. Marilyn aveva parlato al telefono con Joe DiMaggio junior, nato dal primo matrimonio del suo ex marito. La chiacchierata sembrava animata, la domestica rivelò di aver sentito ridere l'attrice in diverse occasioni. Quando era a casa, Marilyn trascorreva sempre un sacco di tempo a parlare al telefono chiusa nella sua stanza.

Verso le nove e mezzo di sera, però, la signora Murray aveva ricevuto una telefonata. Si trattava di Milton Rudin, l'agente di Marilyn, che chiedeva di lei, preoccupato. La domestica vide che la luce nella stanza era accesa, dalla fessura sotto la porta, e il filo del telefono indicava che Marilyn aveva preso l'apparecchio dall'altra stanza per poter parlare dalla sua camera. Quindi riferì a Rudin che non c'era niente di cui preoccuparsi. La signora Murray andò a letto, ma verso mezzanotte si svegliò di soprassalto senza motivo. Si accorse che la luce della camera di Marilyn era ancora accesa, così bussò alla porta, senza ricevere risposta. Cercò di aprirla, ma la porta era chiusa col chiavistello. Angosciata, avvertì il dottor Greenson, che quando arrivò dovette rompere il vetro della finestra per entrare nella stanza. Marilyn giaceva a letto, senza vita. Non c'era nessun biglietto di addio, solo alcuni flaconi di pillole sul comodino. Lo psichiatra avvisò Hyman Engelberg, che si presentò poco dopo, intorno alle tre e mezzo. Il medico non poté fare altro che confermare la morte della Monroe.

Un'ora dopo l'arrivo di Clemmons, sopraggiunse anche il sergente R.E. Byron, a capo delle indagini. Il verbale della polizia includeva la dichiarazione della signora Murray e riportava la presenza di alcuni flaconi di pillole vicino al letto. Uno di questi era il Nembutal, il sonnifero che Marilyn prendeva da anni e, che secondo il rapporto, il dottor Engelberg le aveva prescritto nuovamente solo il giorno prima. C'era anche un flacone mezzo vuoto di un potente sedativo, l'idrato di cloralio. Secondo il rapporto, il dottor Greenson aveva dichiarato che durante il suo ultimo colloquio con l'attrice l'aveva trovata molto depressa. La prima conclusione fu un «probabile suicidio».

Quando gli agenti ebbero terminato il proprio lavoro, arrivarono gli addetti alle pompe funebri. Il cadavere di Marilyn fu portato all'obitorio di Los Angeles, dove, sul tavolo numero 1, coperto da un lenzuolo bianco, lo trovò il giovane medico legale Thomas Noguchi, che si sarebbe occupato dell'autopsia. «Donna caucasica di trentasei anni e di buona costituzione, sana, di cinquantatré chili di peso e un metro e sessantasei di altezza. Il cuoio capelluto è ricoperto da capelli biondi ossigenati.» Così riportava il dettagliato rapporto di Noguchi, che prelevò alcuni campioni di sangue per controllare il tasso alcolico e la presenza di barbiturici, e li inviò insieme ai campioni delle urine e di vari tessuti interni (fegato, reni, stomaco e intestino) al laboratorio di tossicologia. Qualche ora dopo, quando le voci su un possibile assassinio avevano già iniziato a diffondersi, arrivarono i risultati delle analisi di sangue e fegato: 8 mg/100 ml di idrato di cloralio nel sangue, e 13 mg/100 ml di pentobarbital (il principio attivo del Nembutal) nel fegato. Le quantità di entrambe le sostanze erano letali. Il corpo non presentava segni di violenza, a parte un piccolo livido nella zona lombare sinistra. Come ricorda lo stesso Noguchi, «i flaconi di pillole rinvenuti mostravano che la Monroe aveva ingerito tra le quaranta e cinquanta pastiglie di Nembutal, e parecchie capsule di idrato di cloralio». Tutto sembrava confermare l'ipotesi del suicidio e questa fu la conclusione finale del dottor Theodore J. Curphey, capo del dipartimento di medicina legale di Los Angeles nel 1962. Il suo giudizio si basava sull'autopsia realizzata da Noguchi, sui risultati delle analisi tossicologiche e sulle informazioni raccolte dalla commissione di psicologi che si occupò di interrogare i familiari e gli amici dell'attrice, per stabilire il suo stato emotivo. Ma che ragione poteva avere una donna come Marilyn Monroe per voler mettere fine alla propria vita?

Gli scheletri nell'armadio

Marilyn Monroe, all'anagrafe Norma Jeane Baker, nacque al General Hospital di Los Angeles il 1° giugno 1926. Sua madre, Gladys Monroe Baker, aveva una vita sentimentale molto burrascosa e il padre di Norma, il motociclista Martin Edward Mortenson, non fu che un'avventura fra le tante. Gladys, come sua madre, presto presentò sintomi di disturbi mentali; quando fu rinchiusa in un istituto, Norma cominciò un lunghissimo pellegrinaggio tra orfanotrofi e famiglie adottive. La sua ammirazione per le stelle del cinema riusciva ad allontanarla dalla dura realtà della sua infanzia e, come lei stessa poi confessò, fu a casa di una delle sue famiglie adottive, vicina agli studi della RKO, che decise di voler diventare un'attrice.

La Seconda guerra mondiale diede alla giovanissima Norma l'opportunità di emanciparsi: nel 1942 cominciò a lavorare in una fabbrica dell'aeronautica. Lì conobbe il suo primo marito, James Dougherty, che sposò a soli sedici anni. Dopo qualche mese di convivenza pacifica, la coppia fu costretta a separarsi, perché James si arruolò e fu mandato in Australia, mentre Norma accettò un lavoro in una fabbrica di paracaduti. La sua esuberante bellezza non aveva attirato solo l'attenzione di Dougherty. David Conover, un fotografo di guerra che stava facendo un reportage sulle donne che lavoravano nella fabbrica di paracaduti, la notò e le chiese di posare per la rivista «Yank». Iniziò allora la folgorante carriera di Norma come modella, che già nel 1946 la portò sulla copertina di più di una trentina di riviste nazionali. Si tinse i capelli scuri di biondo platino e cominciò a fare anche qualche apparizione nel mondo dello spettacolo di Hollywood. Al suo ritorno, il marito non riuscì ad abituarsi a tutti questi cambiamenti, tanto che alla fine la coppia divorziò nel 1946.

Quello stesso anno, Norma si trasferì a Hollywood con l'intenzione di iniziare la sua carriera cinematografica, e infatti firmò un contratto con la 20th Century Fox. Dietro consiglio della casa di produzione, cambiò il suo nome con uno più artistico, usando il cognome da nubile della madre. Nacque così Marilyn Monroe. Dopo tanti ruoli marginali, la prima grande chance arrivò nel 1950, con *Giungla di asfalto* di John Huston; solo tre anni più tardi, *Gli uomini preferiscono le bionde* la consacrava al successo mondiale. In quegli anni, però, Marilyn conobbe anche il lato più oscuro del mondo del cinema. Cominciò ad assumere i barbiturici con assiduità, a bere più del dovuto e pare anche che a un certo punto abbia provato a togliersi la vita. Nel 1953 uno scandalo sembrò minacciare gravemente la sua carriera, quando vennero a galla alcune foto che la ritraevano nuda per un calendario. Come ricorda Thomas Noguchi, l'incidente si risolse inaspettatamente e la rese ancora più famosa: «Mostrando un grande coraggio, Marilyn rilasciò una conferenza stampa nella quale affrontò gli accaniti giornalisti. Perché aveva posato nuda? Perché aveva bisogno di soldi, fu la semplicissima risposta di Marilyn. È vero che non aveva niente addosso?, domandò una giornalista che, a quanto pare, non concepiva tanta nudità. Solo la radio, fu la risposta di Marilyn, con un sorriso che conquistò i cuori di tutto il mondo per sempre».

Nel 1954, una Marilyn raggiante si sposò con uno degli atleti più famosi degli Stati Uniti, il giocatore di baseball Joe DiMaggio. Sembrava che tutto andasse a meraviglia, ma dopo soli nove mesi la coppia divorziò. Secondo il giornalista James Bacon, a mettere fine al matrimonio era stato uno schiaffo, che Joe DiMaggio aveva dato a Marilyn in un accesso di gelosia a causa della famosa scena del vento che le solleva la gonna in *Quando la moglie è in vacanza*. Ansiosa di dimostrare di essere tanto bella quanto talentuosa, Marilyn si stabilì a New York, dove cominciò a studiare recitazione all'Actor's Studio diretto dal famoso Lee Strasberg. Nel 1956 si sposò col drammaturgo Arthur Miller, ma il matrimonio finì quattro anni dopo. Furono anni bui nella vita privata e di splendore nel mondo del cinema: nel 1957 fu proclamata la stella più popolare del mondo e ricevette il Golden

Globe. Secondo Noguchi, «durante la sua fase di maggior successo, l'attrice non smise di collezionare fallimenti su fallimenti nella vita privata, con vari aborti naturali e due matrimoni andati male. Come se non bastasse, i medici le comunicarono che non avrebbe mai potuto avere figli». Il desiderio frustrato di maternità sarebbe stato all'origine di un altro tentativo di suicidio.

Già allora l'FBI condusse delle indagini sulla Monroe. In un'America occupata nella caccia alle streghe, la sua relazione con Miller la rese una sospetta filocomunista, ragion per cui fu costretta a deporre a favore del marito di fronte alla Commissione per le attività antiamericane. Dopo il divorzio da Miller, Marilyn tornò a Hollywood, ma film quali *Come sposare un milionario* e *Gli spostati*, risultati dei gran fiaschi al botteghino, non fecero che peggiorare la sua sensazione di fallimento. L'alcol e i tranquillanti, soprattutto il Nembutal, diventarono la migliore via di fuga per l'attrice, che lo stesso anno del divorzio entrò in terapia con lo psichiatra Ralph Greenson. Questi rappresentava la sua ancora di salvezza, ma secondo molti conoscenti e biografi, la Monroe sviluppò una vera e propria dipendenza nei suoi confronti. Le sedute di terapia e il Nembutal erano ormai all'ordine del giorno. Nel bel mezzo di una simile tempesta emotiva, però, una nuova ventata d'aria fresca stava per rivoluzionare la vita dell'attrice. Una ventata che arrivava direttamente dalla Casa Bianca.

John e Robert Kennedy

Oggi quasi nessuno mette in dubbio che Marilyn Monroe ebbe una relazione con il presidente degli Stati Uniti, John Fitzgerald Kennedy. Così come si sa che John non fu l'unico della famiglia Kennedy a incrociare il cammino dell'attrice. Anche suo fratello minore, Robert, era rimasto affascinato dalla star. Tuttavia, per molto tempo si cercò di occultare la relazione della Monroe con i fratelli Kennedy e ancora oggi i fatti che la riguardano – menzionati nelle biografie e nei libri sull'attrice – sono confusi e contraddittori. Probabilmente, come ricorda il giornalista François Forestier, autore di *Marilyn e JKF*, soprattutto le informazioni che concernevano l'ex presidente venivano cancellate deliberatamente: «Insabbiarono tutto per salvaguardare il mito, i Kennedy erano intoccabili», sostiene fermamente.

L'immagine più riconoscibile per il grande pubblico del legame speciale tra Marilyn e JFK è quasi sicuramente l'indimenticabile *Happy Birthday, Mr President* che l'esplosiva stella del cinema dedicò al presidente in un gremitissimo Madison Square Garden, il 19 maggio 1962. Fasciata in un vestito aderentissimo e praticamente trasparente, Marilyn irruppe nel galà per intonare la canzone di buon compleanno più sexy che si sia mai sentita nella storia. Adlai Stevenson, uno dei politici presenti alla festa, ricorda la scena in una lettera scritta all'attivista Mary Lasker: «Indossava uno di quei vestiti detti "carne e paillette". Io non ne vidi nessuna, di paillette!».

In realtà, quella notte John F. Kennedy era già storia per Marilyn. La relazione tra i due era iniziata molto tempo prima e l'attrice aveva già riposto le sue speranze in un futuro da first lady. Secondo Forestier, il loro primo incontro aveva avuto luogo nel 1954, a una festa a casa del produttore Charlie Feldman. Il presidente, famoso per le sue infatuazioni extraconiugali, voleva conoscere la donna che tutta l'America desiderava e il ruolo di Cupido toccò a suo cognato, l'attore Peter Lawford. La relazione durò otto anni, nei quali la CIA e l'FBI spiarono ognuno degli incontri tra l'attrice e il presidente. Edgar Hoover, direttore dell'FBI, era enormemente preoccupato per le possibili conseguenze politiche della liaison, soprattutto considerato che JFK era sposato con una donna che gli americani adoravano, Jackie Kennedy. Il presidente inoltre non era affatto discreto sulle questioni di Stato e Marilyn dava segni di un crescente squilibrio emotivo. L'attrice cominciava a essere un peso.

Alla fine fu lo stesso Peter Lawford a disilludere la Monroe, con la notizia che la relazione con John era terminata. Marilyn però aveva trovato altre braccia nelle quali rifugiarsi, quelle del fratello minore del presidente: Robert Kennedy, procuratore generale e candidato alla carriera presidenziale. Hoover vigilò sulla nuova relazione con Robert da vicino, così come aveva fatto con John. Neanche Robert riuscì a mantenere la discrezione che gli veniva richiesta. Le informazioni confidenziali sulle relazioni fra Stati Uniti e Cuba o sui contatti della mafia (principale occupazione di Robert, in quanto procuratore) con il mondo del cinema e con la stessa famiglia Kennedy rientravano spesso nelle chiacchiere della coppia. Lo studioso di cinema Luis Gasca affermò: «Non si accontenta di renderla partecipe di una lunga serie di segreti politici, di arricchire di dettagli le storie che John le aveva raccontato sul coinvolgimento presidenziale nel fallimento dell'operazione dello sbarco nella Baia dei Porci a Cuba, ma le dà perfino i numeri di telefono privati del dipartimento della Giustizia».

Se Robert sembrava contento della sua storia con l'attrice, lei vi aveva riposto tutte le sue illusioni. Secondo le testimonianze di Robert Slatzer, giornalista e amico di Marilyn, e della sua compagna di baldorie Jeanne Carmen, attrice anche lei, Robert aveva promesso a Marilyn di sposarla e farla diventare first lady al suo ingresso nella Casa Bianca. Anche i rapporti dell'FBI sulla Monroe sostengono che una settimana prima di morire, Marilyn aveva confessato la promessa fattale da Robert. Nonostante tutto, la stella di Hollywood non passava un buon periodo. I problemi emotivi e la dipendenza dai tranquillanti avevano cominciato a intaccare la sua carriera. Le riprese del suo ultimo film, *Something's Gotta Give*, si trasformarono in un vero e proprio incubo per il regista George Cukor. Marilyn non era capace di sottostare ai ritmi regolari delle riprese, che furono interrotte più volte, per esempio quando decise di volare a New York per cantare *Happy Birthday* al presidente JFK. In una situazione simile, la promessa di matrimonio di Robert Kennedy portava con sé la speranza di un futuro migliore e Marilyn non era disposta a farselo scappare. A quanto pare, Robert Kennedy non era dello stesso parere, soprattutto quando le telefonate dell'attrice al dipartimento della Giustizia cominciarono a diventare sempre più frequenti e inopportune. Nella seconda metà di luglio del 1962 la situazione diventò insostenibile. Robert, al quale l'FBI aveva presentato un dettagliato rapporto sulla sua relazione con l'attrice, che evidenziava quanto la donna avrebbe potuto rivelarsi pericolosa per la sua carriera, si sentiva vittima delle sue molestie. Marilyn era stata un bel passatempo, ma non così importante da lasciare che compromettesse il suo futuro politico; così smise di rispondere alle sue chiamate. Secondo Jeanne Carmen e Robert Slatzer, Marilyn continuò a insistere senza successo. Disperata, dopo una di quelle telefonate, l'attrice gridò che i Kennedy non l'avrebbero passata liscia, minacciando di rendere pubbliche le relazioni con entrambi i fratelli. I microfoni dei servizi segreti, che da anni registravano ogni respiro della star, raccolsero anche le sue minacce.

Ma su che cosa poteva fare affidamento Marilyn per affrontare gli onnipotenti Kennedy? Secondo Slatzer, Carmen e una marea di biografi, giornalisti e investigatori come Mike Speriglio, Marilyn non solo poteva provocare un grande scandalo con le sue dichiarazioni, ma aveva anche delle prove tangibili. Sembra che la bionda più famosa di Hollywood tenesse un diario, dalla copertina rossa, nel quale annotava gli argomenti delle conversazioni con John e Robert. Tale diario conteneva informazioni che le sarebbero potute arrivare solo dal presidente in persona o da suo fratello, dimostrando così l'intimità della relazione e compromettendo anche la carriera politica di entrambi. Secondo gli autori convinti che Marilyn Monroe non si sia suicidata, quel diario e la salvaguardia della carriera politica dei Kennedy furono i moventi dietro all'assassinio. C'è perfino chi afferma che Robert si trovasse a Los Angeles lo stesso giorno della morte dell'attrice. Secondo la testimonianza di una vicina della Monroe raccolta da Slatzer, il pomeriggio del 4 agosto Robert Kennedy, Peter Lawford e un uomo con una valigetta da medico si presentarono a casa dell'attrice. La visita non figura nella versione ufficiale dei fatti, ma in molti sostengono che la Monroe sarebbe morta a causa di un'iniezione letale di barbiturici. Il racconto della vicina di Marilyn fu confermato nel 1992 da Norman Jefferies, tuttofare della casa e parente della governante, in un'intervista concessa allo scrittore Donald H. Wolfe. Anche l'ex agente della polizia di Beverly Hills, Lynn Franklin, ha assicurato che nella notte del 4 agosto vide sfrecciare a tutta velocità un'auto sulla quale si trovavano Robert Kennedy, Peter Lawford e una terza persona identificata a posteriori come il dottor Ralph Greenson.

E il diario rosso? Nel fascicolo della polizia sulla morte di Marilyn, tra gli oggetti a casa dell'attrice non figura nessun quaderno con quella caratteristica. Eppure si pensa ancora che possa essere esistito. Secondo Thomas Noguchi, «nel 1962, Lionel Grandison era un assistente del medico legale che si occupava delle questioni amministrative; fu lui a firmare il certificato di morte di Marilyn Monroe e, secondo quanto dichiarò successivamente, aveva visto il diario nell'ufficio del coroner, ma il giorno dopo era già sparito». In ogni caso, le diverse versioni sulle visite ricevute dall'attrice durante l'ultimo giorno di vita, gli innegabili vantaggi politici della sua scomparsa o l'esistenza del misterioso diario rosso non sono le uniche incognite che gettano ombre sulla morte della bionda più sensuale di Hollywood.

Incognite irrisolte

Non ci sono dubbi sul fatto che Marilyn Monroe fosse una donna con gravi problemi mentali, precedenti di depressione e tentativi di suicidio, nonché dipendente dai tranquillanti. Alla luce di questi fatti, così come della complicata situazione personale e professionale nell'estate del 1962, non sembra poi così strano pensare che all'alba del 5 agosto avesse deciso di mettere fine alla sua vita. L'indagine ufficiale condotta quello stesso anno e quella portata a termine vent'anni dopo dalla procura di Los Angeles sembrano giungere a questa conclusione. Tuttavia, in molti non si accontentano di questa spiegazione e segnalano numerosi fatti che sembrano mettere in discussione la versione del suicidio.

Per cominciare, non fu trovato nessun biglietto di addio, come succede di solito in questi casi. Secondo l'indagine ufficiale, Marilyn non disse addio a nessuno. Vent'anni dopo la morte dell'artista, però, si venne a sapere che le cose non andarono esattamente così. A quanto pare, nel tardo pomeriggio del 4 agosto Marilyn telefonò a Peter Lawford. Avrebbe dovuto cenare con lui e altri amici, così gli aveva telefonato per avvertirlo della sua assenza. Lo stesso Lawford, che nascose l'accaduto per vent'anni, affermò in seguito che Marilyn parlava con difficoltà e che gli aveva chiesto di dire addio al presidente e ad altri amici a nome suo. Lawford, preoccupato, avrebbe avvisato Milton Rudin, l'agente di Marilyn, che a sua volta aveva chiamato la signora Murray. Perché, allora, nascondere quella telefonata? Avvenne realmente o fu un modo per creare un «biglietto di addio» per tappare i buchi? Solo una cosa è certa: Lawford, nel bene e nel male, era cognato dei Kennedy.

Altre questioni che sembrano minare la spiegazione ufficiale sorgono dal rapporto della polizia redatto da Jack Clemmons e dai suoi colleghi. Secondo le dichiarazioni della signora Murray, Marilyn sembrava di buon umore quel giorno e la governante l'avrebbe sentita ridere di gusto al telefono con Joe DiMaggio junior. D'altra parte, anni dopo Clemmons avrebbe confessato a Donald H. Wolfe che non si spiegò mai perché fosse trascorso tanto tempo tra il ritrovamento del cadavere da parte della signora Murray e la telefonata alla polizia. Nella dichiarazione della domestica, questa affermò che il ritrovamento aveva avuto luogo circa a mezzanotte, mentre la polizia era stata allertata intorno alle 4.25 del mattino. Che cos'era successo in quel lasso di tempo? Fu preparato lo scenario di un suicidio e furono tolte di mezzo le prove del crimine? In una versione successiva, il ritrovamento del cadavere aveva avuto luogo intorno alle tre del mattino...

Risulta ancora più inquietante l'occultamento dei documenti sulla morte della Monroe. I verbali della commissione di psicologi incaricati di raccogliere dati sullo stato mentale di Marilyn Monroe non furono mai resi pubblici. Il medico legale Theodore J. Curphey decise di limitare l'accesso ai verbali per garantire l'anonimato ai dichiaranti; ancora oggi, più di cinquant'anni dopo, vige questa restrizione. Nel caso dei verbali dell'FBI sull'attrice e sulla sua relazione con i Kennedy, la mancanza di informazioni è ancora più determinante, visto che i documenti sono totalmente censurati. Delle varie centinaia di pagine che costituivano il verbale, solo 97 sono arrivate nelle mani dei giornalisti, grazie alla legge sulla libertà d'informazione. Il resto fu eliminato per ragioni di sicurezza nazionale. Dopo il cinquantesimo anniversario della morte di Marilyn, l'agenzia Associated Press chiese al governo degli Stati Uniti che in virtù della suddetta legge fosse svelato il contenuto integrale del rapporto sulla morte dell'attrice. La laconica risposta dell'FBI e degli Archivi Nazionali fu che il documento era andato perduto.

Infine, anche l'autopsia realizzata sul cadavere di Marilyn presenta incognite irrisolte. I difensori della teoria dell'assassinio insistono sul fatto che, secondo il verbale ufficiale del medico legale Thomas Noguchi, nel tratto digestivo dell'attrice non si trovarono resti di pastiglie di Nembutal né di idrato di cloralio, nonostante l'altissimo numero di pillole che avrebbe ingerito, né si trovarono tracce del colorante giallo delle capsule. Noguchi, sia nei suoi libri sia nelle dichiarazioni che rilasciò alla procura di Los Angeles nel 1982, ha insistito sul fatto che Marilyn fosse così abituata al Nembutal che lo digeriva con enorme facilità e che le capsule di Nembutal non lasciano colore. Ciò nonostante, c'è chi interpreta questi fatti come un chiaro indizio che la morte doveva per forza essere stata causata da un'iniezione o da un clistere di entrambe le sostanze, e non dall'ingestione. Il problema principale che impedisce di optare per una delle due teorie è rappresentato da un errore che risale al 1962. Noguchi inviò al laboratorio di tossicologia vari campioni di tessuti insieme ai campioni di sangue del cadavere, ma ricevette solo i risultati di questi ultimi e dei test sul fegato. Come lui stesso ha dichiarato, i suoi superiori pensarono che alla luce dei risultati ottenuti «non era necessario» analizzare il resto degli organi: «Avrei dovuto insistere perché si analizzassero tutti gli organi, soprattutto il contenuto dello stomaco e alcuni segmenti di intestino. Fui troppo poco scrupoloso. Ero un subalterno, quindi considerai inutile contestare le decisioni dei miei superiori su come procedere». I tessuti non analizzati furono buttati via.

Dichiarazioni contraddittorie, informazioni nascoste, negligenze nelle indagini... il tutto forma un vero e proprio groviglio intorno alla scomparsa della giovane stella. Forse le parole del medico legale Noguchi, convinto della teoria del suicidio, sono quelle che spiegano meglio su quale terreno pericoloso ci si muova quando si cerca di dare una spiegazione alla morte dell'attrice: «La maggioranza delle persone vede nella morte della Monroe un crimine commesso allo scopo di farla tacere una volta per tutte, per evitare che distruggesse la carriera politica di Robert Kennedy. Io determinai che la causa della sua morte era stata il suicidio (lo dissi vent'anni fa e oggi lo confermo), ma ammetto che molte incognite preoccupanti sono rimaste senza risposta». Le uniche cose chiare nella morte di Marilyn Monroe rimangono i suoi capelli biondo platino. Suicidio o assassinio? Sono ancora troppe le incognite intorno alla morte della donna che con il suo ancheggiare sulla banchina della stazione di *A qualcuno piace caldo* continua a ipnotizzare lo spettatore, oggi come allora.

22
Il caso JFK

Nel 2013 ricorreva il cinquantesimo anniversario dell'assassinio del presidente degli Stati Uniti John Fitzgerald Kennedy. Per l'occasione sono usciti libri, reportage, programmi televisivi e addirittura film per il grande schermo in cui si ricostruivano i fatti e si speculava su una possibile spiegazione. Dopo mezzo secolo, infatti, l'omicidio di John F. Kennedy continua a suscitare interesse e polemiche come il primo giorno. I sondaggi popolari realizzati negli Stati Uniti dimostrano che per la maggioranza dei cittadini la versione ufficiale non è per nulla soddisfacente. Questa polemica non è giustificata solo dalla naturale difficoltà ad accettare la scomparsa improvvisa e violenta di un uomo giovane, popolare e all'apice di una promettente carriera. Dopo cinquant'anni di ricerche, la maggior parte degli esperti concorda sul fatto che le circostanze della morte dell'ex presidente lasciano tuttora aperti diversi interrogativi. Probabilmente nessun altro episodio nella storia recente degli Stati Uniti ha dato luogo a tante polemiche e ispirato tante pagine. Le contraddizioni nella versione ufficiale, unite alla segretezza mantenuta per anni sui documenti dell'indagine, non hanno fatto altro che alimentare un dibattito che non accenna a spegnersi. Più di trecento teorie, secondo la stima degli esperti, tentano di fare luce su quanto accadde. Ci fu, come dissero, un solo assassino? Quanti colpi furono sparati? Venivano tutti dalla stessa direzione? Quale fu il movente dell'omicidio? Perché alcune informazioni continuano a essere occultate? La questione è ancora aperta, ma l'impegno degli investigatori ci avvicina sempre di più alla verità su quella tragica mattina a Dallas.

Un sole splendente

Il 22 novembre 1963, poco prima di mezzogiorno, una coppia giovane e bella scendeva da un aereo all'aeroporto di Dallas. Ai piedi della scaletta c'erano ad accoglierla il sindaco della città e sua moglie. Lei offrì un mazzo di rose rosse alla nuova arrivata, che lo prese con eleganza. Tutta la popolazione degli Stati Uniti voleva essere come i Kennedy. Jacqueline, la first lady, sfoggiava un tailleur rosa perfetto per l'occasione, e John, il presidente degli Stati Uniti, non era meno impeccabile. Niente lasciava presagire che, neanche un'ora dopo, il sangue del giovane presidente avrebbe macchiato gli abiti di entrambi.

Dallas non era il posto migliore dove recarsi per un membro del Partito democratico, ma le elezioni presidenziali previste per il 1964 rendevano opportuna una visita. Centinaia di persone si accalcavano per le strade di Dallas, lungo il percorso del corteo presidenziale, in attesa di vedere la coppia più popolare d'America. Nonostante fosse autunno, le nubi mattutine si erano dissipate e il sole splendeva nel cielo. «Sereno nel centro di Dallas. Abbassate la capote» ordinò uno degli agenti del servizio segreto, quando gli chiesero se la limousine dei Kennedy sarebbe stata coperta. Probabilmente questa frase gli sarebbe rimbombata in testa per tutta la vita.

Nel frattempo, al sesto piano di un magazzino di libri in Dealey Plaza, nel centro di Dallas, un uomo di nome Lee Harvey Oswald maneggiava un Mannlicher-Carcano. Si era procurato il fucile di precisione qualche mese prima in un'armeria di Chicago, che glielo aveva recapitato per posta. Lo aveva pagato meno di venti dollari. Oswald era un tipo schivo. Un'infanzia difficile e i problemi a relazionarsi con gli altri gli avevano creato parecchie difficoltà nel corso dei suoi ventitré anni di vita. Si era arruolato nei marines, ma neanche lì aveva riscosso grande successo. Appostato alla finestra del magazzino, Oswald attese con pazienza l'apparizione del suo obiettivo. Nell'automobile presidenziale, insieme ai Kennedy, altre quattro persone ricevevano i saluti della folla: il governatore John Connally, la moglie Nellie e due agenti dei servizi segreti, Roy Kellerman e William Greer. Alle dodici e trenta, la limousine attraversò la piazza e rallentando svoltò in Elm Street. C'erano solo ottanta metri tra l'automobile e la finestra da cui spuntava il Mannlicher di Oswald. All'improvviso risuonò uno sparo e subito dopo un altro. Il presidente degli Stati Uniti si portò le mani alla gola mentre la moglie, terrorizzata, si voltava verso di lui. Fu allora che un terzo sparo lo colpì in pieno alla testa. Jacqueline Kennedy cercò di arrampicarsi fuori dalla limousine mentre un agente dei servizi segreti le si gettava sopra per proteggerla. L'automobile si diresse verso il vicino Parkland Hospital, ma non c'era già più niente da fare. I medici lottarono finché poterono contro l'inevitabile, ma alle tredici John Fitzgerald Kennedy era morto.

Nel frattempo, la polizia ispezionava da cima a fondo il magazzino di libri, ma Oswald, conosciuto come impiegato, aveva lasciato l'edificio senza intoppi. Quando alcuni testimoni affermarono di averlo visto al sesto piano appena prima della sparatoria, Oswald era già diretto alla pensione dove abitava, nel quartiere di Oak Cliff. Nessun altro dipendente aveva abbandonato il magazzino, quindi la polizia si mise sulle sue tracce. Alle tredici e trenta, l'agente locale J.D. Tippit lo trovò per strada, ma Oswald, impavido, tirò fuori una pistola e lo uccise. Cercò di usare l'arma anche quando, mezz'ora dopo, fu finalmente catturato.

Il paese, il mondo intero, erano commossi. Come poteva essere stato ucciso il presidente della più grande potenza mondiale? Chi era questo Lee Harvey Oswald e che cosa lo aveva spinto a commettere un atto del genere? Mentre sorgevano queste domande e gli americani erano ancora col fiato sospeso un'altra morte avrebbe avvolto per sempre la vicenda nel mistero. Il 24 novembre, la polizia di Dallas decise di trasferire Oswald nel carcere della contea. Le telecamere trasmettevano in diretta TV le immagini del giovane assassino ammanettato e circondato da agenti della polizia, quando un uomo si fece largo tra la folla. Jack Ruby, proprietario di un locale notturno della città e vecchia conoscenza degli agenti di polizia, estrasse una pistola e sparò a Oswald. L'assassino di Kennedy era morto, e con la sua morte si apriva il campo alle teorie del complotto.

Un uomo solo?

Il presidente degli Stati Uniti era stato assassinato alla luce del sole, per strada e mentre era circondato da centinaia di persone che potevano raccontare i fatti nel dettaglio. Le cose però non erano così semplici: l'unica certezza sembrava essere che Lee Harvey Oswald avesse sparato con il fucile ritrovato dalla polizia nel magazzino di libri. Oswald non si era preso il disturbo di smontarlo e portarselo via, né lo aveva pulito, e l'impronta del palmo della sua mano era rimasta. Più difficile era invece stabilire se fosse stato l'unico a sparare al presidente, e quanti colpi fossero stati esplosi. La polizia di Dallas interrogò diversi testimoni oculari, ma solo una cosa era chiara: l'enorme confusione che circondava l'accaduto. Alcuni affermavano che gli spari erano arrivati da dietro la limousine, altri erano certi che provenissero da davanti. Non erano concordi nemmeno sul numero delle detonazioni, anche se nel magazzino erano stati ritrovati tre bossoli. Inoltre, con un errore imperdonabile, un agente la cui identità non fu mai precisata aveva dato ordine di pulire la macchina, rendendo difficile stabilire con precisione la traiettoria dei proiettili.

Il 29 novembre, Lyndon B. Johnson, che aveva prestato giuramento come nuovo presidente sull'aereo che trasportava il corpo di Kennedy da Dallas a Washington, creò una commissione con il compito di condurre indagini approfondite su quanto accaduto. La Commissione Warren, composta da cinque uomini politici, un ex agente della CIA e un magistrato della corte suprema, fu incaricata delle indagini ufficiali. Quasi un anno dopo, nel settembre 1964, presentò i risultati del proprio lavoro: il cosiddetto Rapporto Warren riportava la versione ufficiale dei fatti, secondo cui Lee Harvey Oswald era l'assassino di John F. Kennedy. Aveva sparato tre colpi dal suo fucile: il primo era andato a vuoto, il secondo aveva colpito il presidente alla gola e il terzo alla testa, provocandone la morte. Tre spari provenienti dalla stessa arma e dallo stesso luogo a opera di un solo uomo. Non esistevano prove che indicassero che Oswald facesse parte di una trama più complessa. Non esisteva alcun complotto dietro la morte di JFK.

Il governo aveva bisogno di risolvere la questione Kennedy, la cittadinanza esigeva una spiegazione e un colpevole: esattamente ciò che offriva il Rapporto Warren. Se, come si diceva nel rapporto, tutti gli spari erano arrivati da dietro la limousine, perché più di quaranta testimoni avevano affermato con certezza il contrario? Come poteva un solo uomo aver assassinato il presidente degli Stati Uniti? E soprattutto, se non esisteva alcun complotto, perché quello stesso uomo era morto? La tesi ufficiale lasciava in sospeso troppe domande e gli americani ne erano consapevoli. Le teorie su possibili cospirazioni per uccidere Kennedy cominciarono a proliferare e l'idea che almeno un altro franco tiratore avesse agito insieme a Oswald si radicò nella mente dei cittadini.

La convinzione che in Dealey Plaza dovesse aver agito più di un assassino derivava non solo dalle divergenze dei testimoni sulla traiettoria dei proiettili, ma anche dalla rapidità con cui si erano susseguiti gli spari. Non sembrava verosimile che in poco meno di sei secondi una stessa persona avesse potuto sparare tre volte, con un fucile di precisione che doveva essere montato e smontato. Inoltre, i testimoni dichiaravano di aver visto i proiettili provenire da altri punti oltre che dalla finestra del deposito dove fu ritrovata l'arma del delitto. Tra questi, i più probabili sembravano essere l'edificio degli archivi della contea, il tribunale, il palazzo Dal Tex, un'altra finestra più a ovest dello stesso deposito di libri e, soprattutto, la collina erbosa situata a destra dell'automobile presidenziale su Elm Street.

La polemica si ravvivò ancora di più quando nel 1969 fu reso pubblico il cosiddetto «filmato di Zapruder». Il 22 novembre 1963, il sarto di Dallas Abraham Zapruder era uscito, come tanti suoi concittadini, per assistere al passaggio del corteo presidenziale attraverso la città. Zapruder però voleva un ricordo della giornata e per questo si era portato dietro una piccola cinepresa Super 8. Il caso volle che stesse riprendendo proprio in Dealey Plaza al momento dell'omicidio, di modo che il suo filmato diventò il documento video più completo sull'accaduto. Il filmato di Zapruder era stato utilizzato dall'FBI per le indagini, ma non era mai stato reso pubblico, fino a quando una falla nel sistema di sicurezza durante l'invio dello stesso a un laboratorio fotografico consentì al giornalista Robert Groden di farne una copia pirata. Poco dopo, milioni di spettatori americani dello show televisivo *Good Night America*, poterono guardare le immagini registrate da Zapruder nel 1963. Nel filmato si vedeva chiaramente il momento degli spari e come il corpo del presidente cadeva all'indietro, cosa che faceva pensare a un colpo frontale.

Secondo molti esperti che hanno indagato sull'omicidio di Kennedy, le immagini non lasciano spazio a dubbi; ma esistono anche specialisti di balistica e medici legali per i quali il movimento del corpo di Kennedy non implica necessariamente una provenienza frontale dello sparo. La polemica raggiunse proporzioni tali che nel 1976 il governo riaprì le indagini, con l'obiettivo di determinare se ci furono uno o più tiratori. Un comitato del Congresso degli Stati Uniti, composto da vari esperti, si servì delle più innovative tecniche elettroniche allora disponibili e, a partire dall'analisi delle registrazioni sonore, arrivò a una conclusione sorprendente: gli spari non erano stati tre, bensì quattro e probabilmente per mano di due tiratori, e di conseguenza non si poteva scartare l'ipotesi di un complotto. Tuttavia, le analisi realizzate nel 1982 e nel 2003 con strumenti tecnologici più recenti hanno confutato le affermazioni del comitato, poiché pare che i suoni registrati non corrispondano agli spari, ma ai rumori della piazza nei minuti successivi. Nonostante questo, il dibattito continua.

Un'altra delle questioni che più hanno contribuito ad alimentare la polemica sull'esistenza di un secondo tiratore è la ricostruzione della traiettoria del primo sparo che ferì Kennedy. Secondo la tesi ufficiale, questo colpo avrebbe provocato sette ferite a due persone diverse: il proiettile avrebbe colpito prima la spalla di Kennedy, sarebbe uscito dal collo raggiungendo l'ascella destra del governatore Connally, per poi frantumargli una costola, infine gli avrebbe attraversato il torace e, dopo avergli ferito il polso, si sarebbe conficcato nella coscia sinistra. Per i sostenitori della teoria del secondo tiratore, è impossibile che il proiettile abbia fatto un percorso del genere, che avrebbe comportato movimenti a zig-zag, visto che il governatore era seduto davanti al presidente. Al contrario, altri esperti affermano con certezza che il proiettile potrebbe aver causato tutte le ferite, perché il problema del movimento a zig-zag non sussisterebbe, dal momento che Connelly si trovava circa trenta centimetri più a sinistra di Kennedy.

A prescindere dall'esistenza di un secondo tiratore, sembra evidente che Lee Harvey Oswald fosse perfettamente in grado di uccidere: grazie alla formazione ricevuta nei marines sapeva bene come utilizzare un'arma. E oltre alla conoscenza tecnica, aveva il sangue freddo necessario per farlo, come dimostrava l'uccisione dell'agente Tippit quarantacinque minuti dopo quella di John F. Kennedy. Inoltre, nell'aprile del 1963, Oswald, che non nascondeva le sue simpatie per il comunismo, aveva cercato di porre fine alla vita del generale Edwin Walker. Il generale Walker all'epoca era una delle figure di spicco della destra statunitense e il suo desiderio di rovesciare il regime castrista a Cuba era di dominio pubblico. Nella primavera del 1963 rischiò di essere colpito da un proiettile, che lo mancò perché il telaio di una finestra ne deviò la traiettoria. Non era stato identificato l'autore dell'attentato, ma dopo l'arresto, Harvey Oswald ne rivendicò la paternità.

Oswald era capace di uccidere e non sembrava una persona equilibrata. Può essere che abbia agito da solo e di sua iniziativa. Come può essere che qualcuno abbia approfittato delle sue debolezze, e dopo averlo fatto si sia assicurato che non potesse mai raccontarlo. Che Oswald sia stato solo un capro espiatorio? E, se così fosse, chi c'era dietro le sue azioni?

La mano che muove la culla

Tra le molte teorie del complotto emerse negli oltre cinquant'anni trascorsi dalla morte di Kennedy, una delle più popolari è quella che vede una cospirazione comunista dietro l'assassinio del presidente americano. All'inizio degli anni Sessanta, la Guerra fredda attraversava uno dei suoi momenti più complessi. Nell'ottobre del 1962 scoppiò la cosiddetta «crisi dei missili», che spinse letteralmente il mondo sull'orlo dell'abisso. Diverse fotografie scattate da aerei spia americani dimostrarono la presenza di missili sovietici sul suolo cubano. La tensione tra Stati Uniti e URSS raggiunse i massimi livelli. Il presidente Kennedy reagì ordinando l'embargo contro Cuba e avvertendo il presidente sovietico Krusciov che il lancio di missili in territorio occidentale sarebbe stato interpretato dal governo statunitense come un attacco. La crisi si risolse grazie a un accordo tra Kennedy e Krusciov, che prevedeva che l'URSS eliminasse gli impianti missilistici; in cambio gli Stati Uniti si impegnavano a non invadere Cuba. Il modo in cui gestì la crisi accrebbe enormemente la popolarità del presidente americano e molti cittadini videro l'accordo come un'umiliazione per Krusciov. Il desiderio di rivalsa del leader sovietico e la convenienza politica di far sparire un personaggio come Kennedy in queste circostanze potrebbero spiegare il suo omicidio a un anno di distanza.

Quando Oswald fu arrestato e interrogato, venne fuori che per un certo periodo aveva vissuto nell'URSS. Più precisamente nell'estate del 1955, quando faceva parte dei marines e si era recato a Helsinki, da dove si era imbarcato alla volta di Mosca e aveva annunciato insieme ad altri soldati la propria diserzione. Due anni più tardi, e dopo essersi sposato con una donna russa, Oswald aveva deciso di tornare al suo paese. C'era forse un collegamento tra Oswald e i servizi segreti sovietici? Curiosamente, quando i media annunciarono il suo arresto lo presentarono come «presidente del comitato Fair Play for Cuba».

Oswald simpatizzava con il regime castrista ed era stato un attivista a favore di Castro. Il governo di Kennedy aveva cercato in tutti i modi di rovesciare il regime comunista di Cuba, dalla fallimentare invasione della Baia dei Porci nel 1961, all'Operazione Mangusta del 1962, che attentava alla vita del leader cubano. Oswald non aveva quindi grande simpatia per il presidente americano. Qualche settimana prima dell'omicidio di Kennedy, si era addirittura recato a Città del Messico per richiedere alla delegazione cubana un visto per andare a L'Avana e unirsi alla rivoluzione. Il visto però non gli era stato concesso e c'è chi crede che Oswald fosse un agente sovietico recatosi in Messico con il solo scopo di ricevere istruzioni. La morte di Kennedy sarebbe stata quindi un'operazione politica, sullo stile dell'Operazione Mangusta. Altri specialisti invece insistono sul fatto che la connessione sovietica non fu mai dimostrata e che, in un contesto in cui la guerra nucleare era una possibilità concreta, dall'uccisione di Kennedy non traevano vantaggio né Krusciov né Castro.

La Guerra fredda ha fatto da sfondo non solo alle teorie che dipingono Harvey Oswald come un agente dei servizi segreti sovietici, ma anche a quelle che sostengono che i colpevoli dell'assassinio di Kennedy siano da ricercare all'interno del sistema americano, per esempio in istituzioni come la CIA. Dopo il fallimento dell'invasione della Baia dei Porci nel 1961, diversi pezzi grossi temettero per il proprio posto all'interno dell'agenzia. Secondo l'ala più conservatrice dell'intelligence, Kennedy non si era dimostrato abbastanza duro con il regime di Castro accettando l'accordo con Krusciov in cui si impegnava a non invadere Cuba, e serviva quindi una scusa valida per procedere a una nuova invasione dell'isola: Lee Harvey Oswald poteva rivelarsi utile a questo scopo.

Chi crede che Oswald fosse un agente della CIA segnala vari punti da tenere in considerazione: innanzitutto, soltanto questo spiegherebbe come riuscì a ottenere i passaporti per sé e per la moglie in una sola settimana, quando decise di rientrare negli Stati Uniti dopo aver disertato (perché negare il passaporto a un'utile fonte di informazioni riguardanti l'Unione Sovietica?); inoltre, al suo ritorno, Oswald non fu accusato di tradimento, ma trattato come un cittadino qualunque. Se questo non bastasse a sollevare ragionevoli dubbi, tre mesi prima dell'omicidio di Kennedy Oswald era entrato in contatto con il gruppo di esiliati cubani noto come Direttorio Rivoluzionario Studentesco (DRE). Si trattava di un gruppo di giovani universitari che Fidel Castro aveva espulso da L'Avana e che aveva organizzato una campagna contro il regime cubano. In realtà, il DRE era stato patrocinato dalla CIA con fini propagandistici e di intelligence nella lotta contro Castro. Pare che Oswald avesse offerto i propri servizi al DRE, ma che fosse stato respinto a causa della sua ben nota simpatia per il comunismo (ufficialmente era un disertore americano). Quando si seppe che era stato arrestato per aver ucciso Kennedy, il DRE lanciò una campagna in cui affermava che Oswald aveva agito dietro ordine del governo di Cuba. Grazie alle azioni di uno dei suoi uomini, la CIA aveva ora una scusa per giustificare una nuova azione militare contro l'isola.

Per i sostenitori di questa teoria, i sospetti nascevano soprattutto dall'impegno della CIA volto a occultare i contatti di Oswald con il DRE. Quando nel 1976 il Congresso riaprì l'inchiesta sull'omicidio di Kennedy, la CIA mandò uno dei suoi agenti, George Joannides, ad aiutare i membri del comitato investigativo. Nessuno però avvertì il comitato che Joannides era la stessa persona che la CIA aveva incaricato di controllare il DRE nel 1963 e, quindi, aveva un legame diretto con parte dei fatti su cui dovevano indagare. I rapporti di Oswald con il DRE e con la CIA non sono ancora stati dimostrati con prove esaurienti, mentre è un fatto inconfutabile che la CIA continui a mantenere la segretezza sui documenti relativi a Joannides, e per alcuni si tratta di una prova sufficiente. Dall'altra parte, non mancano nemmeno gli esperti che scartano l'ipotesi di un coinvolgimento della CIA nella morte di Kennedy, dato che il presidente stesso aveva nominato direttore dell'agenzia di intelligence un suo caro amico, John McCone. Detto questo, anche loro riconoscono che la CIA sembra determinata a ostacolare l'accesso alle informazioni e che la mancanza di controllo su un individuo con i precedenti di Oswald mette l'agenzia in una posizione scomoda.

Le accuse di occultamento di informazioni sul caso Kennedy non riguardano solo la CIA, ma anche il governo degli Stati Uniti, in particolare per ciò che concerne il referto dell'autopsia sul corpo del presidente. Contrariamente alla norma, i medici dell'ospedale di Dallas che si presero cura di Kennedy e ne certificarono il decesso non eseguirono l'autopsia del cadavere. Per ragioni non chiare (politiche, di sicurezza o personali della vedova) il corpo fu immediatamente trasferito a Washington a bordo dell'Air Force One. L'autopsia fu eseguita al Bethesda Naval Hospital (Maryland), alla presenza di una trentina di ufficiali militari e senza rispettare il protocollo abituale. Le speculazioni sulle possibili divergenze tra le versioni dei medici di Dallas e quelle di chi si occupò dell'autopsia, in merito ai fori d'entrata e uscita dei proiettili, continuano ad alimentare un acceso dibattito. Il governo ha forse cercato di nascondere ai cittadini parte delle informazioni? Per molti statunitensi l'unica risposta a questa domanda è senza dubbio affermativa.

La maggior parte dei sostenitori della teoria del complotto pensa però che i responsabili della morte di Kennedy non siano da ricercare tra i comunisti, nella CIA, o nel governo, bensì nell'ambiente mafioso. Sono in molti a pensare che esistesse un legame tra JFK e la mafia. Si parla di possibili affari del padre, Joseph Kennedy, con questa organizzazione e si dice che la mafia avesse sostenuto la campagna presidenziale, ma i documenti dei Kennedy e dell'FBI sull'argomento sono ancora riservati. È invece dimostrato che il fratello minore del presidente, Robert Kennedy, iniziò la carriera di procuratore generale degli Stati Uniti presentandosi come nemico numero uno della mafia. L'enorme pressione che Robert esercitò sul crimine organizzato (per cui chiese anche l'appoggio di John) fece sì che uno dei principali obiettivi della mafia fosse vederlo fuori dalla procura generale. Robert però era fratello del presidente e anche solo a torcergli un capello si rischiava di pagare un prezzo troppo alto. E se invece di far fuori il più giovane dei Kennedy avessero eliminato John? Con una sola fava si potevano prendere due piccioni senza dover temere rappresaglie, dato che il successore di John sarebbe stato il vicepresidente Lyndon Johnson e, considerata la ben nota e reciproca antipatia tra il vicepresidente e Robert, era escluso che il giovane Kennedy avrebbe mantenuto il posto di procuratore generale a lungo.

Neanche trovare un individuo come Harvey Oswald, capace di portare a termine il lavoro sporco se adeguatamente manipolato, sembrava così difficile. L'unico problema era assicurarsi di non lasciare tracce e per questo serviva solo qualcuno collegato alla mafia che gli chiudesse la bocca. Per quanti credono fermamente che l'assassinio di Kennedy sia di stampo mafioso, il ruolo di Jack Ruby è la chiave dell'intera vicenda. Anche se le indagini ufficiali non riuscirono a dimostrare che Ruby avesse legami con il crimine organizzato, lo studio dei suoi tabulati telefonici nelle settimane precedenti all'omicidio ha dimostrato che era in contatto con alcuni dei membri più importanti della mafia locale. Si trattava forse di rapporti legati al suo lavoro come direttore di un locale notturno? Stando a quanto disse Ruby era proprio così, infatti le chiamate avrebbero riguardato alcuni screzi che, come imprenditore, aveva con un sindacato di artisti di varietà. Ma allora perché un uomo che rischiava di avere problemi con la giustizia per la sua attività avrebbe assassinato Oswald? Perché attirare l'attenzione della polizia e cacciarsi nei guai? Chi considera Ruby il nesso tra l'omicidio di Kennedy e la mafia ha una risposta pronta: Ruby doveva mettere a tacere Oswald. Questa teoria continua comunque ad appartenere all'ambito delle speculazioni, perché mancano le prove per dimostrarla. Stando così le cose, le enigmatiche parole pronunciate da Ruby davanti alle telecamere al momento dell'arresto oggi appaiono profetiche: «Il mondo non saprà mai cos'è successo davvero, o quali siano le mie motivazioni. In altre parole, io sono l'unica persona dietro a tutto questo, la sola che conosce la verità». E quest'unica persona morì in carcere nel 1967.

Dopo più di mezzo secolo, l'assassinio di John F. Kennedy resta per molti un caso aperto. La maggior parte degli americani non crede alla versione ufficiale, e in questo clima di dubbio trovano spazio teorie di ogni genere che cercano di spiegare quanto accaduto. Sono stati chiamati in causa la mafia, la CIA, il governo, i comunisti, i magnati del petrolio del Texas, l'industria degli armamenti, l'esercito in un tentativo di proteggere il segreto dell'esistenza degli alieni e addirittura il Vaticano. Forse in futuro la declassificazione dei documenti relativi al caso permetterà finalmente di vedere nella giusta prospettiva il tragico avvenimento. Nel frattempo, ogni anno migliaia di pagine tentano di far luce su ciò che accadde veramente a Dallas in quella soleggiata mattina del 22 novembre.

23
Extraterrestri: un mistero che arriva dal passato

Da quando sono presenti sulla Terra, gli esseri umani si sono interrogati circa la possibile esistenza di qualcosa oltre alle forme di vita da cui erano circondati. Divinità, spiriti e ogni sorta di esseri sovrannaturali hanno popolato per migliaia di anni l'immaginazione e le storie degli uomini, colmando uno spazio che spaventava vedere vuoto. C'è qualcosa in noi che si rifiuta di accettare la solitudine nel cosmo, alla quale l'uomo potrebbe essere condannato. La ricerca di forme di vita intelligente oltre quella umana, la convinzione della loro esistenza, è stata una costante nella storia, che si trattasse delle decine di dèi del pantheon egizio, delle colleriche divinità azteche o degli esseri spirituali della cristianità medievale. Questa ricerca non ha soltanto un aspetto spirituale o religioso. Nel mondo, migliaia di persone si chiedono se siamo soli nell'immensità dell'universo. Centinaia di milioni di dollari vengono destinati a progetti scientifici di prim'ordine che, come le missioni spaziali Mars Odyssey o Curiosity, cercano di trovare qualche segno di vita su altri pianeti. Molti però credono che non sia necessario andare tanto lontano per trovare le conferme dell'esistenza di vita extraterrestre, non solo, di vita intelligente. Secondo molti studiosi della materia, la storia è piena di prove che potrebbero parlarcene, di testimonianze materiali e anche documentali che, analizzate da una prospettiva non convenzionale, risultano sorprendenti. Il XX secolo è, da questo punto di vista, uno dei periodi più ricchi di prove della possibile presenza sporadica di alieni sul nostro pianeta e il cosiddetto «fenomeno UFO*» ne è la migliore dimostrazione. Lo sviluppo dei mezzi di comunicazione, dalla televisione ai social network, ha facilitato la circolazione d'informazioni come mai prima. Casi quali l'incidente di Roswell negli Stati Uniti o quello del cratere di Serra de Outes in Spagna hanno risvegliato la curiosità di un pubblico che non si accontenta delle spiegazioni ufficiali. Ma esistono le prove della presenza di vita extraterrestre sul nostro pianeta?*

Siamo soli nel cosmo?

L'universo è tutto ciò che esiste. In questa immensità irraggiungibile per la mente umana, la Terra è un minuscolo pianeta appartenente al sistema solare localizzato nella nostra galassia, dove il Sole è un astro insignificante, una stella fra tante, come minimo fra altre centomila. L'universo nel suo complesso è disseminato di galassie e sistemi solari e, di conseguenza, esistono innumerevoli pianeti simili al nostro. È quindi tanto assurdo pensare che l'uomo potrebbe non essere solo nell'universo? Per centinaia di scienziati la risposta è evidente: no.

Oggi la scienza è totalmente aperta alla possibilità dell'esistenza di altre forme di vita fuori dal nostro pianeta, inclusi esseri superiori da un punto di vista evolutivo, ovvero forme di vita simili a quella umana. Un semplice calcolo statistico rende la supposizione più che ragionevole. I limiti della tecnologia circoscrivono la ricerca di prove di vita all'area più vicina al nostro pianeta, ma non per questo si indaga con minore impegno, interesse e convinzione. Accettare l'idea che creature extraterrestri possano esserci venute incontro, però, è una questione molto diversa. Come Cristoforo Colombo, abbiamo bisogno di essere esploratori e a quanto pare non ci piace l'idea che ci tolgano questo onore. Ma se l'eventualità che esistano altri esseri simili a noi è scientificamente ammissibile, per quale motivo non si può ammettere anche che questi esseri abbiano potuto raggiungere il nostro pianeta?

Per gli studiosi del fenomeno UFO non c'è ragione di rifiutare questa tesi, al contrario. Molti di loro credono addirittura che questi contatti possano risalire all'antichità. Nel 1968, lo scrittore svizzero Erich von Däniken, con la pubblicazione delle opere *Ricordi dal futuro* e *Noi extraterrestri*, divenne il pioniere di questi specialisti. In questi libri, fra l'altro, esponeva una suggestiva analisi delle diverse tradizioni culturali e delle manifestazioni artistiche nel corso della storia che aprivano la porta alla possibilità di incursioni degli alieni sulla Terra. Così i bassorilievi di epoca precolombiana, come uno di quelli rinvenuti nel sepolcro del Tempio delle Iscrizioni della piramide maya di Palenque, testimonierebbero tali viaggi. In questo bassorilievo, datato intorno alla metà del VII secolo, si può osservare una figura umana che sembra manovrare una specie di struttura, la cui forma ricorda un missile o una navicella spaziale. Citando lo stesso Däniken, «là si siede una figura umana, con la parte alta del corpo inclinata in avanti come se fosse un motociclista che sta correndo. Qualunque bambino oggi identificherebbe il suo veicolo con un missile [...] Con le conoscenze di cui eravamo in possesso prima che venissero scoperte quelle immagini, ci avrebbe sorpresi il fatto che non avesse il casco.»

Altre manifestazioni artistiche come le statue votive delle sepolture sumere sarebbero, a detta di Däniken, la dimostrazione dei contatti che le culture antiche ebbero con forme di vita extraterrestre. Gli occhi eccezionalmente grandi e sporgenti di queste statuette ricordano in modo sorprendente la descrizione degli alieni fatta da chi afferma di essere stato testimone di contatti extraterrestri o di aver visto le prove della loro esistenza. Le indecifrabili linee di Nazca, la costruzione delle piramidi d'Egitto (ancora un mistero per gli archeologi), l'incredibile precisione del calendario degli aztechi o gli imponenti moai dell'isola di Pasqua potrebbero a loro volta parlare dei contatti fra le culture del passato ed esseri in possesso di conoscenze più avanzate. Oltre a queste vestigia materiali, già a partire dalla fine del XX secolo ci sono testimonianze dirette di avvistamenti di UFO, identificati come tali e non come semplici fenomeni naturali con una spiegazione religiosa.

Tra novembre del 1896 e maggio del 1897, migliaia di cittadini statunitensi si spaventarono quando videro una specie di astronave o mongolfiera che solcava il cielo del paese e che descrissero simile a un dirigibile. I testimoni riferirono che l'astronave era un oggetto allargato, con qualcosa che ricordava le ali o le eliche e, nella parte inferiore, una specie di abitacolo. La tecnologia di cui si disponeva all'epoca (si sarebbero dovuti aspettare ancora cinque anni per assistere al successo dei fratelli Wright) rendeva però letteralmente impossibile che un dirigibile o un'astronave realizzassero un volo della durata, altitudine e distanza descritte dai testimoni. Il 17 aprile 1897 ci fu un nuovo avvistamento ad Aurora (Texas). In quell'occasione, l'oggetto volante si schiantò contro un mulino a vento e andò in pezzi dopo una terribile esplosione. Secondo i testimoni, tra i resti apparve un corpo di fattezze non umane e i frammenti dell'astronave erano di un metallo sconosciuto che ricordava una lega di alluminio e argento. All'epoca la stampa riportò la notizia e decine di curiosi visitarono il luogo dei fatti, ma non è rimasta alcuna traccia dell'incidente. In tutti gli avvistamenti verificatisi negli Stati Uniti tra il 1896 e il 1897, gli oggetti volanti furono descritti con caratteristiche molto simili, anche quando ebbero luogo in posti distanti: forma allungata, come quella di un'imbarcazione; ali o alettoni, qualcosa di simile a propulsori o potenti fari. Ma bisognava aspettare il XX secolo e i nuovi mezzi d'investigazione e di ricerca perché si sviluppasse il vero fenomeno UFO e si cominciassero a formulare apertamente domande scomode.

Il fenomeno UFO

Il 24 giugno 1947, un pilota civile del servizio forestale degli Stati Uniti, di nome Kenneth Arnold, era impegnato nelle ricerche di un aereo militare antincendio che sembrava essere scomparso. L'incidente si era verificato sul monte Rainier, un vulcano nella contea di Pierce, nello Stato di Washington. La zona era impervia, tanto per l'orografia quanto per la presenza di neve, che rifletteva la luce del sole come uno specchio. Arnold, pilota esperto, era abituato ad affrontare quel tipo di situazioni a bordo del suo aereo da turismo CallAir A2, quindi si mise all'opera. Era nel pieno delle ricerche, quando inaspettatamente qualcosa lo abbagliò. Nove oggetti, che sembravano procedere in formazione, si avvicinavano a fortissima velocità eseguendo manovre inverosimili. Le astronavi erano piatte, di forma circolare e con ali simili a boomerang. Il pilota non poteva credere a ciò che stava vedendo; in realtà, non sapeva nemmeno come interpretarlo.

Nel giugno del 1947, il ricordo della Seconda guerra mondiale e delle bombe su Hiroshima e Nagasaki era ancora vivo. Il mondo si trovava di fronte un nuovo scenario internazionale segnato dalla Guerra fredda e, in quel contesto, molti cittadini statunitensi vivevano nella paura di un possibile attacco nemico. Kenneth Arnold non faceva eccezione e, sebbene non sapesse che cosa diavolo avesse visto, era certo di doverne dare conto. L'FBI si occupò delle indagini e, tre giorni dopo, la stampa dell'intero paese riportava i fatti. Arnold rilasciò dichiarazioni ai giornali, avidi di dettagli, ripetendo ciò che aveva riferito alle autorità: aveva visto alcuni oggetti che volavano «in modo irregolare, come i saltelli che fa un piattino quando lo si lancia sull'acqua». Nasceva così il popolare concetto di «disco volante».

Gli esperti di ufologia non hanno dubbi nel considerare l'avvistamento di Kenneth Arnold come l'inizio della storia contemporanea del fenomeno UFO. Dopo la pubblicazione del caso, il mondo fu contagiato da una vera e propria febbre per i dischi volanti. I presunti avvistamenti si moltiplicarono in maniera esponenziale e, ansiosi di dimostrare la veridicità delle loro affermazioni, molti dei presunti testimoni brandivano dischi e persino tazze come prova irrefutabile dell'esperienza vissuta. Il paragone degli oggetti non identificati con un disco aveva prodotto un effetto inaspettato, ma in fin dei conti Arnold si era limitato a fare riferimento a oggetti conosciuti per cercare di descrivere qualcosa che non aveva mai visto e che non sapeva identificare. Anche Hernán Cortés aveva descritto la piazza principale di Tenochtitlán paragonandola alla Plaza Mayor di Salamanca.

Come ricorda lo storico John F. Moffit, che mette in discussione il fenomeno UFO, «l'avvistamento di Arnold fu successivamente criticato da altri piloti esperti, i quali commentarono che forse aveva semplicemente visto i riflessi proiettati sul pannello di controllo dal finestrino della cabina di comando; o che aveva guardato il sole per troppo tempo; o che era stato abbagliato, per effetto della neve, mentre cercava coscienziosamente l'aereo precipitato sulla Catena delle Cascate ancora gelata». Arnold però era assolutamente convinto della veridicità di ciò che aveva visto e lo fu per tutta la vita. Non erano semplicemente luci, ma oggetti volanti. Nove astronavi in piena Guerra fredda non rilevate da alcun radar? Si sarebbero dovuti aspettare ancora molti anni perché venissero progettati i primi aerei spia ad ala fissa e sagoma di diamante, in grado d'ingannare i radar. Dopo quell'esperienza, Arnold cercò di entrare in contatto con altre persone che avevano vissuto avvistamenti inspiegabili e continuò a parlare pubblicamente dell'episodio e delle informazioni che stava raccogliendo. Oltre a essere criticato, iniziò presto a ricevere forti pressioni affinché tenesse la bocca chiusa, tanto che arrivò a dichiarare scoraggiato: «Se mi dovesse nuovamente capitare di vedere nel cielo un fenomeno di quel tipo, si trattasse anche di un edificio alto un piano, non dirò una parola! Credetemi».

Non ce ne sarebbe stato bisogno. Era passato appena qualche giorno dall'avvistamento sul monte Rainier, quando ebbe luogo il fenomeno che più ha fatto versare fiumi d'inchiostro e generato speculazioni tra i difensori e i detrattori del fenomeno UFO: il cosiddetto «incidente di Roswell». L'8 luglio 1947, uno strano oggetto si schiantò sul terreno di un ranch di Roswell (Nuovo Messico). Il fattore Mac

Brazel trovò i resti e avvertì le autorità. Lo sceriffo del posto, George Wilcox, davanti alla possibilità che fossero collegati a qualche esperimento militare, prese contatti con la base area militare di Roswell (RAAF, Roswell Army Air Field) che in sole due ore circoscrisse la zona e la mise sotto l'esclusivo controllo dei militari. I giornalisti aspettavano una spiegazione, che arrivò tramite un comunicato ufficiale del responsabile delle pubbliche relazioni della RAAF, il tenente Walter Haut. Nel comunicato, l'aeronautica militare nordamericana annunciava chiaro e tondo che un disco volante era stato catturato nei dintorni di Roswell. Qualche ora dopo, Washington smentì la notizia e spiegò con fermezza che quelli raccolti non erano che i resti di un pallone sonda usato dai militari; ma era troppo tardi ormai per arginare l'onda d'indiscrezioni che si era sollevata.

L'interesse suscitato dal caso Roswell non è dovuto solo all'importanza dei fatti occorsi, ma soprattutto all'impegno con cui le autorità statunitensi hanno cercato di occultare qualunque informazione. Per anni è stata negata una spiegazione chiara e completa dell'accaduto, sebbene la mancanza di notizie ufficiali sia stata compensata dalle dichiarazioni a effetto di alcuni testimoni. Senza dubbio una delle testimonianze più preziose in tal senso fu quella dello stesso sceriffo Wilcox, che avrebbe confessato alla sua famiglia che i resti trovati nel ranch del Nuovo Messico in realtà appartenevano a un'astronave extraterrestre e che erano stati rinvenuti anche i corpi di alcuni alieni, uno dei quali ancora vivo. Tanto i resti del veicolo quanto i corpi degli alieni sarebbero stati trasportati nella base militare di Roswell. Stranamente, l'impresa di pompe funebri (di nome Ballard) che lavorava per la base ricevette in quei giorni la telefonata di un ufficiale della RAAF, che sollecitava l'invio di tre bare che potessero chiudersi ermeticamente e fossero il più piccole possibile.

Non sono mancate neanche le dichiarazioni inquietanti da parte di membri della RAAF, come quelle rilasciate da Jesse Marcel, che prese parte alle operazioni di recupero dei resti. Marcel non si pronunciò circa i presunti corpi degli alieni, ma affermò che i resti raccolti corrispondevano a un'astronave extraterrestre e che furono sostituiti con i pezzi di un pallone sonda militare. Le sue dichiarazioni furono confermate da Philip Corso, colonnello della RAAF, che nel suo libro *The Day After Roswell* confermò di aver avuto accesso ai resti dell'incidente e di aver visto il corpo di uno degli alieni. La polemica arrivò a un livello tale che l'aeronautica militare nel 1994 e nel 1997 emise due comunicati ufficiali per spiegare i fatti. Nel primo si affermava che quello precipitato a Roswell era uno dei palloni utilizzati nel progetto top secret Mogul per rilevare possibili test atomici effettuati dall'URSS e non veniva fatto alcun riferimento al recupero di corpi. Nel comunicato del 1997 veniva riproposta questa spiegazione, ma si aggiungeva che quelli che le indiscrezioni identificavano con corpi di alieni erano solo manichini di prova legati al pallone. Se si considera la telefonata ricevuta dall'impresa di pompe funebri Ballard, i manichini non potevano certo lamentarsi delle onoranze funebri ricevute...

I difensori della presunta astronave extraterrestre sono convinti che il vertiginoso progresso tecnologico degli ultimi decenni sia tutt'altro che casuale. Dal loro punto di vista, lo studio della tecnologia aliena di cui si è venuti a conoscenza a Roswell, e in altri casi analoghi, avrebbe permesso alla moderna tecnologia informatica di fare passi da gigante. La cosiddetta «ingegneria inversa», ovvero lo studio dei progressi tecnologici ottenuti da terzi allo scopo di riprodurli, è stata usata spesso nel corso della storia e in particolare dai servizi di intelligence del XX secolo, nel contesto della Guerra fredda. Per questi studiosi, il ritmo con cui la tecnologia è progredita negli ultimi vent'anni non si può spiegare senza un «aiuto» esterno, aiuto che a loro avviso avrebbe un'origine extraterrestre. L'impossibilità di accedere alle informazioni ufficiali sugli episodi relativi agli UFO, controllate dall'aeronautica militare o dall'FBI, lascia questa ipotesi in attesa di essere dimostrata. E non solo negli Stati Uniti.

Avvistamenti in Spagna

All'imbrunire del 21 ottobre 1917, tre abitanti del villaggio rurale di Cambroncino, nella regione di Las Hurdes, furono protagonisti di un fatto straordinario. Nicolás Sánchez Martín, un pastore di trentanove anni, stava tornando a casa dalla vicina località di Ahigal in compagnia delle sorelle Pepa e María Iglesias. I tre avevano già percorso a cavallo buona parte dei circa ventiquattro chilometri che separavano le due città, quando nell'oscurità della notte videro fluttuare una strana luce. Sembrava muoversi misteriosamente sulle acque di un rigagnolo e più si avvicinavano, più aumentava d'intensità. Secondo quanto riferirono, la luce aveva una forma a pera ed era di colore giallastro. Le donne, spaventate, decisero di affrettare il passo e di tornare a casa; Nicolas invece, vinto dalla curiosità, preferì avvicinarsi alla luce. Questa allora sembrò piombargli addosso e il pastore cercò di difendersi usando il machete. La luce si mosse rapidamente e si posizionò sotto gli zoccoli del cavallo, emettendo un calore che scottò l'animale che, imbizzarritosi, sbatté il pastore a terra. Nicolas cercò di rialzarsi, salì a cavallo e iniziò a galoppare il più velocemente possibile per lasciarsi dietro il misterioso fenomeno. Giunte a Cambroncino, le sorelle Iglesias avevano già sparso la voce dell'accaduto, invece il pastore, sconvolto, non riuscì quasi ad articolare parola. Preferì chiudersi in casa, dove alcuni giorni dopo sarebbe inspiegabilmente morto. Il medico del posto non poté fare nulla per lui, poiché il suo sangue sembrava coagularsi irrimediabilmente. Nella relazione sul decesso, come causa della morte era indicata una «malattia sconosciuta».

Secondo alcuni esperti di questo tipo di fenomeni, come Iker Jiménez, i casi dei cosiddetti «cesti o alveari volanti» agli inizi del XX secolo furono molto frequenti in tutta l'Estremadura. Le testimonianze circa l'apparizione di questi oggetti fluttuanti luminosi sono tanto numerose quanto difficili da spiegare, in una Spagna dove non c'era elettricità e la zona viveva una situazione di grande povertà materiale. In alcune occasioni si parlava di piccoli esseri, anch'essi fluttuanti, associati alle manifestazioni luminose che, di solito, erano notturne. Per alcuni studiosi si tratta di casi collegati al fenomeno degli UFO, poiché gli avvistamenti descritti hanno molte caratteristiche in comune con altri successivi, ma la mancanza di fonti materiali che permettessero di studiarli ha impedito di saperne di più.

Non meno inquietanti e difficili da spiegare sono i molteplici avvistamenti che pare abbiano avuto luogo negli anni Trenta, periodo in cui il fenomeno degli UFO non era ancora popolare come lo sarebbe stato a partire dalla fine del decennio successivo. A quanto pare, questi avvistamenti furono particolarmente frequenti durante la guerra civile, come attesta ciò che avvenne a Pollença (Maiorca) il 17 agosto 1936. Ottanta soldati di guardia alla fortezza di Pollença aspettavano di essere attaccati come il giorno precedente. Scrutavano attentamente l'orizzonte, quando videro apparire nel cielo tre oggetti circolari brillanti, che si spostavano a gran velocità. All'inizio temettero che si trattasse di aerei, ma si resero subito conto di non aver mai visto nulla del genere solcare i cieli. I testimoni descrissero gli oggetti come «aerei piatti che volavano in un modo incredibile». Per le ottanta persone presenti era chiaro che non si trattava di aerei.

Un altro episodio simile ebbe luogo a Peñon de la Mata (Granada) il 5 febbraio 1938. In quell'occasione, un soldato restò perplesso quando vide un aggeggio metallico di forma circolare sospeso in aria a circa duecento metri di altezza. A differenza degli altri avvistamenti, l'oggetto volante si spostava lentamente, dando l'impressione di girare su se stesso in senso antiorario. Il soldato lo descrisse come un enorme sombrero messicano, con finestrini neri, che emetteva una specie di vapore e aveva una piccola coda. La sua impressione fu che si trattasse di un oggetto metallico di color alluminio opaco. Dopo essersi avvicinato fino quasi a posizionarsi verticalmente sullo stupito spettatore, il «sombrero» scomparve misteriosamente com'era comparso. Sono stati documentati casi di avvistamenti anche nelle provincia di Albacete (un'astronave dalla quale nel 1937, a detta dei testimoni, scesero due creature) e a Guadalajara, dove due soldati videro un oggetto a forma di disco, di circa undici metri di lunghezza, che emanava una forte luce e le cui metà inferiore e superiore giravano in senso contrario. In molti di questi casi, gli stessi protagonisti arrivarono a pensare che potesse trattarsi di modelli di aerei da guerra tedeschi. La tecnologia aerea dell'epoca, però, ancora non consentiva la messa a punto di prototipi di forma circolare e sebbene in Germania fossero stati progettati, si sarebbero dovuti aspettare anni prima che fossero costruiti.

Gli avvistamenti di UFO in Spagna continuarono a essere un fenomeno abituale nel dopoguerra e nella seconda metà del XX secolo. Alcuni casi furono particolarmente singolari e famosi, come quello che il 12 settembre 1971 vide protagonista un guardiano di Aznalcóllar. All'epoca dei fatti, Juan Rodríguez Domínguez, meglio noto come Juan el Palmareño, era un uomo d'età avanzata. Quel giorno il Palmareño stava sorvegliando come al solito il campo di meloni di El Lunarejo, quando all'improvviso vide un enorme oggetto allungato, simile a un autobus, che scendeva dal cielo fino ad atterrare. L'astronave era metallica e alle estremità aveva due piccole porte dalle quali, dopo che si furono aperte, cominciarono a uscire decine di esseri non più alti di un metro e vestiti con uniformi bluastre. Juan non sapeva che cosa fosse quella scena e inizialmente pensò che si trattasse di un aereo militare, ma si rese subito conto che quelle creature non erano umane. I minuscoli alieni avevano qualcosa di simile a potenti torce, con le quali lo abbagliarono. Quando alcuni di loro iniziarono ad avvicinarsi, il Palmareño scappò di corsa fino al villaggio. Vi arrivò, secondo i testimoni, veloce come il fulmine gridando: «El viajero! El viajero!». Il guardiano si riferiva al nome con cui era conosciuto l'autobus che percorreva abitualmente il tragitto tra El Aljarafe e Siviglia. Per il pover'uomo, l'autobus era la cosa che più si avvicinava a ciò che aveva visto, ma sapeva bene che non si trattava di quello. Uno dei proprietari del campo di meloni tornò indietro con Juan per verificare di persona. Quando arrivarono sul posto non c'era traccia dell'astronave, ma tutto il campo era segnato da piccole impronte con una strana forma. I testimoni preferivano tacere per non essere presi per pazzi, ma il Palmareño, certo di ciò che aveva visto, il giorno seguente denunciò i fatti alla Guardia Civil. Ancora una volta il caso rimase inspiegato. L'avvistamento di Aznalcóllar non fu un episodio isolato, perché tra il 1971 e il 1972 ce ne fu una vera e propria valanga nella zona di El Aljarafe, ma, come scrisse Iker Jiménez: «Aznalcóllar divenne il centro e il cuore dell'ondata su El Aljarafe».

Molto più recente è stato il caso, ampiamente riportato dalla stampa, del cratere di Serra de Outes, vicino a La Coruña. Poco dopo le otto del mattino del 18 gennaio 1994, vari testimoni videro, vicino a Ría de Muros, una grande sfera luminosa che solcava il cielo con una traiettoria discendente, fino a schiantarsi e provocare una gigantesca esplosione. Alcuni giorni dopo, gli scienziati dell'osservatorio astronomico Ramón María Aller di Santiago di Compostela iniziarono a studiare il caso e a cercare i resti della collisione. Sin da subito cominciarono a circolare varie ipotesi: meteorite, palla di gas incandescente, astronave militare, satellite... Tre mesi dopo i fatti, i ricercatori individuarono a Cando de Arriba il posto dov'era caduto l'oggetto. Ciò che poterono vedere fu un immenso cratere lungo ventinove metri, largo tredici e profondo un metro e mezzo. Il fortissimo impatto aveva smosso varie tonnellate di terra e sradicato parecchi alberi scagliandoli a un centinaio di metri di distanza. Di fronte a un ritrovamento del genere, una squadra di ricercatori dell'Università di Santiago di Compostela, guidata dall'astronomo José Ángel Docobo, diede inizio a un'indagine scientifica per cercare di spiegare l'enigma. Due anni più tardi, la ricerca si concluse senza poter stabilire le cause dell'accaduto. Si sapeva che nel cratere era stata raggiunta una temperatura superiore ai quattrocento gradi, ma non si era trovato alcun reperto materiale. Alcuni esperti della squadra, come il professor Vakhtang Tamazian, optavano per un possibile esperimento militare segreto, ma non c'erano elementi che confermassero questa ipotesi. Nella versione ufficiale si segnala una possibile emanazione spontanea di gas sotterranei, però il cratere di Serra de Outes continua a essere un mistero inspiegabile. Per gli esperti di ufologia, invece, la situazione è evidente: si tratterebbe di un caso simile a quello di Roswell e l'oggetto precipitato sarebbe un'astronave extraterrestre. E i resti? Nei mesi trascorsi dall'incidente alla scoperta ufficiale del cratere, ci fu tempo sufficiente perché chi era interessato a tenerlo nascosto li facesse sparire. Ammesso, ovviamente, che l'informazione ufficiale sulla mancanza di tracce sia veritiera.

Palle di luce, astronavi piatte, sfere fluttuanti... La storia contemporanea degli avvistamenti di UFO ne è piena di esempi in ogni parte del mondo. Curiosamente, i fenomeni descritti in tutti i paesi presentano impressionanti analogie, così come sono simili le spiegazioni ufficiali fornite: esperimenti militari con l'uso di tecnologie segrete, fenomeni naturali (soprattutto meteoriti) o casi d'isteria collettiva provocata dall'interpretazione di una delle due possibilità precedenti sotto l'influenza della fantascienza. Talvolta, come accadde nel 1938 negli Stati Uniti con la trasmissione radiofonica *La guerra dei mondi*, c'è chi è fin troppo propenso a credere che prima o poi esseri provenienti da un altro pianeta possano farci una visita più o meno amichevole. Ma forse, solo forse, un giorno avremo la prova che non siamo soli nell'universo. Allora saremmo obbligati a guardare con occhi diversi le testimonianze sul fenomeno degli UFO.

24
La morte di Giovanni Paolo I

Il 26 agosto 1978, milioni di cattolici di tutto il mondo accolsero con giubilo l'elezione del nuovo papa. L'uomo scelto, Albino Luciani, che optò per il nome pontificale di Giovanni Paolo I, era un sacerdote più che all'altezza del ruolo che gli veniva affidato. Conosciuto per la sua integrità morale e per essere stato un forte sostenitore dei principi alla base del Concilio Vaticano II, Luciani guadagnò grandi consensi, tanto che il suo predecessore, Paolo VI, era arrivato a togliersi la stola papale per mettergliela sulle spalle, in un gesto pubblico che voleva indicare che Luciani sarebbe stato un degno successore alla cattedra di san Pietro. A sessantacinque anni, inoltre, Luciani era un uomo nel pieno delle sue capacità. Ciò nonostante, solo trenta giorni dopo essere stato eletto, il papa era morto.

La notizia sconvolse il mondo intero: il papa, trovato senza vita nel suo letto. Il comunicato ufficiale del Vaticano attribuiva la causa della morte fulminante a un infarto acuto del miocardio. Dal momento in cui fu divulgata la notizia, si diffuse a macchia d'olio una voce terribile: il papa era stato assassinato. Giovanni Paolo I non aveva nascosto le sue intenzioni di iniziare profonde riforme nella Chiesa, soprattutto nella curia e nella fitta rete amministrativa del Vaticano. Questo lo aveva portato nell'occhio di un ciclone i cui venti distruttori soffiavano da certi settori corrotti della Chiesa, dalla mafia, dal riciclaggio di denaro e perfino da gruppi di pressione massoni. Col passare del tempo, le voci diventarono clamore, nonostante la Chiesa continuasse a sostenere la posizione ufficiale: Luciani era morto per cause naturali. È possibile che Giovanni Paolo I sia stato assassinato? Il rifiuto di eseguire l'autopsia, le incoerenze della tesi ufficiale, gli scandali finanziari venuti a galla dopo la sua morte, l'improvvisa e conveniente scomparsa di certe persone e perfino la terza profezia di Fatima sembrano dare un'inquietante risposta a quello che ancora oggi è considerato uno dei più grandi enigmi del XX secolo.

Il papa è morto

La mattina del 29 settembre 1978, intorno alle quattro e mezzo, come tutti i giorni suor Vincenza lasciò una tazza di caffè di fronte alla stanza di Giovanni Paolo I. Vincenza Taffarel, religiosa della congregazione di Maria Bambina e infermiera, da più di dodici anni si occupava di Albino Luciani. Quando ritornò dopo quindici minuti per riprendersi la tazza e la trovò intatta, pensò che qualcosa non andava. Il papa era ancora a letto, seduto, con gli occhiali sul viso e la luce accesa, come se fosse intento a leggere i documenti che aveva in mano, però immobile. Quando suor Vincenza gli si avvicinò e lo toccò, il suo timore fu confermato. Giovanni Paolo I era morto. La religiosa andò immediatamente nella stanza del segretario del papa, John Magee, per dare l'allarme: «Sua Santità è morto!».

La stanza di Magee si trovava al piano superiore, quindi Magee scese rapidamente per entrare nella camera del pontefice. Il corpo di Giovanni Paolo I era ancora tiepido e la stanza sembrava in ordine. Magee telefonò al cardinale Jean-Marie Villot, segretario di Stato del Vaticano, che arrivò verso le cinque. Furono avvisati per telefono una nipote del papa e il suo medico personale, il dottor Antonio Da Ros, che non riusciva a credere alle sue orecchie. Il papa però era morto e bisognava far fronte alla situazione. Villot, cardinale camerlengo (ovvero responsabile del Vaticano in caso di sede vacante), cominciò a organizzarsi. La stanza fu rassettata e furono dati ordini precisi perché la notizia non trapelasse prima dell'annuncio ufficiale, e suor Vincenza fu esortata a mantenere il silenzio su quanto aveva visto. Non si considerò l'opzione dell'autopsia, perché non è uso farla ai pontefici, così furono avvisati i responsabili dell'imbalsamazione, iniziata cinque ore più tardi.

Poco dopo le sette del mattino, monsignor Panciroli, direttore della sala stampa del Vaticano, comunicò la notizia alle agenzie di stampa per telefono; quarantadue minuti più tardi, la Santa Sede rese pubblico il comunicato ufficiale della morte del papa. Luciani era morto nel suo letto alle undici di sera del 28 settembre, mentre leggeva... Villot, osservando la tradizione, ordinò di sigillare le stanze del papa e, verso mezzogiorno, nella Sala Clementina del Vaticano fu allestita la camera ardente con il corpo di Albino Luciani. Centinaia di giornalisti da tutto il mondo la visitarono per commentare la notizia e i quotidiani riportarono titoli come questo, tratto da «La Vanguardia»: *L'espressione sul viso del pontefice era rilassata e sembrava indicare una morte indolore.*

Questa è la versione ufficiale del decesso di Giovanni Paolo I. La sua morte aveva colto tutti di sorpresa, nonostante, come si affermò allora, il delicato cuore del papa lottasse per la vita già da tempo. La sua salute non era buona come si credeva e aveva molte preoccupazioni. Non c'era niente di strano nella sua morte, solo la sorpresa e l'incertezza per la scomparsa di chi era appena stato scelto dallo Spirito Santo per così alti disegni. Chi lo avrebbe mai immaginato? La risposta ufficiale è chiara: nessuno. Eppure per molte delle persone che hanno indagato sulla vita e sulla morte di Albino Luciani, il pontefice aveva i suoi motivi per aspettarselo: non solo era più che cosciente di essersi inoltrato in un terreno scivoloso, ma qualcuno di cui si fidava ciecamente forse gli aveva già annunciato la sua morte...

Il segreto meno divulgato di Fatima

Domenica 13 maggio 1917, l'Europa agonizzava a causa della Prima guerra mondiale, ma nel villaggio portoghese di Fatima tre piccoli pastori vivevano ignorando il conflitto, cosa quanto mai rara. Erano Lucia dos Santos e i suoi cugini, Giacinta e Francisco Marto. Avevano rispettivamente dieci, sette e otto anni, e venivano da famiglie umili. Non andavano a scuola e passavano il tempo curando le pecore. Quella domenica, secondo la loro versione, dopo aver mangiato e recitato il rosario, videro apparire tra i rami di un arbusto una giovane signora, che disse loro di essere la Vergine del Rosario. Annunciò che sarebbe apparsa per sei mesi ogni 13 del mese, nello stesso luogo e alla stessa ora. Disse anche che, in una di quelle occasioni, il 13 ottobre, avrebbe realizzato un gran prodigio e avrebbe detto loro qual era il suo desiderio. La storia delle apparizioni si diffuse rapidamente e presto una grande moltitudine di persone accorse ogni 13 del mese per assistere al miracolo. Secondo la testimonianza dei bambini, il 13 ottobre la Vergine apparve nuovamente e disse loro che desiderava che in quel luogo fosse eretta una cappella. Disse inoltre che, se gli uomini avessero corretto la loro condotta, la guerra sarebbe finita presto. Dopodiché, secondo i presenti, il sole cominciò a roteare proiettando raggi di luce di diversi colori in tutte le direzioni. Il messaggio del 13 ottobre non era stato l'unico portato dalla Vergine. Anche il 13 giugno e il 13 luglio la Madonna aveva confidato qualcosa ai bambini.

Secondo i credenti, i messaggi di giugno e di luglio costituiscono i cosiddetti «segreti di Fatima». Il messaggio di giugno riportava un solo segreto, mentre il complesso messaggio di luglio ne conteneva tre. Nel 1930 il vescovo di Leiria confermò che le apparizioni erano degne di fede e la Chiesa autorizzò il culto alla Madonna di Fatima. Le apparizioni erano considerate ufficialmente veritiere. Francisco e Giacinta morirono poco dopo i fatti, rispettivamente nel 1919 e nel 1920, per cui fu Lucia, che aveva preso i voti come monaca carmelitana, a rivelare i segreti molti anni più tardi. La profezia di giugno annunciava la morte dei bambini, ma i segreti di luglio erano ancora più gravi. Nel 1941 Lucia consegnò i primi due segreti per iscritto al vescovo di Leiria e nel 1944 fece lo stesso con il terzo. I primi due segreti vennero rivelati: in uno si annunciava una guerra «ben peggiore» di quella in corso all'epoca dell'apparizione, che rapidamente fu identificata con la Seconda guerra mondiale; nel secondo la predizione riguardava la futura conversione della Russia, identificata a posteriori con la fine del regime comunista. Lucia consegnò al vescovo di Leiria il terzo segreto in una busta chiusa, sulla quale aveva scritto: «Non può essere rivelato prima del 1960». La busta fu inviata al Vaticano nel 1957, dove fu archiviata per ordine di Pio XII.

Nel 1960, buona parte del mondo aveva gli occhi fissi su Roma, in attesa della rivelazione del terzo segreto di Fatima, che però fu reso pubblico soltanto il 13 maggio 2000. L'occultamento della profezia e la sua interpretazione una volta rivelata diedero adito a ogni sorta di teoria, ma gli studiosi concordano sul fatto che i segreti sono stati pubblicati con variazioni che non sono dovute solo a sfumature linguistiche e problemi di traduzione. Il terzo segreto, dal tono apocalittico, descrive una scena nella quale si vede un «vescovo vestito di bianco» che cammina, tremante e infelice, tra le rovine di una città. Il vescovo prega per le anime dei cadaveri che incontra sulla sua strada, mentre si dirige a una montagna sulla cui cima si erge una grande croce. Giunto alla croce, il vescovo si accascia, colpito dai proiettili e dalle frecce di un gruppo di soldati, e dietro di lui muoiono altre persone, uomini e donne, sia religiosi sia laici. Quando Giovanni

Paolo II rivelò a Fatima il contenuto del terzo segreto, questo venne interpretato come una predizione dell'attentato che aveva subito proprio lui nel 1981.

Molti studiosi però ricordano che il testo del terzo segreto afferma che il vescovo si accascia senza vita, mentre nella lettura pubblica del maggio dell'anno 2000 si disse che era caduto «come morto». La Chiesa aveva forse interesse nel forzare l'interpretazione del segreto identificandolo con l'attentato contro Giovanni Paolo II? È ciò che credono autori come Jesús López Sáez, sacerdote specialista della morte di Giovanni Paolo I, che non ha dubbi e identifica il segreto con la morte per cause non naturali di Giovanni Paolo I: «Per anni e anni, nessuno immaginò che il terzo segreto di Fatima avrebbe potuto avere qualcosa a che fare con uno dei più grandi misteri del XX secolo, la morte di Giovanni Paolo I». Di conseguenza, l'identificazione del segreto con l'attentato del 1981 sarebbe stato un modo per sviare l'attenzione da un fatto controverso e compromettente per la Chiesa. Inoltre, c'è un'altra questione che va tenuta in considerazione: l'11 luglio 1977 Albino Luciani, allora vescovo di Venezia, ebbe un colloquio con suor Lucia durante una visita a Fatima. Secondo la testimonianza di tutte le persone che lo accompagnarono, dopo il colloquio, durato un paio d'ore, Luciani era rimasto fortemente impressionato e quelle sensazioni lo avrebbero accompagnato fino alla fine dei suoi giorni. Quasi tutti credono che suor Lucia gli avesse annunciato che sarebbe diventato papa e ci sono anche persone che affermano, come Edoardo Luciani, fratello di Giovanni Paolo I, che suor Lucia non solo gli avrebbe parlato del sacro incarico, ma avrebbe anche predetto la morte che l'avrebbe seguito. Come ricorda López Sáez, «alla luce del terzo segreto è possibile che suor Lucia avesse predetto a papa Luciani una morte violenta». Stando così le cose, la città in rovina del terzo segreto può essere interpretata come una metafora dello stato disastroso in cui si trovava il Vaticano quando Luciani fu eletto sommo pontefice? Comunque sia, non ci sono dubbi sul fatto che quando Giovanni Paolo I fu eletto, la situazione al Vaticano era piuttosto ingarbugliata e il nuovo papa non aveva nascosto l'intenzione di porvi rimedio. Sembra, però, che così facendo avrebbe pestato i piedi di parecchie persone...

Un pontefice scomodo

I pontificati di Giovanni XXIII e Paolo VI si erano distinti per la modernizzazione della Chiesa cattolica in seguito al Concilio Vaticano II. Il nuovo modo di intendere il ruolo della Chiesa e soprattutto dei suoi ministri aveva creato tensioni nei settori più conservatori della curia vaticana. L'elezione a papa di Albino Luciani avrebbe dato continuità alla piega riformista, cosa che Luciani aveva chiarito fin dal primo momento, scegliendo di unire i nomi dei due papi che lo avevano preceduto e di iniziare il pontificato come Giovanni Paolo I. Il papa sapeva che il compito che lo aspettava non era facile e per questo convocò a Roma in qualità di consigliere il sacerdote e teologo veneziano Germano Pattaro, col quale manteneva una relazione molto stretta dai tempi del vescovado a Venezia. L'atteggiamento di grande apertura di Luciani era universalmente riconosciuto e, sin dalla sua elezione, i media di tutto il mondo lo indicarono come la nuova grande speranza riformista della Chiesa.

Nel 1989, Camillo Bassotto, amico personale del papa e autore dell'opera *Il mio cuore è ancora a Venezia*, ricevette un documento da qualcuno molto vicino a Luciani al Vaticano, la cui identità non ha potuto essere svelata per ragioni di sicurezza. Il documento, che autori come López Sáez attribuiscono al cardinale Edoardo Pironio, illustra le intenzioni riformiste di Luciani e sottolinea la gravosità del compito del quale il papa aveva intenzione di farsi carico. Giovanni Paolo I desiderava seguire la linea tracciata dal Concilio Vaticano II, riformando la curia e mettendo fine a certi loschi affari vaticani. Intendeva inoltre trasformare radicalmente l'Istituto per le Opere di Religione (lo IOR, ovvero la Banca Vaticana) e dare un taglio netto agli interessi della mafia e della massoneria a Roma, prendendo apertamente posizione contro entrambe le organizzazioni. Allo stesso tempo, le intenzioni del papa lasciavano trasparire una lista di possibili nemici: certi settori della curia, la direzione della Banca Vaticana, i membri della mafia, certe logge massoniche e le persone dentro e fuori dal Vaticano che appartenevano a un'intricata rete di corruzione e riciclaggio di denaro che finanziava gruppi guerriglieri anticomunisti in America Latina e nell'Europa dell'Est.

Giovanni Paolo I conosceva bene la precaria situazione interna del Vaticano. Già quando era vescovo a Venezia aveva avuto modo di assistere in prima persona alle manovre della Banca Vaticana, un'istituzione che teoricamente impiegava il denaro dei suoi investitori per finanziare politiche di azione sociale per i più svantaggiati e che in nessun caso doveva avere scopi di lucro. A metà del 1972 invece, lo IOR, senza consultare l'allora vescovo Luciani, vendette la Banca Cattolica di Venezia alla seconda banca italiana più importante, il Banco Ambrosiano, amministrata da Roberto Calvi. Quest'istituzione riciclava denaro proveniente da operazioni illecite (poco dopo la morte di Luciani fu infatti sottoposta a un processo penale) e il passaggio di proprietà gestito dallo IOR servì a mascherare i bilanci, oltre a generare un ricavo di più di quaranta milioni di dollari per la Banca Vaticana, allora diretta dal cardinale Paul Marcinkus. Lo IOR, che godeva di un trattamento di favore che gli permetteva di non essere sottoposto a controlli esterni, era inoltre il principale azionista del Banco Ambrosiano, per cui non solo conosceva ma doveva per forza appoggiare le sue attività. È superfluo aggiungere che, nelle mani del Banco Ambrosiano, la Banca Cattolica di Venezia smise di realizzare opere di carità.

Calvi e Marcinkus non solo avevano interessi economici comuni, ma erano membri della stessa loggia massonica, Propaganda due (P2), che esercitava una forte influenza sul Vaticano e di cui era membro anche Michele Sindona, un importantissimo banchiere siciliano che manteneva relazioni economiche con Calvi e che lo avrebbe aiutato a gestire la questione della Banca Cattolica di Venezia. La presenza di massoni nel Vaticano era una questione relativamente conosciuta e che preoccupava Luciani. Il 2 settembre 1978, ovvero sedici giorni prima della morte del papa, un polemico giornalista italiano legato ai servizi segreti del paese, nonché membro pentito della loggia P2, Mino Pecorelli, pubblicò sull'«Osservatore Politico», la rivista della quale era direttore, un articolo intitolato *La grande loggia vaticana*. Nell'articolo parlava del ritrovamento di una lista di 121 massoni, che comprendeva alti prelati, vescovi e cardinali (fra cui anche il segretario di Stato del Vaticano, Jean-Marie Villot), che fu pubblicata insieme all'articolo. Ovviamente, il documento e la lista arrivarono nelle mani del papa.

Secondo molti degli autori che hanno indagato sulla morte di Giovanni Paolo I e sul suo breve pontificato, così come secondo la testimonianza arrivata nelle mani di Camillo Bassotto, il papa aveva preso la decisione di destituire Paul Marcinkus dalla direzione dello IOR e di fare lo stesso con i suoi collaboratori; voleva poi interrompere ogni relazione tra lo IOR e il Banco Ambrosiano. Il papa inoltre era in possesso della lista dei massoni pubblicata da Pecorelli ed era deciso a prendere provvedimenti. Il pomeriggio del 28 settembre, papa Luciani parlò con il segretario di Stato e gli comunicò alcune di queste decisioni, tra cui anche la destituzione dello stesso Villot. Com'è noto, la mattina del giorno dopo, Giovanni Paolo I fu trovato morto.

Prove ignorate

È chiaro che Giovanni Paolo I era un pontefice sgradito a parecchie persone e che la sua morte improvvisa avrebbe fatto comodo a molte di loro. Intorno alla morte di Luciani non emergono solo moventi più che sufficienti a giustificare un assassinio, ma anche fatti, documentati resi pubblici da numerosi autori, che mettono in discussione la versione ufficiale della Chiesa. Le voci su un possibile assassinio del pontefice iniziarono a circolare subito dopo la sua morte e da allora non hanno mai smesso di circolare, anzi, con il tempo non hanno fatto che moltiplicarsi. Indubbiamente il miglior modo di metterle a tacere sarebbe realizzare l'autopsia del cadavere, ma la Chiesa continua a rifiutarsi. È vero che sottoporre il cadavere di un pontefice all'esame autoptico andrebbe contro la tradizione cattolica, ma è anche vero che, secondo la versione ufficiale, la morte di Luciani fu un evento del tutto inaspettato (altrimenti chi lo avrebbe eletto papa solo trentatré giorni prima?). Dato che non era ammalato, non si sarebbe dovuta effettuare un'autopsia per accertare le cause della morte? La risposta più logica è sì, e curiosamente sembra che l'autopsia sia stata effettuata, ma in segreto. Nel 1987 il giornalista Gianni Gennari rese pubblico il risultato della presunta autopsia. L'informazione proveniva da una fonte attendibile, un frate benedettino che nel 1978 lavorava nella Segreteria di Stato del Vaticano. Secondo i risultati dell'esame, Giovanni Paolo I sarebbe morto per aver assunto un'ingente quantità di un vasodilatatore prescrittogli dal suo medico personale, il dottor Da Ros. Sono molti gli autori, tra cui David Yallop, che credono che Luciani abbia preso per errore una dose eccessiva della medicina, ma va ricordato che il papa soffriva di ipotensione e, come ricorda Rafael Cabrera, medico legale dell'Istituto nazionale di tossicologia, intervistato da López Sáez,«i vasodilatatori causano ipotensione. Chi avrebbe prescritto un vasodilatatore a un ipoteso come Luciani? Somministrargli un vasodilatatore era, senza dubbio, un'azione criminale».

D'altra parte, la causa ufficiale della morte – infarto acuto del miocardio – ha poco a che vedere con la versione dei fatti sostenuta dal Vaticano. Secondo il comunicato ufficiale, il papa fu ritrovato seduto a letto, nella sua stanza ben ordinata, con gli occhiali indosso, l'espressione pacifica e qualcosa tra le mani, che probabilmente aveva letto. Si pensava quindi a una morte tranquilla. Il medico legale Rafael Cabrera però ricorda che «la postura del cadavere non corrisponde a quella di una persona deceduta per infarto del miocardio: non c'è stata lotta contro la morte [...] Il quadro collima invece con una morte provocata dalla somministrazione di una sostanza ad azione depressiva durante il sonno profondo, seguita da un processo che sarebbe potuto durare tutta la notte: prima il sonno, poi il coma e, infine, la morte».

Neanche la tesi ufficiale della salute cagionevole del papa e del suo cuore delicato sembra quadrare coi fatti. Fino alla morte di Giovanni Paolo I, non si era mai parlato dei suoi presunti problemi di salute, al contrario, era stato diffuso il ritratto di un uomo forte che amava andare in bici e in montagna. Le dichiarazioni postume di alcune persone vicine al pontefice, raccolte dagli investigatori, insistono sulla sua buona salute e soprattutto sul fatto che non soffrisse affatto di cuore. Così, Mario Senigaglia, segretario personale di Luciani tra il 1970 e il 1976, afferma: «Albino Luciani non era malato di cuore. Un malato di cuore non scala le montagne, come il papa faceva con me tutti gli anni». Inoltre, Giovanni Paolo I riceveva le cure di suor Vincenza e del dottor Da Ros, e proprio il 28 settembre la religiosa conferì col medico del papa per confermargli che andava tutto bene. Lo stesso Da Ros, come ricorda López Sáez, nel 1993 fece riferimento a quella telefonata quando dichiarò alla rivista «30 Giorni»: «Tutto era normale. Suor Vincenza non mi parlò di nessun problema in particolare. Mi disse che il papa aveva passato la giornata come suo solito [...] Quel pomeriggio non gli prescrissi niente, cinque giorni prima lo avevo visitato e stava bene».

Anche nel comunicato ufficiale rilasciato dal Vaticano per annunciare la morte di Giovanni Paolo I vi sono alcune discordanze. Innanzitutto, secondo tale comunicato (diffuso dai media di tutto il mondo), cadavere del papa era stato trovato dal suo segretario John Magee («Questa mattina, 29 settembre 1978, verso le cinque e mezzo, il segretario personale del papa, non avendo trovato il Santo Padre nella cappella come suo solito, è andato a cercarlo nella sua stanza e lo ha trovato a letto senza vita»). Per anni, però, alcuni insistettero che non era stato Magee ad aver trovato Luciani morto, bensì suor Vincenza. Alla fine, nell'agosto del 1988, anche Magee ammise che non era stato lui a trovarlo, ma la religiosa. Perché allora la menzogna? Come interpretare, in aggiunta alla bugia, anche il voto di silenzio imposto a suor Vincenza? Inoltre, la mattina del 29 settembre, la Radio Vaticana affermò che Giovanni Paolo I sembrava intento a leggere l'*Imitazione di Cristo* di Tommaso da Kempis (un'opera di devozione cristiana). Ciò fu smentito qualche giorno più tardi dalla Segreteria di Stato del Vaticano. Il pontefice teneva in mano degli appunti e, secondo il suo consigliere e amico Germano Pattaro, «gli appunti che Luciani, morto, aveva in mano erano alcune note sulla conversazione di due ore che il papa aveva intrattenuto il giorno prima con il segretario di Stato Villot».

Le discrepanze della versione ufficiale sono tanto inquietanti quanto alcuni fatti accaduti dopo la morte di Giovanni Paolo I. Il 20 maggio 1981, Roberto Calvi fu detenuto per le irregolarità commesse come amministratore del Banco Ambrosiano e condannato, già a luglio, a quattro anni di carcere. Ottenne la libertà condizionale e cercò in tutti i modi di salvare la situazione dell'istituto di credito, che era diventata disperata. Si rivolse a Marcinkus, il direttore dello IOR, il quale acconsentì a scrivere qualche lettera di garanzia ad alcuni investitori ma non volle saperne molto di più. Calvi allora pensò di vendere all'Opus Dei le azioni del Banco Ambrosiano appartenenti allo IOR, per ottenere rapidamente i soldi con cui tappare gli immensi buchi nella contabilità della banca. Prima che potesse realizzare i suoi piani, nel giugno del 1982 fu resa pubblica la situazione dell'istituzione, crollò il valore delle azioni in Borsa e la Banca d'Italia fu costretta a intervenire. La segretaria di Calvi si suicidò quello stesso giorno buttandosi da una finestra. Calvi scappò dall'Italia, ma il 18 giugno fu ritrovato impiccato al ponte londinese di Blackfriars («frati neri»). I membri della loggia massonica alla quale Calvi era iscritto, la P2, si facevano chiamare *frati neri*...

Lo stesso giorno in cui fu arrestato Calvi, il 20 maggio 1981, un'altra notizia sconvolse l'Italia. Grazie alle dichiarazioni di Michele Sindona, il banchiere che aveva aiutato Calvi nelle transazioni della Banca Cattolica di Venezia, indagato in relazione al fallimento dell'Ambrosiano, la polizia italiana aveva ottenuto una lista di membri della P2. La rete di potere politico ed economico di questa loggia non solo era coinvolta in losche transazioni, ma era anche appoggiata dalle sfere più alte del paese. Lo scandalo fu tale che portò alle dimissioni del primo ministro Arnaldo Forlani e alla caduta del governo. Sindona fu incarcerato e nel 1986 morì in prigione, avvelenato. Molto tempo prima, nel marzo del 1979, appena sei mesi dopo la morte di Giovanni Paolo I, Mino Pecorelli, il giornalista che aveva fatto arrivare al papa la lista della «loggia vaticana», era stato ucciso con un colpo di pistola a Roma.

Neanche lo IOR uscì indenne da questa situazione. Le indagini sulla bancarotta del Banco Ambrosiano e sulla P2 fecero luce sulla relazione dello IOR con la rete di diversione dei capitali. Secondo la commissione del Parlamento italiano incaricata di indagare sulla P2: «La presenza dello IOR serviva da copertura alla rete di banche, società fiduciarie e intermediarie, di società ombra, di conti bancari cifrati, disseminati in tutto il mondo, da Panama a Hong Kong. Una trama ordita dal Banco Ambrosiano e dalla banda della P2, concepita non solo per l'evasione fiscale e per sfuggire ai controlli dell'autorità monetaria, ma anche per occultare il flusso e il riciclaggio di denaro sporco». Nel 1984, inoltre, in seguito al fallimento del Banco Ambrosiano e per evitare uno scandalo ancora maggiore, lo IOR accettò di pagare 250 milioni di dollari in tre rate ai creditori della banca, per la responsabilità morale della Banca Vaticana nella gestione dell'Ambrosiano. Nel 1987, Paul Marcinkus fu arrestato insieme ad altri due dirigenti dello IOR per il ruolo della Banca Vaticana nella diversione dei capitali dell'Ambrosiano. A causa dello status speciale di cui godeva, lo IOR non poté essere giudicato dalla giustizia italiana.

La morte di Giovanni Paolo I continua a essere uno dei più grandi misteri della storia recente. Tutto ciò che la riguarda è sconcertante e sinistro. Anche se il papa fosse morto per cause naturali, il voto di silenzio imposto dal Vaticano sull'accaduto non ha contribuito a spegnere le voci che circolavano sulla morte di Albino Luciani fin dal principio. Da vari decenni sono molti gli investigatori che cercano di fare luce sulla vicenda, ma solo un'autopsia potrebbe estinguere ogni dubbio. Nel frattempo, i fatti continuano a far nascere dubbi più che ragionevoli, visto che, come fa notare Jesús López Sáez, «se la morte di Giovanni Paolo I si fosse verificata per cause naturali, molti misteri rimarrebbero irrisolti. Se, al contrario, fu davvero provocata, allora tornerebbe tutto». Che ciascuno tragga le sue conclusioni.

25
Area 51

Dopo aver negato per decenni, nell'estate del 2013 la CIA ha finalmente declassificato i documenti in cui riconosce in via ufficiale l'esistenza dell'Area 51. Nessun altro luogo degli Stati Uniti è tanto protetto e avvolto nel silenzio, nemmeno il Pentagono. L'occultamento della sua esistenza e il segreto assoluto sulle attività che vi si svolgono hanno reso l'Area 51 una fonte continua di speculazioni e dibattiti. Lo spiraglio aperto nel 2013 ha consentito di confermare alcune supposizioni sugli impianti militari segreti più famosi del Nord America, ma ha lasciato in sospeso molti altri interrogativi. Dalla sua creazione, verso la metà del secolo scorso, fino ai giorni nostri, sono state elaborate teorie di ogni genere su ciò che accade nell'Area 51: secondo alcune è sede di esperimenti sulle più avanzate tecnologie militari immaginabili, altre sostengono che vi si sviluppino oscure armi chimiche, mentre per altre ancora sarebbe il luogo in cui sono custodite le prove dell'esistenza di vita extraterrestre. La scarsa trasparenza su questioni come l'incidente di Roswell e le sentenze giudiziarie che proibiscono di indagare sulle istanze degli ex lavoratori della base non fanno che accrescere l'alone di mistero che la circonda. Il governo degli Stati Uniti adduce ragioni di sicurezza nazionale per impedire l'accesso alle informazioni sugli impianti, ma sono molti i ricercatori che non si arrendono. Nonostante il segreto ufficiale, il muro di silenzio che si erge intorno a quest'area presenta piccole crepe, di cui gli esperti hanno saputo approfittare. Ciò che si scorge guardandovi attraverso è la realtà confusa di uno dei luoghi più segreti del pianeta.

Un luogo fuori dalle mappe

L'Area 51 si trova nel cuore del deserto del Nevada, circa 130 chilometri a nord della città più famosa dello Stato, Las Vegas. Il luogo, una conca circondata da montagne e quasi disabitata, è particolarmente adatto a svolgere operazioni di ogni tipo al riparo da sguardi indiscreti. Fa parte del Nevada Test Site, uno spazio enorme (poco più piccolo del Connecticut) controllato dal governo degli Stati Uniti e legato alla base Nellis dell'Air Force. Le condizioni naturali dell'Area 51, dovute alla presenza dell'alveo secco del lago Groom, garantiscono la disponibilità di una superficie ampia e pianeggiante, ottima per i test aeronautici.

Fu proprio questo, a metà degli anni Cinquanta del secolo scorso, il pensiero dei funzionari della CIA e degli esperti della compagnia aerospaziale Lockheed. Con la Guerra fredda ancora in corso, il governo statunitense concentrava gli sforzi sullo sviluppo dell'aereo spia U-2. Prendevano parte al progetto, conosciuto come Aquatone, la CIA, l'Air Force e la Lockheed Corporation. Come ricorda Peter W. Merlin, storico specializzato in aeronautica e studioso dell'Area 51, «gli aerei sperimentali e i prototipi erano di solito testati nella base Edwards dell'Air Force (California), sulle rive del vasto alveo asciutto di un lago nel deserto del Mojave. Per ragioni di sicurezza, era necessario un luogo più remoto per le operazioni di volo dell'U-2». Fu per questo motivo che nel 1955 Richard M. Bissell, direttore del programma U-2 e membro della CIA, insieme al suo contatto nell'Air Force per il progetto, il colonnello Osmond J. Ritland, si mise in cerca del luogo ideale per lo sviluppo del nuovo aereo. Visionarono una cinquantina di location possibili, ma le scartarono perché non presentavano tutti i requisiti di sicurezza richiesti dal programma. Fu allora che Ritland pensò al campo ausiliario nordovest di Nellis, un ex campo di tiro abbandonato dopo la Seconda guerra mondiale, con una pista d'atterraggio vicino al letto del lago Groom.

Il 13 aprile 1955 il colonnello Ritland, Richard Bissell, il rappresentante della Lockheed (Clarence L. Johnson) e il pilota collaudatore Tony LeVier volarono in Nevada per esaminare il luogo. Le condizioni erano simili a quelle della base Edwards e l'ubicazione tra le montagne sembrò subito perfetta. Ritland volle atterrare sulla vecchia pista d'atterraggio, mentre LeVier preferì testare il letto asciutto del lago Groom. Il risultato fu sorprendente: il terreno si dimostrò ideale sia per l'atterraggio sia per le manovre dell'aereo. Una decisione fortuita aveva consentito di verificare le caratteristiche che facevano di quel luogo un'ottima base per il progetto Aquatone. L'Area 51 si delineava all'orizzonte. Johnson propose di chiamare la nuova base dell'Air Force Paradise Ranch, per attrarre persone che lavorassero al progetto U-2, ma l'idea non fu approvata dai funzionari della CIA che optarono invece per Watertown Airstrip (Pista d'atterraggio della città dell'acqua). Nonostante il nome ufficiale, gli impiegati finirono per riferirsi al complesso chiamandolo semplicemente «The Ranch».

Anche se all'inizio la base non presentava la complessità che avrebbe acquisito in futuro, le severissime misure di sicurezza che hanno reso nota l'Area 51 furono attivate fin dal primo giorno. La base, sistematicamente cancellata da tutte le mappe, è protetta dai sistemi più avanzati per impedire l'accesso di eventuali intrusi: telecamere, microfoni e sensori di movimento sono sparsi in tutta l'area e nelle immediate vicinanze, mentre tiratori scelti della Delta Force, la migliore unità del mondo per le operazioni speciali, proteggono il perimetro. Le guardie sono legalmente autorizzate a sparare e uccidere se lo ritengono necessario e sono dotate di sensori termici con i quali individuano la presenza umana di giorno e di notte, grazie al calore del corpo.

Il controllo sull'accesso all'Area 51 è assoluto, tanto che è possibile raggiungerla solo con mezzi di trasporto autorizzati. Per ovviare al problema dell'ingresso dei lavoratori, fu ideato un programma di voli speciali, chiamato Janet: un Boeing 737 bianco, senza altri segni identificativi oltre a una striscia rossa sui due lati della fusoliera, trasporta ogni giorno i lavoratori dall'aeroporto McCarran di Las Vegas all'Area 51, fin dentro la base. Il cielo sopra la base inoltre è una zona di esclusione aerea strettamente vigilata, conosciuta come The Box («la Scatola»). Gli aerei commerciali non possono sorvolare quest'area, anche se supera i 1600 chilometri quadrati. La misteriosa scomparsa di aerei proprio in questa zona le è valso il nome di Triangolo del Nevada. Non è possibile accedervi neanche via terra, in quanto la circolazione di veicoli, fatta eccezione per gli autobus che trasportano gli impiegati, è assolutamente proibita. Tutto è pensato per mantenere la massima segretezza sulle attività che si svolgono nella base, al punto che nemmeno chi ci lavora sa con certezza che cosa accade all'interno. Lo spazio è suddiviso con cura, in modo che ognuno sia consapevole solo della propria mansione.

Il controllo su tutto ciò che entra ed esce dall'Area 51 è tale che nessun materiale, di qualsiasi natura, può essere portato via dalla base. In una situazione del genere, la gestione dei rifiuti è a dir poco controversa, dato che al momento vengono bruciati in profonde fosse scavate nel terreno. Diverse persone che hanno lavorato nell'Area 51 hanno richiesto un risarcimento in tribunale affermando di essersi ammalate a causa dell'esposizione prolungata ai gas tossici al suo interno, ma nel 1995 la richiesta fu respinta, perché le indagini rischiavano di compromettere la sicurezza nazionale. Per evitare ulteriori denunce, l'allora presidente Bill Clinton firmò la legge che esonerava l'Area 51 dal rispetto delle norme ambientali, così come dalla verifica dell'impatto ambientale delle sue attività.

L'occultamento e il segreto sono una parte essenziale della natura dell'Area 51, così come lo sono, di conseguenza, le teorie su ciò che vi succede. Dal momento della sua creazione, nel 1955, le voci riguardanti attività di spionaggio, sviluppo di tecnologie militari o studi sulla tecnologia extraterrestre continuano ad aumentare, di pari passo con le smentite ufficiali riguardo l'esistenza dell'Area 51. La declassificazione dei documenti della CIA, sebbene con tempi molto lunghi, ha iniziato a far luce su alcuni punti e a oggi si ammette ufficialmente che l'Area 51 è «un insediamento operativo per sviluppare e testare armamenti aeronavali sperimentali». Una piccola parte della storia dei mitici impianti militari è uscita allo scoperto. E per quanto piccola, non è certo di scarso interesse.

Al servizio della Guerra fredda

La storia dell'Area 51 ebbe inizio con il programma di sviluppo dell'aereo spia U-2. Dotato di telecamera e strumenti ottici avanzati per scattare fotografie, l'U-2 diventò uno strumento di grande utilità nel contesto della Guerra fredda. Era in grado di raggiungere la quota di 21.000 metri ed era particolarmente versatile in quanto molto autonomo e leggero, caratteristiche che consentivano di manovrarlo con facilità. Fin dal primo volo, il 1° agosto 1955, divenne l'aereo militare più efficace del momento, anche se la rapida avanzata della tecnologia bellica non tardò a sfidarne la supremazia. Così, nel giugno del 1958, la CIA era già in cerca di un successore dell'U-2, il quale stava diventando sempre più vulnerabile ai missili terra-aria.

Ancora una volta fu la Lockheed a trovare una soluzione, progettando il modello A-12, un aereo spia ultrarapido in grado di superare i 27.000 metri di quota e di raggiungere la velocità Mach 3, ossia tre volte superiore alla velocità del suono. Lo sviluppo del nuovo modello, realizzato nell'ambito dell'ambizioso programma Oxcart, richiedeva impianti molto più complessi di quelli che all'epoca poteva offrire l'Area 51. Inizialmente la CIA cercò una nuova sede per lo sviluppo del programma, ma nessun'altra base militare dell'Air Force possedeva i requisiti necessari. Alla fine si decise di apportare all'Area 51 le modifiche necessarie per poter lavorare al nuovo progetto. «Si trattava di fare dell'Area 51 un insediamento permanente. La costruzione della base cominciò intorno ai primi di settembre del 1960 e continuò, con lo scopo di raddoppiarla, fino al giugno del 1964, anche se gli impianti essenziali furono terminati nel primo anno dei lavori» ricorda Peter Merlin. L'Area 51 cessava così di essere una base per testare in segreto lo sviluppo di un modello di aereo specifico, l'U-2, e diventava l'insediamento permanente per test e ricerche più importante dell'Air Force.

Il programma Oxcart fu portato avanti per parecchi anni all'interno dell'Area 51 e per più di quattro decenni rimase top secret. I documenti della CIA relativi al programma non furono declassificati fino al 2007 e furono proprio questi documenti a confermare che fu nell'ambito del programma Oxcart che si cominciò a sviluppare la cosiddetta «tecnologia stealth». Questa tecnica, basata più sull'ingegneria elettrica che sull'aerodinamica, ha come obiettivo la progettazione di aerei in grado di sfuggire ai rilevamenti radar. Anche se le sue origini sono connesse al programma Oxcart, la tecnologia stealth ricevette un impulso fondamentale negli anni Settanta, quando nell'Area 51 furono sviluppati i prototipi Have Blue. L'Have Blue fu il primo aereo ad ala a freccia progettato secondo la tecnologia stealth; la sua evocativa forma triangolare, simile a un diamante, si rivelò ideale per sfuggire ai radar del nemico sovietico. Fu il diretto antenato del più noto modello F-117 A, il caccia stealth che nei primi anni Novanta fu protagonista dell'operazione Tempesta nel deserto durante la Guerra del Golfo.

Fu sempre nell'Area 51 che, in piena Guerra fredda, furono condotti i primi esperimenti con veicoli aerei senza equipaggio, meglio noti come VANT o droni. E così, all'inizio degli anni Sessanta, partendo dal modello A-12 fu creato il D-21, un velivolo pilotato a distanza capace di percorrere lunghe distanze e scattare foto aeree di alta qualità. Questo modello, utilizzato per realizzare voli spia sulla Cina comunista dell'era sovietica, una volta completata la missione precipitava in mare e si disintegrava. Insieme ai primi droni, nell'Area 51 si ricorse anche all'applicazione dell'ingegneria inversa per arrestare l'avanzamento tecnologico del blocco comunista: invece di progettare nuovi modelli di aereo, si preferiva intercettare i modelli fabbricati dal nemico per studiarli. Fu il caso dei famosi MIG sovietici, molti dei quali furono intercettati e portati nell'Area 51, dove ne studiavano il design e il funzionamento per copiare i loro punti di forza e al tempo stesso essere in grado di combatterli efficacemente.

Oggetto di varie polemiche, nonostante fosse legato al contesto della Guerra fredda, è l'utilizzo che, secondo alcuni esperti, fu fatto dell'Area 51 nell'estate del 1969. Il 20 luglio di quell'anno, l'astronauta Neil Armstrong divenne il primo essere umano ad aver messo piede sulla Luna. Milioni di persone in tutto il mondo videro le immagini di quel momento trasmesse in televisione e furono così testimoni del trionfo statunitense sull'URSS nella corsa allo spazio. Tuttavia c'è chi crede che le immagini diffuse quel giorno non fossero altro che un montaggio realizzato proprio nell'Area 51. I sostenitori di questa teoria si basano su alcuni particolari che risultano difficili da spiegare, se si parte dal presupposto che gli astronauti dell'Apollo 11 abbiano veramente calpestato la superficie lunare. Si tratta delle ombre delle navicelle e dell'ondeggiare della bandiera americana piantata dagli astronauti. La missione non aveva con sé fari che potessero giustificare quello strano gioco di luci e l'assenza di atmosfera sulla Luna rende impossibile la presenza del vento che muove la bandiera. Chi difende questa teoria afferma che la simulazione filmata nell'Area 51 fu necessaria per l'impossibilità tecnica di mantenere la promessa di mandare un uomo sulla Luna prima della fine degli anni Sessanta e perché il presidente John Kennedy doveva assicurare agli Stati Uniti il primo posto nella corsa allo spazio.

Aerei spia, tecnologia stealth, tecnologia inversa, droni: senza dubbio buona parte delle attività portate avanti nell'Area 51, come dimostrato dalla documentazione declassificata della CIA, sono legate alla ricerca nell'ambito della tecnologia aeronautica e degli armamenti militari. La natura di queste attività, relazionate alla guerra e allo spionaggio, spiega di per sé la necessità dell'alone di segretezza che circonda i famosi insediamenti del Nevada. E se la segretezza non nascondesse solo questo? Se la declassificazione dei documenti fosse solo un modo per mettere a tacere le voci e sviare l'attenzione dei curiosi? Per molti di coloro che da anni studiano l'Area 51, la risposta a queste domande svelerebbe la verità sul luogo più misterioso del mondo.

L'inquietante Settore 4

Nel febbraio del 1980, un'intervista concessa dal comandante dell'Air Force degli Stati Uniti Jesse Marcel scosse il paese come un terremoto. Marcel era tra i testimoni oculari dell'incidente di Roswell e non esitò ad affermare che in quell'occasione le forze armate americane avevano trovato i resti di una navicella extraterrestre che sarebbero stati portati nell'Area 51. L'incidente ebbe luogo il 7 luglio 1947 nella località di Roswell, in New Mexico. Un oggetto volante si schiantò sui terreni appartenenti a un ranch vicino a Corona, di proprietà di un fattore chiamato Mac Brazel, il quale aveva subito allertato le autorità. Fu l'esercito a occuparsi della situazione. Ben presto cominciarono a circolare voci sulla possibilità che l'oggetto precipitato non avesse origini umane e il giorno seguente i titoli di un giornale locale annunciarono che l'Air Force aveva recuperato i resti di un disco volante in un ranch di Roswell.

Per molti appassionati di ufologia, Roswell rappresenta un'autentica pietra miliare ed è convinzione diffusa in questo ambiente che i resti dello schianto nel New Mexico siano conservati nell'Area 51. Le dichiarazioni di Jesse Marcel fecero scorrere fiumi d'inchiostro, ma quelle del fisico Bob Lazar, nove anni dopo, aprirono un vero e proprio vaso di Pandora. Per citare Annie Jacobsen, giornalista esperta sul tema dell'Area 51: «con Bob Lazar giunsero a una drammatica fine più di quarant'anni di segreto sull'Area 51». Lazar, che aveva lavorato nell'Area 51 tra il 1988 e il 1989, parlò di quanto aveva visto in un'intervista concessa al giornalista George Knapp. Tutti gli addetti ai lavori dell'Area 51 sono vincolati da un giuramento di silenzio, quindi l'intervista fu realizzata senza rivelare il volto di Lazar. Secondo la sua testimonianza, nel periodo in cui lavorò nella base del Nevada vide nove dischi volanti misteriosi in una zona chiamata Settore 4 o S-4. Lazar era stato assunto proprio per lavorare in questo settore dove, standо alla sua versione dei fatti, erano stati costruiti grandi hangar progettati in modo da confondersi con l'ambiente circostante. In questi hangar erano gelosamente custodite navicelle prive di viti e ribattini, che sembravano essere state fuse e solidificate in uno stampo: niente a che vedere con le tecnologie dell'epoca. Le navicelle presentavano reattori ad antimateria e utilizzavano come combustibile il cosiddetto «elemento 115», l'ununpentio. Lazar avrebbe anche assistito a una prova di volo e affermava che le navicelle galleggiavano nell'aria emettendo uno strano bagliore blu.

La pubblicazione delle dichiarazioni di Lazar suscitò subito molte polemiche, ma anche un forte interesse per la possibile relazione dell'Area 51 con il fenomeno UFO. Centinaia di appassionati e curiosi iniziarono ad appostarsi sulle colline intorno alla base del Nevada, sperando in un avvistamento. La risposta del governo non si fece attendere e di lì a poco furono concessi all'Air Force altri duemila ettari di terreno, che includevano le colline.

Le dichiarazioni di Lazar non erano comunque l'unica benzina gettata sul fuoco della polemica. All'inizio degli anni Ottanta, erano state diffuse altre informazioni relative all'incidente di Roswell, che per molti furono rivelatrici: i documenti del Majestic 12. Questi documenti in teoria provenivano dall'Archivio Nazionale degli Stati Uniti e riguardavano la creazione di un gruppo segreto voluto dal presidente Truman. Il gruppo, chiamato appunto Majestic 12, era stato costituito nel 1947 in seguito al caso di Roswell ed era composto da scienziati, alti gradi dell'esercito e funzionari del governo, con il compito di indagare sull'attività degli UFO. La base operativa del Majestic 12 si trovava all'interno dell'Area 51. I documenti furono confiscati dall'FBI che, dopo averli esaminati, li dichiarò falsi. Veri o falsi che fossero, quando vennero alla luce furono censurati.

Nonostante gli sforzi dell'FBI, le voci e le speculazioni su Roswell e sull'Area 51 continuarono a circolare, e le testimonianze di persone che affermavano di aver visto strane luci nel cielo sopra la base aumentarono in modo vertiginoso. Questi fenomeni erano forse dovuti ai test segreti di tecnologia aerea svolti nella base? Probabilmente sì, ma l'intensità delle voci crebbe tanto che nel 1994 l'Air Force rese pubblico un rapporto ufficiale, in cui spiegava quanto accaduto a Roswell. Secondo questo rapporto, i resti raccolti nel ranch del New Mexico non avevano niente a che fare con gli extraterrestri, ma erano collegati a un esperimento top secret vincolato alla Guerra fredda, il progetto Mogul. L'obiettivo di questo progetto era ricavare informazioni sui possibili test nucleari realizzati dall'URSS. A tale scopo furono creati dei palloni sonda capaci di individuare tracce di esplosioni nucleari avvenute in territorio sovietico nei più alti strati dell'atmosfera. L'oggetto precipitato il 7 luglio 1947 a Roswell era uno di questi palloni, da cui proveniva tutto il materiale raccolto.

La spiegazione ufficiale sembrava convincente, ma le speculazioni sugli esperimenti con tecnologie aliene non diminuirono, quindi nel 1997 l'Air Force divulgò un nuovo comunicato in cui, oltre a ribadire la medesima versione dei fatti, aggiungeva che non erano stati recuperati corpi alieni, argomento che nel 1994 non era stato toccato. Gli unici «corpi» rinvenuti erano quelli dei manichini utilizzati per i test. Manichini per individuare radiazioni? È proprio questa la spiegazione ufficiale. Per tutta risposta, nel 2004, il biologo Dan Burisch, ex impiegato dell'Area 51, non solo confermò quanto affermato in precedenza da Lazar, ma aggiunse con fermezza che nel Settore 4 erano custoditi corpi di extraterrestri. La questione rimane dunque aperta.

Molti difensori della teoria secondo cui l'Area 51 avrebbe a che fare con l'esistenza degli alieni credono anche che buona parte delle ricerche che vi si svolgono abbiano luogo sotto terra. Secondo quanto affermano, l'Area 51 avrebbe la forma di un cono rovesciato, con impianti sotterranei molto più vasti di quelli visibili dal satellite sulla superficie. Questa particolarità non risponderebbe solo a necessità tecniche legate alla realizzazione di esperimenti nucleari, ma anche alla palese intenzione di nascondere ciò che accade in questa zona. Alcuni ex impiegati della base hanno inoltre descritto una rete di tunnel sotterranei ampi abbastanza da ospitare due aerei, uno accanto all'altro. L'esistenza di impianti sotterranei nell'Area 51 è comunemente accettata, ma per quanto riguarda le loro dimensioni, il dibattito è ancora aperto. C'è addirittura chi crede che la base sia il nodo centrale di una rete di impianti sotterranei che percorrono tutto il paese, utilizzati per il trasporto di materiale segreto a bordo di treni che raggiungono la velocità Mach 2.

Cancellazione dalle mappe, esenzione dal rispetto delle leggi, sviluppo di tecnologie spia, ricerche sugli armamenti, impianti sotterranei e prove dell'esistenza di vita extraterrestre... sono tutti elementi che rendono l'Area 51 oggetto delle più svariate teorie. Ma sono solo il frutto della combinazione tra massima segretezza e fervida immaginazione? Si tratta forse di voci fatte circolare per creare una cortina di fumo dietro cui nascondere la verità sulle operazioni che si svolgono nella base? O corrispondono alla realtà dei fatti? Qualunque sia la risposta a queste domande, l'unico dato di fatto innegabile è che ancora oggi è impossibile sapere con certezza che cosa accade all'interno del luogo più segreto del pianeta.

Bibliografia

1. *Le linee di Nazca: una sfida dal passato*

Davies, Nigel, *The Ancient Kingdoms of Peru*, Penguin Books LTD, London 1997.
Däniken, Erich von, *Ricordi dal futuro*, Sugarco, Milano 1986.
Pauwels, Louis – Bergier, Jacques, *Il mattino dei maghi. Introduzione al realismo fantastico*, Mondadori, Milano 1964.
Rojas Rabiela, Teresa, *Historia general de América Latina. Cap. 1: Las sociedades originarias*, UNESCO-Ed. Trotta, Paris-Madrid 1999.
Stierlin, Henri, *La clé du mystère*, Albin Michel, Paris 1983.

2. *Esiste uno Stonehenge in Nord America?*

Fell, Barry, *America B.C. Ancient Settlers in the New World*, Pocket Books, New York 1989.
Goudsward, David – Stone, Robert E., *America's Stonehenge. The Mystery Hill Story*, Branden Books, Boston 2003.
Lara Peinado, Federico, *Come vivevano i Fenici*, Fenice 2000, Milano 1993.

3. *Akhenaton, il faraone eretico*

Cyril, Aldred, *Akhenaton il faraone del sole*, Newton Compton, Torino 1987.
Pérez Largacha, Antonio, *Akhenatón*, Acento, Madrid 2002.
Reeves, Nicholas, *Akhenaten. Egypt's False Prophet*, Thames & Hudson, London 2005.
Wilkinson, Toby, *L'antico Egitto. Storia di un impero millenario*, Einaudi, Torino 2012.

4. *Sulle tracce di Achille*

Alvar, Jaime, *Los pueblos del mar y otros movimientos de pueblo a fines del segundo milenio*, Akal, Madrid 1989.
Bendala, Manuel, *Historias del viejo mundo. Los albores de Grecia*, n. 9, Historia 16, Madrid 1988.
Biers, William R., *The Archaeology of Greece. An Introduction*, Cornell University Press, New York State and City 1996.
Burn, Lucilla, *Miti greci*, Mondadori, Milano 1995.
García Gual, Carlos, *Introduzione a Omero: Iliade, Odissea*, Espasa Calpe-Biblioteca de Literatura Universal, Madrid 1999, pp. XI-LXXXI.

Osborne, Robin, *Greece in the Making 1200-479 BC (The Routledge History of the Ancient World)*, Routledge, London 1996.
Schofield, Louise, *The Mycenaeans*, British Museum, London 2007.

5. *Tartesso: un regno tra storia e mito*

Alvar, Jaime, *De Argantonio a los romanos. La Hiberia protohistorica*, Historia 16-Temas de Hoy, Madrid 1995.
Aubet, María E., *Tiro y las colonias fenicias de occidente*, Bellaterra, Barcelona 2009.
Bendala Galán, Manuel, *Tartesios, iberos, y celtas. Pueblos, culturas y colonizadores de la Hispania Antigua*, Temas de Hoy, Madrid 2000.
Plácido, Domingo, *Hispania Antigua*, Critica-Marcial Pons, Barcelona-Madrid 2009.
Wagner, Carlos G., *Tartessos*, Historia 16, Madrid 1996.

6. *Il Tempio di Salomone*

Arias, Juan, *La Biblia y sus secretos. Un viaje sin censuras al libro más vendido del mundo*, Punto de Lectura, Madrid 2007.
González, José G., *Grandes misterios del cristianismo. El Evangelio de Judas, los pergaminos de Qumran, el Santo Giral, el Arca de la Alianza, la tumba de Jesús y otros enigmas*, Nowtilus, Madrid 2007.
Hamblin, William J. – Seely, David Rolph, *Solomon's Temple: Myth and History*, Thames & Hudson, London 2007.
Liverani, Mario, *Oltre la Bibbia. Storia antica di Israele*, Laterza, Roma-Bari 2003.

7. *I misteri del Gòlgota: la tomba di Cristo*

Corbo, Virgilio C., *Il Santo Sepolcro di Gerusalemme. Aspetti archeologici dalle origini al periodo crociato*, Franciscan Printing Press, Jerusalem 1981.
Hamblin, William J. – Seely, David R., *Salomon's Temple. Myth and History*, Thames & Hudson, London 2007.
Quintanilla Martínez, Emilio, *La Basílica del Santo Sepulcro de Jerusalén*, Centro de Estudios de la Orden del Santo Sepulcro, Zaragoza 2004.
Rogerson, John W., *An Introduction to the Bible*, Routledge Revised edition, London 2014.
Trebolle Barrera, Julio, *La Biblio judía y la Biblia cristiana. Introducción a la historia de la Biblia*, Trotta, Madrid 1998.

8. *I quaranta giorni sconosciuti di Gesù*

García Iglesias, Luis, *La Palestina de Jesus*, Historia 16, Madrid 1995.
Montserrat Torrents, José, *La sinagoga cristiana*, Trotta, Madrid 2005.
Rogerson, John William, *Una introducción a la Biblia*, Paidos, Barcelona 2000.
Teja, Ramón, *El cristianismo en Roma*, Historia 16, Madrid 1996.
Trebolle Barrera, Julio, *La Biblia judia y la Biblia Cristiana. Introduccion a la historia de la Biblia*, Trotta, Madrid 1998.

9. *Ai piedi del vulcano: Pompei e le città del Vesuvio*

Beard, Mary, *Prima del fuoco. Pompei, storie di ogni giorno*, Laterza, Roma 2011.
Berry, Joanne, *Storia completa di Pompei*, Logos, Modena 2009.
Fernández Murga, Félix, *Carlos III y el descubrimiento de Herculano, Pompeya y Estabia*, Universidad de Salamanca, Salamanca 1989.
Harris, Judith, *Pompei Awakened. A Story of Rediscovery*, Tauris, London-New York 2007.

10. *Vinland: quando i vichinghi scoprirono l'America*

Bernárdez Sanchís, Enrique, *Las sagas islandesas. Ensayo de síntesis*, in «Revista de la Universidad Complutense», n. 1-4, Madrid 1983, pp. 1-11.
Graham-Campbell, James, *The Vikings*, William Morrow & Company, New York City 1980.
Griffith, Paddy, *Viking Art of War*, Casemate, Philadelphia 1995.
Hall, Richard, *The World of the Vikings*, Thames & Hudson, London 2013.
Jones, Gwyn, *I Vichinghi*, Newton Compton, Roma 1977.
Manrique Antón, Teodoro, *Ficción y historia en los primeros intentos literarios de las letras islandesas: la representación del pasado*, in «Revista de literatura medieval», n. 24, 2012, pp. 141-154.
Velasco, Manuel, *Breve historia de los vikingos*, Nowtilus, Madrid 2012.

11. *Le città perdute dei maya*

Henderson, John, *El mundo maya*, in Carmack, Robert M., *Historia General de Centroamérica (Tomo I. Historia Antigua)*, Societad Estatal Quinto Centenario-FLACSO, Madrid, pp. 61-133.
Rojas Rabiela, Teresa, *Historia general de América Latina. 1. Las sociedades originarias*, UNESCO-Ed. Trotta, Paris-Madrid 1999.
Stuart, George E., *Las criptas reales de Copan*, in National Geographic España, vol. 1, n. 3, dicembre 1997, pp. 68-93.
Taube, Karl, *Miti aztechi e maya*, Mondadori, Milano 1994.
Webster, David, *La misteriosa fine dell'impero maya. Enigmi e segreti del crollo di una civiltà*, Newton Compton, Roma 2011.

12. *La Santa Inquisizione*

Bethencourt, Francisco, *La Inquisición en la época moderna. España, Portugal, Italia. Siglos XV-XIX*, Akal, Madrid 1997.
García Cárcel, Ricardo, *L'Inquisizione*, Fenice, Milano 2000.
—, *La Inquisición. Historia crítica*, Temas de Hoy, Madrid 2000.
Kamen, Henry, *L'Inquisizione spagnola*, Feltrinelli, Milano 1966.
Martínez Millán, José, *La Inquisición española*, Alianza, Madrid 2007.
Netanyahu, Benzion, *The Origins of the Inquisition in Fifteenth-Century Spain*, New York Review Books, New York 2001.

—, *Toward the Inquisition: Essays on Jewish and Converso History in Late Medieval Spain*, Cornell University Press, New York 1998.
Pérez, Joseph, *Crónica de la Inquisición en España*, Martínez-Roca, Barcelona 2002.
—, *Breve storia dell'Inquisizione spagnola*, Corbaccio, Milano 2006.
Sánchez Herrero, José, *Los orígenes de la Inquisición medieval*, in «Clío y crímen», II, 2005, pp. 17-52.

13. *Puritanesimo, isteria e morte: i processi alle streghe di Salem*

Boyer, Paul S. – Nissenbaum, Stephen, *Salem Possessed. The Social Origins of Witchcraft*, Harvard University Press, Cambridge 1974.
Burns, William E., *Witch Hunts in Europe and America. An Encyclopaedia*, Greenwood Press, Westport 2003.
Geis, Gilbert, *A Trial of Witches. A Seventeenth-Century Witchcraft Prosecution*, Routledge, London-New York 1997.
Hill, Frances, *The Salem Witch Trials Reader*, Da Capo Press, Cambridge 2000.
Hoffer, Peter C., *The Devil's Disciples. Makers of the Salem Witchcraft Trials*, Johns Hopkins University Press, Baltimore 1996.
—, *The Salem Witchcraft Trials. A Legal History*, University Press of Kansas, Lawrence 1997.

14. *La massoneria: tra Salomone e Lucifero*

Callaey, Eduardo R., *Il mito della rivoluzione massonica*, Tropea, Milano 2010.
Duby, Georges, *La época de las catedrales. Arte y sociedad, 980-1420*, Catedra, Madrid 1997.
Ferrer Benimeli, José A., *La masoneria*, Alianza, Madrid 2001.
Serrano, Francisco e Altarriba, Francesc Xavier, *La masoneria. Una orden iniciática*, La esfera de los libros, Barcelona 2006.

15. *Il caso Booth: dubbi sull'assassinio di Lincoln*

Bates, Finis L., *The Escape and Suicide of John Wilkes-Booth*, Applewood Books, Carlisle 2009.
Bosch, Aurora, *Historia de los Estados Unidos*, Crítica, Barcelona 2010.
O'Reilly, Bill – Duard, Martin, *Killing Lincoln: The Shocking Assassination that Changed America Forever*, Henry Holt & Company, New York 2011.
Swanson, James L., *Manhunt. The 12-Day Chase for Lincoln's Killer*, HarperCollins, New York 2006.

16. *Harry Houdini: omicidio?*

Houdini, Harry, *A Magician among the Spirits*, Cambridge University Press, Cambridge 2011.
Kalush, William – Sloman, Larry, *The Secret Life of Houdini. The Making of America's First Superhero*, Atria Books, New York 2006.

Kalush, William - Sloman, Harry, *The Secret Life of Houdini. Laid Bare Sources, Notes and Additional Material*, Conjuring Arts Research Center, New York 2007.
Phillips, Adam, *La scatola di Houdini. Le arti della fuga*, Ponte alle Grazie, Milano 2010.
Silverman, Kenneth, *Houdini! The Career of Ehrich Weiss. American Self-Liberator, Europe's Eclipsing Sensation, World's Handcuff King and Prison Breaker*, Harper Collins, New York 1996.

17. *Rasputin, lo stregone degli zar*

Ferro, Marc, *Nicola II. L'ultimo zar*, Laterza, Roma-Bari 1990.
Figes, Orlando, *La tragedia di un popolo. La rivoluzione russa 1891-1924*, Corbaccio, Milano 1997.
Kotsiubinski, Alexandr, *Rasputin. El diario secreto*, Melusina, Barcelona 2005.
Radzinsky, Édvard, *Rasputin. Los archivos secretos*, Critica, Barcelona 2003.
Troyat, Henri, *Rasputin*, Mondadori, Milano 1998.
Wilson, Colin, *El mago de Siberia*, Planeta, Barcelona 1990.

18. *La fine dei Romanov*

Bolinaga, Íñigo, *Breve historia de la Revolución rusa*, Nowtilus, Madrid 2010.
Ferro, Marc, *Nicola II. L'ultimo zar*, Laterza, Roma-Bari 1990.
Figes, Orlando, *La tragedia di un popolo. La rivoluzione russa 1891-1924*, Corbaccio, Milano 1997.
Perry, John Curtis - Pleshakov, Constantine V., *The Flight of the Romanovs. A Family Saga*, Basic Books, New York 1999.
Radzinsky, Édvard, *L'ultimo zar. Vita e morte di Nicola II*, Baldini e Castoldi, Milano 1992.
Steinberg, Mark, *The Fall of the Romanovs. Political Dreams and Personal Struggles in a Time of Revolution*, Yale University Press, New Haven 1995.

19. *Destinazione sconosciuta: il mistero del saccheggio nazista*

Edsel, Robert M., *Monuments men. Eroi alleati, ladri nazisti e la più grande caccia al tesoro della storia*, Sperling & Kupfer, Milano 2013.
Feliciano, Héctor, *El museo desaparecido. La conspiración nazi para robar las obras maestras del arte mundial*, Destino, Barcelona 2004.
Martín-Aceña, Pablo, *El oro de Moscú y el oro de Berlín. Finanzas y expolio en tiempos de guerra*, RBA, Barcelona 2012.
Martorell Linares, Miguel, *España y el expolio nazi de obras de arte*, in «Ayer», n. 55, 2004, pp.151-73.
Nicholas, Lynn H., *The Rape of Europa. The Fate of Europe's Treasures in the Third Reich and the Second World War*, Vintage, London 2007.

20. *Il segreto sotto le tuniche: il Ku Klux Klan*

Bullard, Sara, *The Ku Klux Klan. A History of Racism and Violence*, The Southern Poverty Law Center, Montgomery, Alabama 1997.
Geulen, Christian, *Breve historia del racismo*, Alianza, Madrid 2010.
Lewis, Andrew B., *The Shadows of Youth. The Remarkable Journey of the Civil Rights Generation*, Hill & Wang, New York 2009.
Marty, Gitlin, *The Ku Klux Klan. A Guide to an American Subculture*, ABC-CLIO, Santa Barbara, California 2009.
Wieviorka, Michel, *Il razzismo*, Laterza, Roma-Bari 2000.

21. *La morte di Marilyn Monroe*

Forestier, François, *Marilyn e JKF*, Gremese, Roma 2009.
Gasca, Luis, *Marilyn Monroe. La diosa del sexo*, Folio, Barcelona 2003.
Noguchi, Thomas T., *Il coroner indaga*, Rizzoli, Milano 1985.
Slatzer, Robert F.., *The Marilyn Files*, Shapolsky Publishers, New York 1992.
Taraborrelli, Randy J., *The Secret Life of Marilyn Monroe*, Grand Central Publishing, New York 2003.
Wolfe, Donald, *The Last Days of Marilyn Monroe*, William Morrow & Company, New York 1998.

22. *Il caso JFK*

Marrs, Jim, *Crossfire. The Plot that Killed Kennedy*, Carroll & Graf Publishers, New York 1989.
Prouty, Fletcher, L., *JFK. The CIA, Vietnam and the Plot to Assassinate John F. Kennedy*, Skyshore Publishing, New York 2011.
Shenon, Philip, *Anatomia di un assassinio. Storia segreta dell'omicidio Kennedy*, Mondadori, Milano 2013.
Talbot, David, *Brothers. The Hidden History of the Kennedy Years*, Free Press, New York 2007.
Ventura, Jesse – Russell, Dick – Wayne, David, *They Killed Our President. 63 Reasons to Believe There Was a Conspiracy to Assassinate JFK*, Skyhorse Publishing, New York 2013.

23. *Extraterrestri: un mistero che arriva dal passato*

Däniken, Erich von, *Noi extraterrestri*, Ferro, Milano 1970.
—, *Ricordi dal futuro*, cit.
Gomis Martín, Gabriel, *Últimas investigaciones OVNI*, Club Universitario, San Vicente (Alicante) 2003.
Jiménez Elizari, Iker, *Enigmas sin resolver*, Edaf, Madrid 2006.
—, *Encuentros OVNI. La Historia de los OVNI en España*, EDAF, Madrid 2003.
Moffitt, John F., *Alienigenas. Iconografia de los extraterrestres*, Siruela, Madrid 2006.
Sierra, Javier, *Roswell. Segreto de Estado*, Booket, Barcelona 2013.

24. *La morte di Giovanni Paolo I*

Bassotto, Camillo, *«Il mio cuore è ancora a Venezia». Albino Luciani,* Musile di Piave, Venezia 1990.

López Sáez, Jesús, *Se pedirá cuenta (muerte y figura de Juan Pablo I),* Orígenes, Madrid 1991.

—, *Juan Pablo I. Caso abierto,* Sepha, Málaga 2009.

Tornielli, Andrea, *Papa Luciani. Il parroco del mondo,* Segno, Udine 1998.

Yallop, David A., *In nome di Dio. La morte di papa Luciani,* Tullio Pironti Editore, Napoli 1985.

25. *Area 51*

Benito, David, *Área 51. Todos los secretos de la base militar más famosa del mundo al descubierto: ovnis, vuelos espías, conspiraciones, programas nucleares,* Palmyra, Madrid 2011.

Jacobsen, Annie, *Area 51. An Uncensored History of America's Top Secret Military Base,* Little-Brown and Co., New York 2011.

Macías Castro, Luis Rubén, *Área 51 y otras bases secretas,* Océano, México 1999.

Merlin, Peter W., *Images of aviation. Area 51,* Arcadia Publishing, Charleston 2011.

Sierra, Javier, *Roswell. Secreto de Estado,* Booket, Barcelona 2013.

Yenne, Bill, *Area 51. Black Jets. A History of the Aircraft Developed at Groom Lake, America's secret Aviation Base,* Zenith Press, Minneapolis 2014.

Passato, presente e futuro. In una sola parola: History. Il canale 407 di Sky rappresenta sempre più un'esperienza coinvolgente: unico canale tematico in alta definizione dedicato alla storia, ripercorre gli eventi passati, punta i riflettori sull'attualità e ipotizza cosa potrebbe avvenire nel futuro.
La forza delle immagini in hd, del linguaggio e dei temi affrontati uniti alle interviste ai più importanti studiosi del settore sono capaci di coniugare intrattenimento e approfondimento, andando incontro alle esigenze di un pubblico sempre più moderno.
Dalle battaglie antiche ai conflitti che hanno insanguinato il XX secolo, dagli eventi del passato più recente alle grandi sfide del nostro presente: History hd rappresenta a tutti gli effetti uno dei luoghi privilegiati per conoscere la storia e i suoi protagonisti, dai grandi personaggi alle persone comuni.
Ventiquattro ore al giorno, sette giorni su sette, il canale propone programmi capaci di coniugare autorevolezza delle fonti e modernità di linguaggi, intrattenendo sempre lo spettatore. Le rievocazioni filmate e i più moderni strumenti di computer grafica ricostruiscono gli avvenimenti accaduti in passato. Un passato che torna a vivere anche attraverso la voce di chi ne è stato testimone o protagonista e l'utilizzo dei documenti d'archivio, mentre il presente viene raccontato attraverso le vicende di chi fa la storia tutti i giorni.
History hd propone quindi un nuovo modo di vivere la storia, con serie di successo, produzioni italiane e internazionali e grandi speciali.

A+E NETWORKS ITALY

Con sede a Roma, A+E Networks Italy è un gruppo televisivo che gestisce due canali presenti entrambi in alta definizione sulla piattaforma satellitare Sky: History, il canale tematico in hd dedicato alla storia, che ripercorre gli eventi passati, punta i riflettori sull'attualità e ipotizza cosa potrebbe avvenire nel futuro; Crime+Investigation (ci), il primo e unico canale italiano interamente dedicato al real crime.

A+E Networks Italy fa parte di A+E Networks, media company globale con sede a New York, che offre un'ampia gamma di piattaforme e contenuti per la comunicazione, dalle reti televisive ai siti web, dall'home video/dvd, ai giochi e ai software educativi. A+E Networks è costituita dai network A&E®, HISTORY®, Lifetime®, Crime+Investigation™, LMN®, FYI, H2™, HISTORY en Español®, Military HISTORY®, e LRW®, oltre a A&E IndieFilms®, A+E Films™, A+E Studios™, A+E Networks International®, A+E Networks Digital® e A+E Networks Consumer Products®. I network e i programmi del brand raggiungono più di 350 milioni di case in oltre 180 Paesi. A+E Networks è una joint venture di Disney-ABC Television Group e Hearst Corporation.